西方传统 经典与解释
Classici et commentarii
HERMES

HERMES

在古希腊神话中,赫耳墨斯是宙斯和迈亚的儿子,奥林波斯神们的信使,道路与边界之神,睡眠与梦想之神,亡灵的引导者,演说者、商人、小偷、旅者和牧人的保护神……

西方传统 经典与解释
Classici et commentarii
HERMES
尼采注疏集
刘小枫●主编

善恶的彼岸

Jenseits von Gut und Böse

［德］尼采（Friedrich Nietzsche）●著
魏育青 黄一蕾 姚轶励●译

华东师范大学出版社

华东师范大学出版社六点分社　策划

古典教育基金·"资龙"资助项目

"尼采注疏集"出版说明

尼采是我国相当广泛的读书人非常热爱的德语作家,惜乎我们迄今尚未有较为整全的汉译尼采著作集。如何填补我国学园中的这一空白,读书界早已翘首以待。

"全集"通常有两种含义。第一个含义指著作者写下的所有文字的汇集,包括作者并未打算发表的笔记、文稿和私信等等。从这一含义来看,意大利学者 Giorgio Colli 和 Mazzino Montinari 编订的十五卷本"考订版尼采文集"(*Nietzsche Sämtliche Werke*:Kritische Studienausgabe in 15 Bänden,缩写 KSA,实为十三卷,后两卷为"导论"、各卷校勘注和尼采生平系年),虽享有盛名,却并非"全集",仅为尼采生前发表的著作和相关未刊笔记,不含书信。Giorgio Colli 和 Mazzino Montinari 另编订有八卷本"考订版尼采书信集"(*Sämtliche Briefe*, Kritische Studienausgabe in 8 Bänden)。

其实,未刊笔记部分,KSA 版也不能称全,因为其中没有包含尼采在修习年代和教学初期的笔记——这段时期的文字(包括青年时期的诗作、授课提纲、笔记、书信),有经数位学者历时数十年编辑而成的五卷本"尼采早期文稿"(*Frühe Schriften*:*Werke und Brief* 1854—1869;Joachim Mette 编卷一、二;Karl Schlechta / Mette 编卷三、四;Carl Koch / Schlechta 编卷五)。

若把这些编本加在一起(除去 KSA 版中的两卷文献,共计二十六卷之多)全数翻译过来,我们是否就有了"尼采全集"呢?

Giorgio Colli 和 Mazzino Montinari 起初就立志要编辑真正的"尼采全集",可惜未能全工,Volker Gerhardt、Norbert Miller、Wolfgang Müller-Lauter 和 Karl Pestalozzi 四位学者在柏林—布兰登堡学园(Berlin-Brandenburgischen Akademie der Wissenschaften)支持下接续主持编修(参与者为数不少),90 年代中期成就四十四卷本"考订版尼采全集"(*Nietzsche Werke Kritische Gesamtausgabe*,44 Bände,Berlin / New York,Walter de Gruyter 1967—1995,共九大部分,附带相关历史文献)。我国学界倘若谁有能力和财力全数翻译,肯定会是莫大的贡献(最好还加上 *Supplementa Nietzscheana*,迄今已出版七卷)。

"全集"的第二个含义,指著作者发表过和打算发表的全部文字,这类"全集"当称为"著作全集"(KSA 版十五卷编本有一半多篇幅是尼采 1869—1889 的未刊笔记,尼采的著作仅占其中前六卷,未刊笔记显然不能称"著作")。尼采"著作全集"的编辑始于 19 世纪末。最早的是号称 Großoktavausgabe 的十九卷本(1894 年开始出版,其时病中的尼采还在世),前八卷为尼采自己出版过的著作,九卷以后为遗稿;然后有 Richard Oehler 等编的 Musarion 版二十三卷本(1920—1929)、Alfred Bäumler 编订的 Kröner 版十二卷本(1930 陆续出版,1965 年重印)。这些版本卷帙过多,与当时的排印技术以及编辑的分卷观念相关,均具历史功绩。

1956 年,Karl Schlechta 编订出版了"三卷本尼采著作全集"(*Werke in 3 Bänden*,附索引一卷;袖珍开本,纸张薄、轻而柔韧,堪称精当、精美的"尼采著作全集")——尼采自己出版的著作精印为前两卷,卷三收尼采早期未刊文稿和讲稿以及"权力意志"遗稿。KSA 版问世后,Karl Schlechta 本因卷帙精当仍印行不衰——迄今已印行十余版(笔者所见最近的新版为 1997 年),引用率仍然很高。

Karl Schlechta本最受诟病的是采用了尼采胞妹编订的所谓"权力意志"遗稿（张念东、凌素心译本，北京：商务版1991）——由于没有编号，这个笔记编本显得杂乱无章（共辑1067条），文本的可靠性早已广受质疑。KSA版编辑尼采笔记以年代为序，从1869年秋至1889年元月初，长达近二十年（七至十三卷，近五千页），其中大部分不属遗著构想，所谓"权力意志"的部分仅为十二和十三卷（十三卷有贺骥中译本，漓江出版社2000；选本的中译有：沃尔法特编，《尼采遗稿选》，虞龙发译，上海译文版2005）。

有研究者认为，尼采并没有留下什么未完成的遗著，"权力意志"（或者"重估一切价值"）的写作构想，其实已见于最后的几部著作（《偶像的黄昏》、《善恶的彼岸》、《道德的谱系》、《敌基督》）——尼采想要说的已经说完，因此才写了《瞧，这个人》。按照这种看法，尼采的未刊笔记中并没有任何思想是其已刊著作中没有论及的。

研究尼采确乎当以尼采发表的著作为主——重要的是研读尼采或充满激情或深具匠心地写下并发表的文字。此外，尽管尼采的书好看，却实在不容易读（首先当然是不容易译），编译尼采著作，不仅当以尼采的著作为主，重要的是要同时关注注释和解读。

我们这个汉译"尼采注疏集"含三个部分：

1. 笺注本尼采著作全集——收尼采的全部著作，以KSA版为底本（其页码作为编码随文用方括号注出，便于研读者查考），并采用KSA版的校勘性注释和波恩大学德语古典文学教授Peter Pütz教授的"笺注本尼采著作全集"（共十卷）中的解释性注释（在条件许可的情况下，尽量采集法译本和英译本的注释——Gilles Deleuze/Maurice de Gandillac主编的Gallimard版法译全集本主要依据KSA版；英文的权威本子为"剑桥版尼采著作全集"）。

2. 尼采未刊文稿——选编重要的早期文稿（含讲稿和放弃了

的写作计划的残稿)、晚期遗稿和书信辑要。

3.阅读尼采——选译精当的文本解读专著或研究性论著/文集。

由此形成一套文本稳妥、篇幅适中、兼顾多面的"尼采笺注集",虽离真正的"汉译尼采全集"的目标还很遥远,毕竟可为我们研读尼采提供一个较为稳靠的基础。

"尼采注疏集"是我国学界研究尼采的哲学学者和德语文学学者通力合作的结果,各位译者都有很好的翻译经验——这并不意味着译本无懈可击。编译者的心愿是,为尼采著作的汉译提供一种新的尝试。

刘小枫

2006年5月

古典文明研究工作坊

西方典籍编译部甲组

目　　录

Pütz 版前言 / 1
KSA 版编者说明 / 1
缩写符号 / 1

序 / 1
第一章　哲人的偏见 / 1
第二章　自由的精神 / 38
第三章　宗教性的本质 / 67
第四章　格言与插曲 / 90
第五章　论道德的自然史 / 118
第六章　吾辈学者 / 147
第七章　吾辈美德 / 173
第八章　民族与祖国 / 206
第九章　何为高贵？/ 243
终　曲　高山之歌 / 280

Pütz 版前言

著作的各个阶段

通观尼采的全部著述,不免产生这样的印象,即它们可以清楚地划分为三个阶段:第一阶段的作品包括《悲剧的诞生》(1872)和《不合时宜的沉思》(1873-76)。从中可以看出,作者是叔本华和瓦格纳的忠实追随者。他的文学批评素来言辞激烈,甚至富有攻击性,矛头直指"经院派",其始作俑者在尼采看来是苏格拉底;他批判19世纪的学究派,鞭挞日益匮乏的德意志精神,痛心于其中力量、生命的丰盈以及天才性的丧失。第二阶段从《人性的、太人性的》(1878)开始,经由《朝霞》(1881)直到《快乐的科学》(1882),其中又出现了新的转变。在这中间阶段,尼采与其说是狂热的爱好者,毋宁说是启蒙意义上的怀疑者、心理学者和分析者。他认为,对哲学和科学真理的追求的最高准则是"知识分子的诚实",它绝不顾及思考者与其所思之物是否会受到伤害。这一阶段的尼采在音乐和人性方面都越来越疏离瓦格纳,学者的地位要高于艺术家,后者颇成问题的生活遭到了尼采这位敏感细腻、意识超前的批评家的质疑。他在《人性的、太人性的》一书中写道,艺术只有一个任务,就是完成从宗教走向一种"真正解放的哲学科学"的过渡。第三阶段发端于《快乐的科学》,从《扎拉图斯特拉如是说》(1883-1885)直至终结。此时尼采试图克服对真理的狂热。"权力意志"①与"同一事物的永恒轮回"这两大主题取代了启蒙式的怀疑。从《扎拉图斯特拉如是说》那一声"是"以后,尼采开始了价值的转变,开始建立其宏大的形而上学。艺术得以恢复名誉,并以其积极的、独一无二地起着激励作用的生命力获得了至高无上的地位。

然而,对以上勾勒的尼采思想发展诸阶段细加考量,就会发现它们之间的界限有失清晰,甚至内部自相矛盾。这些阶段被《扎拉图斯特拉如是说》罩上了隐喻的外衣,尼采在此书开头即表示,"我给你们说说精神的三种变形:精神怎样变为骆驼、骆驼怎样变为狮子、狮子怎样变为孩子。"在此,骆驼指代厚重传统的耐心负荷者以及文化精髓的悉心守护者,而后骆驼却驮着这些珍宝进入沙漠,在那儿它变成了凶猛的狮子,横扫历代崇尚的信条和价值,撕裂和破坏是中间阶段唯一的能力。但这种否定的力量毕竟为新的可能性奠定了基础,使得第三阶段的孩子能利用或者说应该能利用这些新的可能性。在他身上,扎拉图斯特拉要求并希冀实现一种更高层次、更有收获的天真。"孩子无辜、健忘,是一个新的开始、一种游戏、一个自转的轮子、一种初始运动、一种神圣的肯定(Ja-sagen)"。

从问世顺序来看,《善恶的彼岸》(1886)紧随《扎拉图斯特拉如是说》之后,根据后者的阶段模式,《善恶的彼岸》似乎以第三阶段为指向。然而,该书的副标题尽管以这一阶段为目标或至少希望如此,却已显露出限制和保留——"未来哲学的前奏",也就是说,这样一种哲学的时代尚未到来,或许还很遥远,甚至根本不会

---

① [译注]或译"走向权力的意志",下同。

出现。既然尼采自己都把这一期待之物称为"前奏",那么我们从中听到的就是一段节目的序曲,不过这节目暂且还只能是"未来的音乐"。由9个部分组成的整个乐章和以"假如真理是个女人"开篇的序言,让人暗自期待,这里即使没有新真理的诞生,至少会有对新认识的追求。然而,这一文本的内容证明,扎拉图斯特拉所期盼的孩子离降生还早得很,或许还没进娘胎呢。本书的作者很大程度上仍然停留在第二阶段,扮演着猛狮的角色,即激进的批判者和否定者。纵然怀有宣告新理念产生的强烈意愿(《权力意志》等),他在本质上依然是革故除旧的破坏者和所有业已成规的真理的怀疑者。甚至对启蒙运动的原则也是如此,尼采虽然在《人性的、太人性的》中、尤其在《朝霞》中明确表示信奉,却在《善恶的彼岸》中抨击和嘲讽了这些原则,如思想的优先权、通过平等、妇女自我解放实现的生活状况人性化等等。但是,诸位要小心这些定论!事实上,正如尼采认为人是"尚无定论的动物"(第三章62节),哲人里几乎也就他这么一个会拒绝"定论"。

与启蒙运动若即若离的关系

此书中不少频繁运用的词汇和概念透露出其思想史根源,从中不难看出,作者并不愿意彻底背离启蒙运动的道路和目标。第五章的标题为"论道德的自然史",这里的"道德"绝非单纯与传统习俗、善举恶行(比较本书标题)有关,而且在18世纪的思想背景下,它的内涵更多地涉及到人的全部领域,与非人性的自然世界和物理世界不同的全部领域。"论道德的自然史"不仅涉及伦理的问题,而且包括认识论、心理、政治(民主)——一言以蔽之,就是在康德看来可以成为人类学研究对象的一切(康德把三个哲学的基本问题,即"我能知道什么?我应该做什么?我能希望什么?",归入人类学)。除了道德这一概念之外,此书另外几处也与18世纪的核心思想和概念有着惊人的相似，例如：第七章探讨了"吾辈美德"（"美德"是启蒙运动中的重要概念），第二章标题为"自由的精神"（比较"自由精神"），第一章标题为"哲人的偏见"。1689年，经常被人称为"德国启蒙运动之父"的克里斯蒂安·托马修斯举行了一次讲座，这对他之后的工作具有指导意义。比如，他在《理性学说》（1691）中多次引用这次名为"关于妨碍我们认识真理的偏见"的讲座。他的思想脉络是如此展开的：人尽管在幼年就已是上帝的造物，并且相对所有无理性生物而言，负有较为崇高的使命，然而人比任何小动物都更需要帮助。那些动物出生后不久就能独立行动，有些种类的动物甚至很快就能离开母亲独立生活，而人作为幼儿却长期需要父母哺育，生活在其羽翼之下。在最初几年，父母主要促使幼儿身体健康成长，但同时也在思想和情感上对之产生影响。他们的帮助演变为主宰。与前后相继的各个历史时期相类似，父母将他们的道德观灌输给孩子，让他获得他们认为合适的书本知识，把他交给他们眼中理想的老师和学校。于是便产生了所谓 auctoritas（权威），很多人终其一生都不能和不愿摆脱这种权威，它正是偏见的主要来源之一。另一主要来源则是"偏见陡生"（praejudicium praecipitantiae），这种偏见是由于操之过急、缺乏耐心、贪图安逸而产生，人们没有对来自经验的必然情况进行周全的考虑，也没有深思其背后不同的原因。从心理角度来看，这两种偏见来自爱的两种与理性相悖的错误形式：急躁和安逸源于人对自己的过分的爱，源于人对轻而易举的乐趣的渴求；权威的力量源于对他人、对其教条和机构的过度之爱，由此偏见成为自主思考的障碍；作为权威，作为不受制约的情绪，偏见掌控一切，为所欲为。

　　康德近一个世纪之后才提出的启蒙运动纲领（"人走出他咎由自取的未成熟状态"），托马修斯早就超前说出了其核心所在。无须他人引导，自主运用理智，康德对人的这一要求早就蕴含在托氏对权威乃是偏见的揭露之中。托马修斯也由此在笛卡尔和斯宾诺莎努力的基础上更进了一步,并预言了康德的思想。这么说是因为托马修斯和康德一样想要净化理智,为可靠的认知寻找正确的方法和指南。19世纪末的尼采也植根于这一传统,即便他——比如在《善恶的彼岸》中——如此抨击和嘲讽康德、黑格尔、笛卡尔和伏尔泰。尽管他的抨击总是义愤填膺,但是他从来是对事不对人,只是针对这些人所持的观点。一如在《朝霞》中那样,尼采在其晚期著作里形式上也依然遵循启蒙主义关于自主认识的要求,但他随即迈出了激进的一步,非但无视启蒙原则的内容,反而对其进行启蒙的批判。因而当他在第一章探讨"哲人的偏见"时(顺便提一下,托马修斯也将其《理性学说》分为几"章"①),他是在攻击在他看来最顽固不化的偏见之一,迄今为止的哲人全都难逃落入其臼的宿命。尼采认为,不管有多少种问题与答案,不管它们彼此多么对立,不管各种版本的真理多么迥异,哲人们有一个共同点:他们都回避了一个问题,即首先如何探究和评价"寻求真理"这一过程本身。如果说,康德对认识可能性的条件进行发问时已经假定这种认识的意义和目的毋庸置疑,那么尼采就要追问企图获得这种认识的目的何在。前者只是探讨真理产生的前提,后者则也在研究真理引发的后果。发生了这种根本性的思维转向,就不会像莱辛那样,还认为寻求真理本身既是一种自在的价值,似乎正因为这种寻求必须不受阻碍地继续下去,这种价值就具备了合理性。正相反,尼采想知道的是,这种认识的渴望如何获得能量以及它会把人引向(诱往)何方。他不把追求真理的意志视为理所当然的公理,而是追问其成立的合理性。

---

① [译注]指也用了 Hauptstück 一词表示"章"。

化 解 对 立

尼采提出追求真理的合理性问题是依据以下设想:真理的对立面,亦即虚假,在人类生活中的地位可能远远高于前者,因而最深刻的真理可能基于谬误。人们不能无视以下这种思想:事物要感谢其对立面;因为关于在事物和价值中存在坚不可摧的矛盾关系的观点只不过是形而上学论者的一种信仰。从尼采 1880 年间留下的文字里我们发现了这么一段相关的摘记:"世上本无对立的东西,只是从逻辑的矛盾中我们获得了对立的概念,并将其错误地植入实物中。"另一段为"如果说有什么意味着我们的人性化,意味着一种切切实实的进步,那便是我们不再需要过多的、甚至是任何的对立。"这两句引言都是针对一种尼采视为错误的假设:事物和价值中存在对立关系。两句引言的目标一致,但论证的方向却不同:前一句指出对立的来源是逻辑,也就是出自意识的公式,并认为没有理由将对立视为实在。而第二句并不追问"对立"的缘由(来源),而是它对改善人的此在状况是否有意义。倘若这两段话放在一起,尼采的观点就赫然眼前了:从其原因和后果两方面来看,这种对实物的对立区分都是站不住脚的。因为根据"对立"的来源,它确乎只是"头脑里的幻影",而从它的作用来看,它要么为弱化人的力量而骗取人的对立面,而实际上对立面是对人的存在的补充;要么使人意识到自身矛盾,使其陷入无法自拔的痛苦而毁灭。人要想得到自我解脱,似乎唯有认识到:对立的产生要归咎于语言的笨拙,其实只存在等级和极细腻的层次。

尽管尼采的正题和反题充满分歧和矛盾,但他的全部著作中贯穿着一种仿佛是思维风格的和谐。这种和谐部分来自于:尽管形式不断变化,基本主题却保持着相似性。作者总是以一种轮回式的、最多略有偏离的手法描述相同或相近的现象,却并没有建立系统的关联，从而导出一种逻辑可证的认识上的进步。无论有多少转变和断层，尼采在后期作品中越来越频繁、越来越详细地引用自己早期的作品，这体现了严格的意志一致性。《瞧这个人》和《道德的谱系》的前言证明尼采努力使他的作品被理解为一个整体。他一再强调其"认识的基本意志"中的"共同根基"和"融为一体"的目标。其中他将互斥对立面的消除与一种历史进程联系起来，这一进程到时将会或者应该实现自己的目标（"未来哲学"）。这种期望或要求基于一种乌托邦式的设想，因为事实上他自己的思想仍然徘徊在矛盾与自相冲突中，那种企图消除矛盾的努力与矛盾暂且还保持着的主导地位形成鲜明的对比。关于包容一切对立的整体的思想，尽管是作者梦寐以求的，但这个整体却要抵挡住以不可调和的矛盾的面貌出现的对手的猛烈攻势。事实上的分裂和希望中的统一是尼采哲学思维活动中各自独立又相互补充的因素。

　　从他最初的作品开始，尼采就一直致力于克服这个一盘散沙的整体。在他第一批文化批评文章里，如在他死后出版的巴塞尔演讲集《关于我们学校的未来》中，他批评学术活动过于分散，单一学科各自为营，缺乏相互的关联。在《不合时宜的沉思》中，他抱怨与德国政治上统一相反的文化现象连续性的缺失，并且针对这种不足提出了要求："文化首先是一个民族在各种生存境遇下艺术风格的统一。"在《悲剧的诞生》中他反对艺术和自然原则，即和谐静穆的日神精神与桀骜不羁的酒神精神的两分，并用"两性"的比喻证明两者既对立又共生的关系。《快乐的科学》把对寻求真理的认真执着，即那种面对最险恶的悬崖也不怯步的精神，与轻松明快、故作潇洒的肯定生活的态度相结合。《善恶的彼岸》也是旨在化解不可调和的矛盾。

　　单单这本书的标题就已在向"善"与"恶"的二元对立宣战，试图寻找超越这种对立关系的新领域，化解势不两立的局面。这里的"彼岸"不像在德国唯心主义哲学那里成为一个更高的第三方（合题），以扬弃并在某种程度上消除构成反题的前两者。在尼采这里，对立只是得到容忍，而不是和解。就他个人的想法，冲突的解决更重要。但未来的哲人则要克服这种关于对立和互斥的折磨人的意识。这是本书的中心要义所在。不仅关乎"善"、"恶"的伦理、道德，而且关乎一条普遍的原则：化解对立。正如第一章开头所言，真理是以谬误的形式出现的（反之亦然），尼采也在善中寻找恶，在意识中寻找本能，在进步中寻找倒退，在传统上从属于"精神"的追求真理的意志中寻找服务于"生命"的追求权利的意志。真理一方面要在一个新的审判庭——"生命"——面前为自己辩护，另一方面又一直不断地受到生命的渗透和推动。谁要是认识到谬误比逻辑可证的真理更具有维系生命的力量，谁就会抵制横行于世的价值观，从而走向"善恶的彼岸"。因为他知道，即便是最抽象的思想也由本能欲望引领，任何一种哲学都只不过是哲人的表述，而哲人的欲念结构甚至决定哲人的概念、判断和结论，遑论哲人有意识或无意识的公理。与柏拉图、廊下派哲学和德国唯心主义相反，尼采认为真理并非对恒久本质的认识，而是同样处于变化状态的现象臣服于不断变化的追求真理的意志，即"权力意志"的精神表现。

"生命"和"权力意志"

自从有了"权力意志"这个概念，也许更确切地说这个隐喻，它就愈发频繁地出现在尼采自《快乐的科学》以来的著述中，他1880年间的遗稿的首批主编（伊丽莎白·福尔斯特—尼采，彼得·加斯特）甚至把他那时作的笔记、残稿都以此为书名结集出版——如今水落石出，和尼采本人意图作一对比，人们发现这种做法是故意造假。尤其是因为该词被法西斯分子当作顺口而难得的口号接受,引起了灾难性的后果,所以要运用它就至少必须作出解释,但这一尝试立刻会失败,如果人们只是在政治甚至生物意义上误解了该词的话(同样的情况发生在"饲养"、"培育"等词上)。

毋庸置疑,"权力意志"这类词语极为危险,很有可能遭到滥用,而且在黑暗时期已经被滥用了。阿尔弗雷德·博伊姆勒在1931年出版的《哲人和政治家尼采》一书中,为纳粹接受尼采奠定了理论基础。他以权力意志为观察中心,认为这个口号吹响了第三帝国向敌对西方国家宣战的号角。与之相对,虽然并非旨在打消尼采的危险性,但以下考虑仍有必要,以便尼采文本的意义不被人肆意地断章取义。尼采文本里的矛盾和多义令人恼怒,这种现象部分地源于层次迥然不同的词语之间的切换,源于轮廓清晰的定义和信手拈来的隐喻之间的切换,源于具象的画面和抽象的概念之间的切换。"病态"、"颓废"、"有力"、"健康"从其字面意思来看似乎只是指生理学上的诊断,实际上却是指心理学甚至人类学意义上的常见状态,并通过不断的膨胀和转义获得了较之其最初的医学—生物学内涵要深远和广泛得多的意义维度。于是,病态的不只是个人或群体,而是也涉及某些思维方式,如苏格拉底的辩证法,也涉及某些信仰方式,如基督教道德里的信仰,也涉及艺术创作方式,如瓦格纳的音乐艺术创作。与之相类似,"权力意志"意义的出发点在于军事扩张上的需求,但同时也主宰着宗教、哲学、艺术的精神王国,这些精神产物反过来也是从追求权力提升的不可阻挡的意志中产生的。

任何对尼采的阐释都会遇到一种特殊的困难。难就难在除了第一层纯粹生理学的意义和第二层隐喻性质的扩展意义之外,还能发现第三层意义。这第三层意义尽管具备转义特征,但其形象化的生物学来源却是不容否认的。这一倾向尤其在尼采的以下努力中得到证实:他不是在精神—道德领域,而是从生理领域中探寻思想、信仰、创作的原动力。即是说,第一层纯生理的概念在第三层上又得以强化,而中间第二层上接近无限的转义性也未被遗忘。这样看来,"饲养"、"培育"、"病态"之类词义的延伸和转移至少涉及三个阶段:从生物学的概念,到普遍化的隐喻,直至生理学的简约。比如"病态",首先是一个医学概念,其次可以描述很多现象,而最后明确指出:尽管和认识、伦理、宗教、艺术有关,肉体和器官仍然是至关重要的。

在第一章13节,尼采要求生理学家"将一个有机体的自我保存欲望看作是它的基本欲望"(第一章13节)。但不久后,他又补充道,即便这一欲望驱动也是权力意志的一个间接的结果。显然,他在权力意志中看到了更广阔、更深刻的东西。在同一节中,他又向普遍化迈出了一步,断言"生命本身即是权力意志。"这对我们来说,除了术语上的再次推移和泛化,似乎并无他益。连尼采研究者也束手无策,不知这所谓"生命"究竟是指什么。但它在尼采思想中占有中心地位:它旨在揭示一种包容、决定、衡量万有的难以细说的原因和关联。对这一整体进行任何特定化的阐释,都会限制其总体性诉求,并使之走向矛盾和对立。明确的界定会导致其普适性的丧失。所以,看来充其量只有下列判断才是可靠的:尼采只可能把"生命"理解为必须通过不断否定明确性而追求并保持其开放性的整体。这个概念是目前唯一与"生命"相适应并能与"生命"的无序性和矛盾性相抗衡的概念,而且不是黑格尔意义上的对立的和解,而是对立的容忍。生命的整体性包括彻底的开放,允许自我毁灭式的矛盾,承认虚无作为整体性的补充要素。尼采鞭挞的虚无主义不是指对"无"的认识或肯定,而是指否认"无"或用基督教和道德赋予"无"以意义和希望。

即使"生命"这个概念再模糊、再空泛,它对尼采而言是极重要的工具,可用于克服大谬不然、有害无利的对立性"形而上学",因为正是"生命"把最矛盾的东西纳入自身:既有明朗有序的日神式理智活动,又有取消界限的酒神般心醉神迷,善与恶并存,真理和谬误相伴,但如果把"生命"称为"权力意志",那么就会产生这样的问题:这么一来,"生命"不就恰恰又被确定和限制了,"生命"涵盖万有的普遍性不就恰恰又被剥夺了吗?因为"权力意志"的说法至少表明了与存在和此在的形式相关,这些形式想要自我膨胀,维护地位,走向主导。"权力意志"相当于得到提升的"生命"。这样的话,从尼采的观点来看,衰落者、病人、基督徒和奴隶不就不属于"生命"范畴了吗?如果这样排除了可观的人性领域,那么"生命"就变成了单方的神,片面的神,难道还有比这更令"生命"深恶痛绝的吗?但是"权力意志"和"生命"一样,难以界定,并且只留给强势和扩张,因为恰恰是对方的代表——受压迫者和受苦难者也会化弊为利,化弱为强。那些被"主子道德"(第九章260节)视为"坏"者会反戈一击,依据他们的善恶观与居高临下者划清界限,自称善,而称统治者为恶。这便是本书中所说的"奴隶道德"。"奴隶道德"也是一种权力意志的表现——同其他道德一样。这在第九章体现得尤其明显,尼采就人类共处的问题提出了最令人怀疑的观点:每一种人类存在的较高形式都要归功于贵族社会,都离不开统治者和被统治者之间的落差。倘若要以一种基于公平原则的社会秩序取代这种落差,那就意味着否定生命,意味着解体和堕落。但如果这样的国家在其内部放弃剥削和暴力,又不想从一开始就走向毁灭的话,它就必须对外宣称:"必须成为权力意志的化身,必须具备成长壮大、扩展吞并、占据上风的意志。"(第九章259节)在打着公平的幌子的诸国进行帝国主义扩张的今天,这一洞见具有令人揪心的现实意义。

由此可见,和"生命"一样,"权力意志"也不是排他化、狭隘化的原则,而是对生物的称呼,特别是对人的称呼,人作为力量中心,自主决定事物和价值,而不是被事物和价值所决定。无论是思辨哲学,而是逻辑和物理,更不用说是道德,它们都不是独立真理的保障,而是各自在自我标榜、唯我独尊的意志操纵下解释世界的方式。启蒙运动的人类中心主义达到登峰造极的地步,人的神化使人不为自身可怜的造物性感到自卑。人将自己的尊严归功于遍布全身的剧烈矛盾:"在人身上,既能看到材料、碎片、冗余、粘土、粪便、瞎折腾、一团糟;又能看到创造者、雕塑家、铁锤般的硬朗、观望者的神性以及第七日——你们理解这种对立吗?"(第七章 225 节)甚至在尼采对妇女的几乎令人无法忍受的攻击中,这种对立依旧清晰可辨(第七章 232 节"女人……"起)。表面上看来如同骂人的话,实质上和尼采的其他作品一样,其含义非常含糊,实际上流露出对"妇道人家"、对女人的深深敬意。这种敬意在第七章甚至上升为神化,因为在女人身上能找到所有想成为主宰的东西,未来的哲学认为这些东西应当成为主宰:表象、谎言、面具、狂野。"权力意志"——本书开头就将真理称作女人,这肯定不仅是为了押头韵①,因为这部作品里有太多隐晦、微妙、痛楚的性爱。甚至让人感到:尼采在寻求真理时屡屡受挫,而他在自己体验和承受的孤独中,即在对女人的同样徒劳的追求中找到的感觉也如出一辙。

　　鉴于那个低调的、几乎是敷衍的副标题"未来哲学的前奏"以及"生命"、"权力意志"这两个概念的不确定性,一个问题显得愈发尖锐:"未来的哲学"究竟是什么?这个问题无法顺利得到解答:因为这对尼采自己是一个难题,而不是宣言。本书各章都贯穿着唯一一条主线:否定迄今占统治地位的思想和价值。在这点上,尼采比启蒙主义批评更激进,但他仍只是个批评家,将超越批评的任务交给了未来的哲人。未来的哲人不仅要否定,也要肯定,不仅要粉碎旧价值,也要建立新价值。书中多次提到的锤子的意象指的是这样一种工具,它不仅用来敲打,而且用来建造。在这一点上,尼采始终面临一个问题:这最后一步今天究竟有无可能实现?最终只剩下经过深思熟虑的、以符合人性尊严的执拗宣称的绝境:

---

① [译注]Weib(女人)与 Wahrheit(真理)词首相似,故有此说。

必须有创新,但还有怀疑的不确定性:创新可能实现吗? 与实现的可能性下降同步的是其必要性的上升。

格　　言

《善恶的彼岸》的结构明显不同于尼采先前的大多数作品。这点在页面形式和段落长度上就可以看出。《人性的,太人性的》、《朝霞》甚至《快乐的科学》中的段落要短小得多,并带有极端格言化的倾向。与此相应,话题转换更快,时而更具跳跃性,常常视角突变。而《善恶的彼岸》与《悲剧的诞生》、《不合时宜的观察》的思想结构及表现形式更为相近。和这两部早期作品一样,《善恶的彼岸》一书以长段落居多,既有近思也有远虑,从而使这本书与接下来《道德的谱系》类似,在系统关联上达到了更高的层次,标题和小标题在很大程度上起到了提纲挈领的作用。即便在字体这种看似外在的东西上,也体现出尼采整合思维和在水火不容者之间建立关系的坚定决心。

不同的是以"格言与插曲"为题的第四章的页面形式,文本短小,言简意赅。显得颇具跳跃性的格言却带有一以贯之的思维特征,针对的不是任意一个,而是若干相关主题和问题,即以认识论、道德、心理学原则的形式表现出来的偏见。这些原则被人长期维护的有效性甚至是顶礼膜拜的宗教仪式使之成为亘古不变的原则,成为不受质问的公理。这点同样适用于所谓"知晓先于意志,认识先于欲念"的误解,也适用于到处都在宣告的善恶之分(参见格言第116、149、153节)和数千年来为寻找真理不惜任何代价的要求(参见格言第64,105节)。除基本原则外,无条件地信仰和传承的基本概念如实体和因果、存在和生成、意义和目的也遭到同样的质疑。

冲破陈见、揭露偏见、展示种种真理的反面,所有对此合适的逻辑—修辞手段都是颠覆的形式。尼采不说卑鄙的恶习和犯罪通常都会受到惩罚,反而认为"人最好因为他的美德而受到惩罚。"(格言第 132 节)这可能意味着,在最好情况下如此;同时也可能意味着,以最好方式如此。在后一种意义上,其实是再次颠覆,也就是把惩罚之"坏"和"贬"转变成了好的最高级("最好")。另举一例:"'使我震惊不已的并非你对我的欺骗,而是我对你的信任不复存在。'——"(格言第 183 节)在此,谎言并未在道德意义上被指责为罪孽("你不应撒谎"),而是令人吃惊的东西来自受骗者本身,他对骗子的信任之所以消失,显然是由于后者的谎言不再具有威力。即是说,谎言有无价值不是以善恶的标准来衡量,而是以权力的程度。还有一个例子是"如今,认识者很容易觉得自己乃是上帝的兽化"。这句格言的背景是神学的常用概念"上帝的人化"①,但"上帝的人化"不是注目于神的堕落,而是注目于人的升华。然而"兽化"这一说法却让人感到神的地位远远落到人之下。但是倘若这位认识者将自己理解为这一变形的体现,那他就会同时意识到自身的动物本能,这些本能决定他的思想、义务和希望。以前是神引导人,现在人身上也涌动着兽性。这也适用于另一句格言:"自视为神殊非易事,原因在于有下半身。"(格言第 141 节)

尼采的格言思维是为以上认识服务的。"格言"这一概念源于希腊语动词 aphorizein,即"划清界限"。因此格言就承担了定义的任务,通过标示出一个现象和与其上一层次的更具普遍性者之间的特殊差异来突出这个现象。事实上,格言与其说是旨在形式逻辑的定义,毋宁说要和迄今有效者"划清界限"。尼采在第四章中对这迄今有效者通过叩诊和听诊进行了检验、批判,必要时予以修正。他的目的是"重估一切价值"。

与格言不同,谚语在其引用的语境中具有证明的特征,它们在

---

① [译注]或译为"道成肉身"。

一篇演讲的某些地方出现,通常形成演讲的高潮。谚语构成某一思路的结语,而格言首先启动某一思维运动。"一朝被蛇咬,十年怕井绳"之类的谚语基于长期的经验,被认为是正确的,获得大多数人的证实。一种真理获得如此普遍的承认,就会成为妇孺皆知的陈腐道理。而格言则力图脱俗,它一反常规,并以其特有的反叛性表述全新的道理。往往给人当头一棒,高潮往往出人意料,格言的这种倾向使它宛如中篇小说①或是名人轶事的亲戚。它的攻击性类似戏剧对白中的唇枪舌剑。它表达的恰恰不是显而易见、触手可及的东西,这样它就为难了自己的听众和读者,要让他们费尽心思来理解它说的内容。它并不提供入口,而是要求思考者自己钻研,登堂入室。

格言在很多方面都带有主观性的烙印。谚语通常来路不明,而格言则反对定型的共识,源自某位作者,他绝不隐瞒自己独有和独特的思维方式和感受方式。内容不是基于一种可以客观化的见解,而是基于个人的经验和认识。因此它表述的不是一个集体、一个阶层、一个民族或一个文化阶段的智慧,而且它也放弃了有效准则和有效警句的普遍约束性。它的影响力更多地来源自其修辞,而不是源自其逻辑,更具有挑衅性而不是趋向明朗化,不给出满意的答案,而是通过不断提问激起新的不安。正如它并不提出任何经过论证的真理,它也不以基础稳固、范围明确的系统为立足点。它的事业不是建立广泛联系,而是使单一方面保持独立,趋于极端,从而为阐明宏观问题提供一种全新的视角。

格言对认识的整体联系的放弃常被认为是一种危机的症状。人们要么相信格言作者能力有限,充其量只能在尺幅小品的范围内有所创见;要么认为偏爱格言的时代是地动山摇、世风日下的时

---

① [译注]指德语文学中的 Novelle,其拉丁文语和意大利语词源中均有"新"、"奇闻"等意思。歌德对这一极富德意志特色的体裁的定义中,也提到了"罕见的、闻所未闻的事件"。

代。这点或许适用于尼采所处的风云变幻的世纪之交。撇开所有时代都有的解体和过渡不谈,格言的兴盛确实同某些历史时期之间存在某种亲和性,这些时期乐意看到自己的使命并非不间断地传承和总结现有事物,而在于同过去划清界线,坚定地开启崭新的篇章。无论针对传统价值和固定规范的怀疑何时产生,对系统的攻击并非形成于与之对立的反系统,而是格言(和杂文)成了击中和突破敌方要害的锐利武器。在这一意义上,我们发现启蒙主义者(利希滕贝格),早期浪漫派(弗里德里希·施勒格尔,诺瓦利斯)和尼采的目标一致。尼采不断强调其自己思想中枕戈待旦的大无畏精神,即使面前沟壑万丈也绝不退步。

与格言家的个人主义相应的是格言的个体化。每节格言都是自足的,没有较为广泛的联系也能理解其意义。谚语和警句仅仅适用于特定语境,并且依赖于特定语境,因为它们只能在该语境中被激活。相反,格言是自成一体的。与格言的个体化相类似的是格言对受众的影响:格言是易懂的,但又是排他的;格言不是通俗的,而是理智的。格言游离于文本联系之外,格言的接受具有要求甚高的特点,与此相应的是格言在内容和形式上的排他性。格言最大的敌人是平庸,为了不陷入平庸,就需要有高超的艺术和雄辩的光辉。无论单一浅薄的断言,还是形形色色的肯定判断,均在必须避免之列。为了突然打开多层次和暗背景的意义空间,格言运用了对照、扭转、矛盾、佯谬、意外、暗示等所有能想到的手段。

尽管具有自足性,尽管不依赖于某一广阔的语境,也不依赖于广大受众的多数共识,格言依然很少零星存在,而是通常结集出版。一节格言和其他格言一起印刷出来,供人阅读,但这并不妨碍其独立性,因为它完全也可以放弃与其他格言为邻。另一方面,它的主观性和断片式的单一性又要求未完待续,或者要求反驳、补充,要求有来自其他视角的新方案。排列在一起的、往往相互矛盾的格言体现了一种尝试,即在不断更新的思想端倪中以透视方式去把握认识对象。并不是作者无能,也不是时代贫瘠,而是苦于认识对象难以把握,才要求以格言的即不断试验的形式去逐渐接近真理。如果对启示的信仰以及对古老的形而上学原则的信仰不再是"万有"之基,那么认识尽管会支离破碎,会在此过程中为主体性的解放而弹冠相庆,但同时它们仍然会倾向于克服其单独的存在,寻求新的联合形式。这种对连贯性的驱动符合尼采的追求:克服个体化,实现共同化。格言的结果并非归纳和演绎的系统,而是一组探照灯的配置,以既非聚焦亦非漫射的光柱在黑暗中探索真理。

KSA 版编者说明

在 1886 年夏秋为《善恶的彼岸》未成的第二卷撰写的前言（该前言后来被用于《人性的、太人性的》II 的前言）中，尼采详细论述了《善恶的彼岸》在自己论著中的地位："作为其基础的思想以及各种初稿和草案，都属于我的过去：也就是属于那个谜一般的、《扎拉图斯特拉如是说》诞生的时期。仅仅因为这一同时性，它就能助一臂之力，指点人们去理解刚才提及的那部难以理解的作品，尤其是理解其并非无关紧要的诞生。当时，在一个极具风险和责任的大胆举动中，此类思想对我而言，或是作为休息，或是作为自我审问和自我辩护。但愿人们能将在这大胆举动中产生的著作用于相似的目的！或者当成一条蜿蜒曲折的小路，它经常不知不觉地将人引向危险的火山地，刚才提到的扎拉图斯特拉福音就是从那里喷薄而出的。尽管这'一种未来哲学之序幕'确实无意对扎拉图斯特拉的言论进行评说，但或许仍不失为一种临时性的词汇表，表中出现和提及了那本书——那本书是所有文献著作中史无前例、无可比拟的事件——中最重要的概念更新和价值更新。"

从时间顺序来看，《善恶的彼岸》的端倪可以回溯到《快乐的科学》尚未发表的时期，因为某些格言是尼采后取自 Hefte M III 1

和 M III 4a（1881 年春秋）的。"格言与插曲"这一章出自 Sammlung Z I 1 和 Z I 2，即在《扎拉图斯特拉如是说》I 问世（1882 年秋至 1982/1983 年冬）前不久完成，还有若干格言来自 M III 4 b（1883 年春夏，撰写《扎拉图斯特拉如是说》II 前不久）。Hefte W I 1 和 W I 2（1884 年春至秋）中所记也被用于《善恶的彼岸》。除了 1885 年（《扎拉图斯特拉如是说》IV 发表之后）的许多项目之外，具有特殊意义的是计划新版《人性的、太人性的》（尼采有意将该书全部回购并销毁；参见尼采 1886 年 1 月 24 日致 Gast 的信）。这一计划未能实现，于是尼采去写一本新书，即《善恶的彼岸》。付印稿于 1885 年冬/1886 年完成，其中除上述 Hefte 外还用了 1885 年的 Hefte：W I 3、W I 4、W I 5、W I 6、W I 7，笔记本 N VII 1、N VII 2、N VII 3（小部分）以及 Mp XVI 1 的散页。从这一诞生的历史不难发现，《善恶的彼岸》并不脱离所谓《权力意志》的材料。它确实是一种准备，一场"序幕"，应该到来却未能——至少未能作为《权力意志》（对此可参见 KSA 关于第 6 卷的注释开始处的论述）——到来者的"序幕"。印刷从 1886 年 5 月底延续至 8 月。尼采和 Peter Gast 一起读的校样今已不存。《善恶的彼岸——一种未来哲学之序幕》（莱比锡 1886 年，C.C.Naumann 出版印刷）是尼采自费发行的。保存下来的除了上述手稿之外，还有尼采亲手完成的付印稿以及带有尼采字迹的私人自用本。

关于标题，参见第 11 卷，25［238.490.500］；26［426］；34［1］；35［84］；36［1.66］；40［45.48］；41［1］。

缩写符号

Ed　　Erstdruck 初版、首印
He　　Handexemplar 私人自用本
Cb　　Korrekturbogen 校样
Cb^1　　尼采修改前的校样
Cb^2　　尼采在校样上的修改
Ms　　Manuskript 原稿、底稿
Dm　　Druckmanuskript 付印稿，即供初版用的手写稿
Rs　　Reinschrift 誊清稿，即付印稿的样本
Vs　　Vorstufe，供誊清的草稿、笔记等
BN　　尼采生前藏书
[？]　　有疑问的解读
[-]　　无法辨认的词
[+]　　空缺
[ ]　　尼采删除的部分
< >　　编者增补的部分
|| ||　　尼采增补的部分
□□□　　中断、残缺的句子
[ ]　　编者按语

部分人名、书名以原文标出

序①

[11]假如真理是个女人——,那么会怎样呢?所有哲人,只要他们是教条主义者,都不善于和女人打交道;②对他们的这种怀疑,难道是无中生有吗?他们那种骇人的一本正经,他们迄今在追求真理时常表现出来的那种笨拙的狂热,难道不都是些毫无灵巧和得体可言的手段?他们施展这些手段,为了赢得芳心,但毋庸置疑的是,她不肯就范:——如今只剩下形形色色的教条主义还站在那儿,空自悲切,黯然神伤。假若它们还真能站在那儿的话!因为已有嘲讽者断言,所有的教条主义已经倒下,一败涂地,甚至已经奄奄一息。老实说,完全有理由希望,哲学中所有的教条主义的做

---

① [KSA版注]参见第11卷,35[35];38[3]。
② [Pütz版注]真理是个女人……不善于和女人打交道:从各方面来看,女人在哲学史上的地位无足轻重。她们很少以哲人的身份出现,几乎从来不是哲学讨论的听众,成为哲学话题的可能性几近于无。对女性的轻视源于二元论思想体系的悠久传统:即从根本上区别精神和自然,并由此引申出类似的划分——男性代表精神和理性的主宰,而女性则在本质上等同于自然,因而在所有理性面前位低一等。尽管尼采激烈批判这种哲学教条主义的形式,但他自己对女性的说法至少也很成问题。他把真理看作一个女人的假设,确实把长期受到忽视的女子推到寻求真理的舞台中央;究竟女人和真理间有何关联,却仍然是个深藏不露、未予说明、假象重重的谜。由此女人也成了真理的试金石,关于所谓女性本质的判断也可认为暴露了哲人们——包括尼采——自身。

法都不过是某种高高在上的幼稚和外行罢了,尽管它们显得庄严肃穆,断然决然。但也许,人们很快就会一再认识到,究竟需要什么才足以为那崇高宏伟、确凿不移、教条主义者们迄今一直在建造的哲学大厦奠下基石,——也许需要某种源自太古的民间迷信(比如对灵魂的迷信,这种对主体或自我的迷信①至今仍在恣意胡为),也许需要某种文字游戏,[12]需要来自语法的诱惑,或者需要将非常狭隘、极度个性、颇为人性的—太人性的事实②粗鲁地推而广之。但愿教条主义者们的哲学只是一项跨越千年的承诺,宛如早年的占星术,为它可能已经耗费了大量精力、金钱、眼力和耐心,超出了迄今为任何一种真正的科学的付出:——它和它"超凡脱俗"的诉求,曾在亚洲和埃及造就了宏伟的建筑风格。③ 看起

---

① [Pütz版注]对主体和自我的迷信:尼采在此深刻地批判了近代的主体哲学及其尝试,即将关于主体和自我的观念视为所有认知努力基础的尝试。自从笛卡尔提出sum cogitans[我思故我在]以来,自觉、本质同偶然品质之间、原因和被解释者之间的可区分性、符号(能指)和所指之间的明确关联性,凡此种种都与上述认知努力的基础挂钩。尼采的认识论透视主义和语言哲学与这些前提完全相悖,从而使得他对主体和自我观念的批判远比对内省的肤浅怀疑来得深入。在此基础上,20世纪的结构主义和新结构主义得以发展,这些流派将有意识的主体仅仅视为各种关系交汇处的次要影响,不存在对关系的明确意识和主动介入。

② [Pütz版注]人性的,太人性的事实:指示尼采的《人性的,太人性的:一本献给自由精神的书》(1878年第一卷出版;1880年《漫游者和他的影子:人性的,太人性的,第二卷》出版)。在这些著作里,尼采抵制了形而上学及道德哲学宣扬的自由观念。在《善恶的彼岸》一书中,尼采继续抗争,他把主体从圣坛上拽了下来,不承认主体是自治原则、构造世界原则,不承认它能作为这种原则保证认知及认知形式的超时空体系。这样一来,他也就完全否认了形而上学作为一种纯理论的基础的可能性。现在他更多地是追问教条思想大厦和伦理基本原则的前提,这些在他看来不过是意愿和幻想的表达,最终只是生存意志的升华。此类表达和升华,其实是受时代局限地将在世界上辨向定位的需求普遍化了:一种人性的,而且太人性的东西。

③ [Pütz版注]占星术……宏伟的建筑风格:占星术一词由希腊语 astron[星辰]和 logos[学说]组成,意为星象学,直至4世纪为天文学的同义词。可能在公元前约3-2世纪,巴比伦人将星象的民间信仰和天文的准确观察联系起来,星象学由此得此发展。在巴比伦,祭司们用星象学解释未来。星象学从这里逐渐传播到波斯、印度、中国、希腊、埃及和罗马。通过一些希腊星象学家的系统化尝试, (转下页)

来,所有要在人类心中写下自己永恒追求的伟大事物,起初都不得不作为庞大骇人的怪物在世上游荡:这种怪物之一就是教条主义的哲学,比如亚洲的吠檀多学说①和欧洲的柏拉图主义②。面对此类怪物,我们不应该忘恩负义,尽管我们必须承认,迄今所有错误中最恶劣、最顽固和最危险者,莫过于一个教条主义者的错误,也就是柏拉图杜撰了纯粹精神和自在之善。而今日,这一错误已被克服,欧洲挣脱了这一梦魇,喘过气来至少能够享受比较有利于健康的——睡眠了,我们继承了在与这错误的斗争中积累起来的所有力量,肩负着保持清醒的职责。如同柏拉图那样谈论精神和善,这当然意味着颠倒真理,意味着否认透视(das Perspektivische),否定一切生命的基本条件;③是的,人们可以像医生一样发问:"古代最杰出的人物柏拉图身上的这种毛病从何而来?莫非是那邪恶的苏格拉底毒害了他?莫非苏格拉底真是个蛊

(接上页注③)星象学呈现出一门科学的特征。整体性思维以及天神与地神之间关联,其宏伟也在建筑上得以体现,埃及、中美、南美以及亚洲的建筑都深受其影响。

① [Pütz版注]吠檀多学说:Vedante[吠陀之大成],原指《吠陀》(Veda,印度语"知识")总集末的《奥义书》(公元前800-600年,弟子在师傅身边"近坐"时方能得闻的秘密学说),以后指自认为是吠陀智慧之大成的婆罗门教哲学(参见第三章61节注释"婆罗门")。与吠陀学说相反,吠檀多学说悲观地解释世界,认为世界是苦难深重的因果报应、转世轮回("羯磨",Karma)。个体灵魂(Atman)的解脱只有通过遁世和转向绝对者("梵",Brahman)才能实现。

② [Pütz版注]柏拉图主义:古希腊哲人柏拉图(前428/427-前347)创立的"理念说",但后来主要在"新柏拉图主义"(3-6世纪)中被普洛克洛斯(Proklos)和普罗提诺(Plotin)片面解释和拓展了。认为存在一个由永恒原型(理念)组成的真实世界,认为永恒原型乃是所有转瞬即逝的表象的基础,并在结构问题上体现出建立等级秩序的倾向,——所有这些,在尼采看来都属于柏拉图主义的基本特征,简直就是哲学、神学甚至近代科学思想的基本模式。

③ [Pütz版注]透视……基本条件:尼采试图根据哲学透视主义从不同的、不断变换的视角来观察和评价世界、艺术、道德乃至思想,这样就不会因为只从某个固定视角观察而使得生活整体产生失真或错位。尼采关于生命的概念参第九章258节注释"生命"。

惑青年的恶棍,饮鸩而死乃罪有应得?"①——然而,反对柏拉图的斗争,或者说得明白点,对"民众"(Volk)而言,反对千百年来基督教会压迫的斗争——因为基督教就是对"民众"而言的柏拉图主义②——已经在欧洲造就了一种人世间前所未有的华丽眩目的

---

① [Pütz版注]苏格拉底……罪有应得:苏格拉底(公元前470-399年)古希腊雅典哲人;他本人未留下任何文字,但从其弟子的、尤其是柏拉图的著作中可以对其形象和学说有所了解。苏格拉底认为知识不是拥有,而是一种探寻,首先是一种对自身无知的批判意识。雅典人指控他"敬事新神"和"教唆青年",判决他死刑。苏格拉底饮鸩而死。所谓"鸩"在此指代酒杯中的毒药,杯中饮品中掺有毒芹中提炼的致命物质。那份使得苏格拉底的自我辩护无功而返的指控书是这样写的:"苏格拉底……有罪,因为他糟蹋青年人,拒绝城邦尊崇的神灵,而是接受其他新的精灵"(柏拉图,《申辩》24b-c)。参见尼采在《快乐的科学》中对这一指控的回应:"不受欢迎的门生(Unerwünschte Jünger)!——我该拿这两个年轻人怎么办!——一个和苏格拉底一样"败坏"年轻人的哲人愤愤不平地说——这些学生在我这儿不受欢迎。"(参见《快乐的科学》第1卷第32,"不受欢迎的门生")"临终时的苏格拉底"是《快乐的科学》里的一个小标题(同上第3卷第340,"临终时的苏格拉底")。从色诺芬《回忆苏格拉底》卷四,8,6)和柏拉图对话录中的《申辩》(34c-35b)以及《克力同》中都能看出:苏格拉底对死刑的判决和执行泰然处之。就在行刑的前一天,克力同还试图劝苏格拉底逃跑。监狱看守被买通了,在帖撒利有一处大庄园可供苏格拉底在流亡时使用。但苏格拉底毅然拒绝实施这一计划。内心独白("苏格拉底不是医生……")大概是他在法庭上的一段总结陈词:"我很清楚,死亡和放弃一切努力现在对我来说是最好的。……是时候了,我们走吧,我走向死亡,你们走向生活。不过,我们中到底谁去做的事情更好,这除了神之外谁也不知道"(柏拉图《申辩》,41d-42a)。在尼采看来,苏格拉底是理论家的开山始祖,是他开创了批判的学术和乐观主义的理性信仰,是他开始破除神话作为生活的整体性。对这样的一个人,尼采一生都在无比激烈地口诛笔伐,然而,在对这位哲人的无情抨击中,也始终回荡着几分倾慕之情。尼采对苏格拉底形象的评价参见《悲剧的诞生》(第12节起)以及《偶像的黄昏》("苏格拉底的问题"一节)。
② [Pütz版注]基督教……柏拉图主义:尘世间无家可归的状态是人的基本体验,这点既是基督教学说也是柏拉图学说的标志。两种学说都从这种状态推断另一个世界的存在,人死后灵魂在那里觅得归宿。在基督教中,对永生的信仰和对一个仁慈的神的信仰联系在一起,这位神把自己的儿子派到尘世拯救众人。柏拉图主义则把灵魂得救和对永恒理念的持续观照联系起来。这只是哲人的特权,他在尘世生活中已以哲学思考即学习死亡的方式熟悉了这种观照。而其他灵魂在柏拉图的学说里将会重生,因为他们和尘世联系太过紧密。
[KSA版注]原为:民众化的柏拉图主义Dm

[13]精神张力:如今这弓已然张紧,可以去射最遥远的目标。当然,欧洲人可能将这种张力看作是困境;他们曾两度大张旗鼓地试图将这弓放松,一次是通过耶稣会①教义,第二次则是通过民主启蒙:——借助于新闻自由和读报自由,民主启蒙②或许真能使精神不再那么容易感到自己"窘困"了!(德国人发明了火药③——真了不起!可是他们又将它一笔勾销了——他们发明了报纸。)然而我们,既不是耶稣会教士,也不是民主主义者,甚至不足以当个德国人,我们这些欧洲好人、自由的、十分自由的思想者④——依然承受着全部的精神窘困,承受着精神之弓的全部张力!也许还

---

① [Pütz 版注]耶稣会(Societas Jesu):由罗耀拉(Ignatius von Loyola, 1491—1556) 1534 年建立的教团,其目标除了终生不婚的苦行僧生活之外,在开始时还有在巴勒斯坦的布道活动。当这一目标被证明为不可行时,罗耀拉便将教团置于教皇的直接统辖之下,教皇于 1540 年批准了教团的请求:通过布道、祈祷、善行、牧灵和办学传播信仰。放弃教团服装和统一的合唱祷告,结合其成员广泛的流动性,注重对其成员的学术培训,如此一来,耶稣会就成了天主教会中一种新型的教团。在反对宗教改革运动的过程中,这一教团影响波及整个欧洲:在传教和办学方面,耶稣会占据了主导地位。它对世俗政治的影响导致其与国家政权之间经常反目、冲突不断,这也引发了对教团的禁令:尽管 1814 年教皇决定收回 1773 年颁布的取缔耶稣会令,但这一禁令在普鲁士"文化斗争"(1872—1878)中经俾斯麦 1872 年再度批准,在帝国范围内直到 1917 年保持有效。

② [Pütz 版注]民主启蒙:尼采将宣扬民主的启蒙运动视为一个消极过程的暂时阶段,该过程抹杀出类拔萃的个体,以便实现人人平等的道德。尼采认为这一发展源于基督教的同情伦理,并在社会主义的民主运动中得以继续(参见第一章 22 节注释"社会主义的同情"和第五章 202 节注释"兄弟情幻想家……'社会主义者'")。

③ [Pütz 版注]德国人发明了火药:火药首先由中国人发明(8/9 世纪),13 世纪时为欧洲人所知。英国人认为,西方的火药发明家是方济各会成员、神学家和自然哲人培根(Roger Bacon, 约 1220—1292),他于 1242 年公布了生产火药的确切方法。德国人则认为,西方的火药发明家是施瓦茨(Berthold Schwarz),他是 14 世纪下半叶弗莱堡的一名修士。不过,火药枪炮自 1326 年起就在欧洲有据可查。

④ [Pütz 版注]十分自由的思想者:"自由精神"的极端化。和尼采许多其他概念一样,"自由精神"有两种截然不同的附带含义:一方面,尼采以此指只是表面上思想解放者的代表,对"所有这些苍白的精神上的无神论者、无政府主义者、非道德主义者、虚无主义者、怀疑者、低调者(优柔寡断者)、鲁莽草率者"身上的一种最后的错综复杂的理想主义,一种所谓自由精神的自我矛盾进行了指责:"这　（转下页）

有那支箭,还有那使命,谁知道呢？还有那目标……①

1885年6月于西尔斯—玛丽亚,上恩加丁

(接上页注④)远非自由的精神:因为它们仍然相信真理……"(《道德的谱系》第三章24节)。相反,尼采提出了另一种甚至对真理信仰本身宣战的自由精神,他显然认为自己这位重估一切价值者就是这一精神目前唯一的代表:"我们不能轻视这一点:我们自己,我们这些自由精神,已经是'重估一切价值',是有血有肉地对一切有关'真''伪'的旧概念宣战,并宣告胜利"(参见《敌基督者》第13节)。尼采通过极端化的手法,使这种类型的自由精神在概念上有别于上文批判的"被误称的'自由精神(们)'",同时指向对他自己、对他召唤的"未来的哲人"提出的广泛要求;这些未来的哲人"不会仅仅是自由精神,而是比这要来得更多、更高、更大,根本就是另一种东西,是不会被弄错和混淆的"(《善恶的彼岸》第二章44节)。

① [KSA版注]原为:比如,帕斯卡就感到精神窘困:这个近代最为深刻的人从他可怕的张力出发,为自己发明了一种杀气腾腾的笑的方式,他以这种方式笑死了当年的耶稣会教士。也许他什么也不缺,就缺健康和十年寿命了——或者说得有道德一点,就缺南方的天空来代替波尔罗亚尔的云层,来笑死他自己的基督教了。——Dm

第一章 哲人的偏见

1①

[15]那诱使我们有时不惜铤而走险的求真意志②啊,那自古至

---

① ［KSA版注］Vs(初稿ＷＩ7中的初稿):对真理的追求诱使我走上了并非无疑的道路,也不时地让我提出最可疑的问题:我在关于这种追求的隐秘原因何在的问题上停留得最久,后来又在关于那种追求有何价值的问题面前止步不前了。真诚性问题出现在我面前:人们是否应该相信,这问题是要让我觉得是第一次被提出、被发现,被鼓起勇气说了出来?
其他 Vs(W15):骰子已经掷出。——诱使我不惜铤而走险的"求真意志"已经把一些不寻常的问题抛给了我［,一些多么糟糕和可疑的问题！要是我终于怀疑地转过身来,从这位斯芬克斯身上学会了自己也来发问,那么这又有什么奇怪呢?究竟谁在此向我发问呢?］！这是些多么糟糕、怪异、可疑的问题！这可是由来已久了:要是我终于产生怀疑,失去耐心,不胜其烦而掉头他去,那么这又有什么奇怪呢？究竟谁在此向我发问呢？究竟是我身上的什么要"追求真理"呢？

② ［Pütz版注］求真意志(der Wille zur Wahrheit):追求真理的意志。通过这一措辞,尼采把意志和认知、实践哲学和理论哲学联系起来。真理至今是一个形而上学的概念,从古典时期起,尤其是从苏格拉底起,它一直就是理论哲学而非实践哲学的研究对象。尼采觉得这一两分法正是问题所在。他提出"追求真理的意志",探讨追求真理本身是否可能是和应该是正当行为的问题。尼采追本溯源,深入考察对原则和规律、评价和视角进行寻求和使之产生的原因,并发现了正是这些原则和规律,评价和视角调节着人们对系统地、一致地掌控生活,对在世界上辨向定位的兴趣。

今所有哲人怀着敬意谈论的著名真诚啊！这追求真理的意志将什么样的问题抛给了我们！这是些多么怪异、糟糕、可疑的问题！这可是由来已久了——然而又似乎从未开始？要是我们终于产生怀疑，失去耐心，不胜其烦而掉头他去，要是我们从这位斯芬克斯①身上学会了自己也来发问，那么这又有什么奇怪呢？究竟谁在此向我们发问呢？究竟是我们身上的什么要"追求真理"呢？——确实，我们曾驻足良久，探讨这求真意志的起因，——直至我们终于纹丝不动地伫立在一个更加基本的问题之前。我们开始追问起这意志的价值。倘若我们要的是真理，那么为什么要的不是非真理？不是飘渺不定？不是无知蒙昧？——关于真理价值的问题走向了我们，——抑或是我们走向了这个问题？在此，我们中哪一方是俄狄浦斯②？哪一方是斯芬克斯？这是一场约会，看起来是问题与问号的约会。——人们是否应该相信，在我们看来这个问题似乎

---

① ［Pütz 版注］斯芬克斯：最早指古埃及一种狮身人面的怪物，王权的化身。在希腊神话中，斯芬克斯是半人半兽的怪物。他坐在忒拜城外的山岩上，路人若无法猜出谜底，就会被他推入悬崖。俄狄浦斯找到了谜语的答案，斯芬克斯随即自杀，从而使忒拜城摆脱了诅咒。这个谜语问，是什么先用四个脚，后用两个脚，最后用三只脚走路？谜底是人，儿时用四肢在地上爬，长大后两脚走路，到了晚年则拄杖前行。

② ［Pütz 版注］俄狄浦斯：国王俄狄浦斯被认为是希腊神话中无辜卷入不幸的英雄原型。"希腊舞台上最为苦难深重的人物形象"在尼采看来就是"不幸的俄狄浦斯"（参见《悲剧的诞生》第9节）。根据德尔菲神庙的神谕预言，俄狄浦斯杀死了父亲拉伊俄斯，在将忒拜城从斯芬克斯手中拯救出来之后又娶了母亲约卡斯塔。这些都是无意而为，他并不认识自己的父母。当他再次根据同一预言寻找杀父凶手时，发现了真相，在绝望中刺瞎了自己的双眼。尼采着重强调的是俄狄浦斯主观上的无辜，是他事后对真相的不懈追寻以及他客观上犯下的不受自己意志为转移的罪行（参见《朝霞》第1卷第78，"报复性正义"）。雅典的悲剧作家索福克勒斯（前496—前406）将俄狄浦斯命运的第一阶段搬上了舞台，写成了《俄狄浦斯王》（前426年之后）。在尼采眼中充满智慧的俄狄浦斯猜中了斯芬克斯的谜底为"人"，但在经历了多灾多难、深奥莫测、难以避免的命运之后，他发现"人"本身恰恰不是答案，而是不解之谜。由此可见，俄狄浦斯的智慧既是基于对人的认识，也是基于人的深不可测性的认识。这一智慧概念意味着综合了阿波罗和狄俄尼索斯的认识和预感。

从未提出过，——似乎是我们第一次察觉了、看见了、鼓起勇气提出了这个问题？因为这样做确实是一种冒险，也许没有比这更大的冒险了。

2

[16]"事物怎能来自其对立面？例如，真理滋生于非真理？或者，追求真理的意志植根于追求幻觉的意志？或者，无私行为源于利己心理？或者，智者朗朗乾坤般的观照来自贪婪？这种事是不可能发生的。谁若这样梦想，谁就是个傻瓜，还可能更糟糕！凡是具有无上价值的事物，定然另有自身的源头——它们决不能生于这转瞬即逝、充满诱惑、虚幻和卑微的世界，决不能生于这妄想与贪婪的大杂烩！它们乃是生于存在的怀抱，生于永恒，生于隐匿的神明，生于"自在之物"①——必定是生于此处，绝无其他可能！"②——这种判断方式是一种典型的先入之见，每个时代的形而上学家们③都在此一再露出马脚。这种评价方式是他们所有逻

---

① [Pütz版注]自在之物（Ding an sich）：在康德主要哲学理论著作《纯粹理性批判》（1781年第1版）中，"自在之物"被认为独立于人的认识条件（时空的直观形式，逻辑的理性概念，范畴）而存在。正因为如此，"自在之物"是不可认知的，我们只是在主观认识方式的条件下接近作为现象出现的"自在之物"。
② [KSA版注]绝无其他可能！说得更加坚定一些：最高等级的事物和状态根本不会产生，——"生成"对它们而言是有失身份的，唯独它们才是[存在者]，唯独上帝存在——它们就是上帝。Vs（W I 7）
③ [Pütz版注]形而上学家们："形而上学"最初是出版者设计的标题，用来指称亚里士多德《物理学》之后的著述。从新柏拉图主义者起，"形而上学"被普遍用于指称哲学的基础学科，这些基础学科追问存在的超越可能经验范围的终极原因，探究存在的本质和规律性（形而上学作为本体论，即作为存在学）以及所有存在物的本源，追问上帝及其存在、本质和作用（形而上学作为神学）。尼采这里用"形而上学者"一词泛指格守思辨——唯心主义传统的思想家，这种传统严格区分感性世界和理念王国。他们力图从纯粹理性、从作为万有本源的上帝出发认识"真实"的存在。

辑推理过程的背景。他们从自己的这种"信念"出发苦苦追求"知识",苦苦追求那最终被冠以"真理"之名而隆重推出的东西。形而上学家的基本信念就是对价值对立的信念。尽管在开始时怀疑尤为必要,但是连他们中的谨慎者也没想到要这样做,虽说他们还自诩为"怀疑一切"①。也就是说,人们完全可以怀疑:首先,是否真有这种对立存在;其次,那些世俗的价值评判和价值对立,即形而上学家们盖上印章担保无误的东西,是否只是肤浅的判断,只是瞬间的景象?也许还是一隅之见,是自下而上的坐井观天,借用画家的常见术语来表达,就是"青蛙的视角"(Froschperspektiven)。②即使不妨将许多价值归于真实、真诚和无私,③但也许还是会有这样的情况:对一切生命来说都要来得更高尚和更基本的另一种价值,[17]可以划到表象、欺骗欲望、自私和贪婪的名下去。甚至还可能是这样:那些好的、受人尊敬的事物的价值,恰恰在于这些事物与坏的、表面上与之格格不入的事物之间令人尴尬的关联、纠缠、钩连,也许甚至在于两者本质上的一致。也许!——不过,谁又愿意去关注这些危险的"也许"呢!为此必须等待一种新型哲人的出现,他们会拥有某些与迄今为止的哲人不同的、甚至是相反的品位和偏好,无论如何理解,他们会关注那些危险的"也许"。——而说实在的,我已经看到他们走来了。④

---

① [Pütz 版注]怀疑一切: de omnibus dubitandum[一切都应受到怀疑],转义为:"一切都是有疑问的。"
② [Pütz 版注]借用画家……"青蛙的视角":绘画中的"透视"涵盖了所有呈现三维空间的法则。水平线的位置决定了一幅透视画作的特征。在"青蛙视角"的构图中,水平线和聚焦点位置极低;遁线大部分呈下沉状,从而描绘的物体显得较大,整个画面由"底部视角"所主宰。这样就给人一种似乎从下往上看的印象。
③ [KSA 版注]真理、真诚、被称为无私的行为,艺术观中"大海的平静" Vs (W I 5)
④ [KSA 版注](1)最终甚至可能是这样——我[也相信这点]也承认这点!——:那些首先被赞扬的事物之所以有价值,恰恰是因为从根本上和坚定地来看,它们和似乎相反的事物[这些事物的名声迄今为止被形而上学家们弄得如此可悲,这些事物的荣誉还没有任何人进行"挽救"]和状态没什么两样。但是, (转下页)

3

我观察哲人们的一举一动,字里行间全不放过。在如此细致的长期观察之后,我对自己说,必须认为有意识的思维十有八九属于本能行为,哪怕是哲学思维也不例外。我们必须改变观念,如同我们改变了关于遗传和"天赋"的观念那样。生育行为在整个遗传过程及其后续发展中不起什么作用,同样,"意识"在任何决定性意义上都不是什么与本能相悖的东西,——哲人的有意识思维大多受到其本能的悄然控制,并被迫沿着特定轨道运行。在富于逻辑和看似独断的活动背后,是价值判断,说得更清楚些,是为了保持某种特定生命而提出的生理要求①。例如,确定的事物比不

(接上页注④)谁有勇气去看这个没有面纱的"真理"呢!也许在此类问题和可能性面前还有一种被允许的贞洁。——(2)这是我的信仰!也许[情况还要糟糕得多]人们必须将他们的怀疑再向前推进一步——我自己已经这样做了——,因为甚至可能会是这样:那些好的、受人尊敬的事物的价值,恰恰在于这些事物与坏的、表面上与之格格不入的事物之间令人尴尬的关联,紧密的关联,也许还不不止如此?(a)不过,谁[又有兴趣]又愿意去关注这些"也许"呢!如果真理开始除去自己的面纱,否定所有好的羞耻心,这就违反好的品味,尤其有悖于美德,在这样的女人面前难道不应该小心为上吗?(b)也许!不过,谁又愿意去关注这些危险的"也许"呢!你们告诉我,这违反好的品味,也有悖于[美德本身][贞洁]美德。如果真理开始变得如此有失体统,如果这个纯洁的女人开始把自己的面纱揭开到这种程度,开始否定所有[好的]羞耻心,那么就让这个诱惑的女人滚开、滚开吧!让她今后去走自己的路吧!面对这样的女人,怎么小心都不算过分!"人们其实可以,你们眨着眼对我这样说,带着一种不起眼、羞答答的错误一起漫步,带着一种小小的、乖乖的谎言——"Vs(W I 5)

① [Pütz版注]为了保持某种特定生命而提出的生理要求:尼采暗指以下观点:即便是真理观念或伦理和审美价值观念这样的最高原则,甚至所有思想的逻辑基础、语法规则以及某个历史时期的风格,都源于它们各自对生命的有用性。早在《朝霞》(参见《朝霞》第5卷第542,"哲学家与老年")中,尼采就提出了一种生理归因的方法,即可以将思想的基本概念归因于其结构的肌体和需求(参见《快乐的科学》,2版前言,第2节),可以归因于人种、本能,最终可以归因于某种生命形式的自我保存原则(参见本书本章21节和第二章28节)。

确定的事物更有价值,表象的价值不如"真理"。如此这般的评价,虽然它们在调节方面对我们具有一定的重要性,但却只是肤浅的判断,只是一种特定的愚昧①,[18]对维持我们这样的生命必不可少的愚昧,也就是说,假设并非恰恰"人"才是"万物的尺度"②……

4

一个判断是错误的,在我们看来,这还不构成对该判断提出的异议;在这点上我们的新语言听起来也许十分陌生。问题在于,一种判断在多大程度上促进生命、保存生命、保存种群甚至培育种群。我们原则上倾向于宣称:最为谬误的③判断④(先天综合判断⑤即属此类)对我们来说恰恰是最不可少的;如果不承认逻辑虚构的有效性,如果不以绝对的和自我同一的纯虚构世界来衡量现

---

① [Pütz 版注]愚昧(niaiserie):幼稚可笑、头脑简单、愚蠢。
② [Pütz 版注]人……"万物的尺度":尼采在此暗指古希腊哲人普罗塔戈拉(前480-前410年)的话"人是万物的尺度"。这句话的意思是,没有绝对的普适真理,真理是和时间、语境相联系的。在这个意义上,所有认识都是相对的,即受制于认识者的立足点。
[KSA 版注]由于万物,权力意志推行了一种特定的本质(这些本质必须超越一切,容易地、贴近地、确定地、可测度地,即原则上在逻辑透视中观察——)Vs
③ [KSA 版注]最为谬误的即最古老的 Rs
④ [KSA 版注]原为:概念 Rs
⑤ [Pütz 版注]先天综合判断(die synthetischen Urteile a priori):对"先天综合判断如何可能"这个问题的澄清,是康德主要理论著作《纯粹理性批判》的一大夙愿。这实际上是要证明必要和普适的、即"完全独立于任何经验"(《纯粹理性批判》,1787年2版,3页)同时又是扩展的(而不是分析的)认识的可能性。基于其先天直观联系,数学能综合地、先验地进行判断;除了数学之外,先天综合判断只有在与可能经验的对象相联系——这便是康德的解决方案——的情况下才有可能。从历史起源的角度来看,这一局限意味着既克服了经验主义,也克服了理性主义。经验主义原则上否认不依赖经验的认知的可能性,理性主义则相反,认为对不依赖经验的实体("上帝"、"自由"、"不朽")的认识具有无限的可能性(参见本章5节注释"康德")。

实,如果不持续地用数字来仿拟世界,人们将无法生存;放弃错误判断即是放弃生命,否决生命。承认非真实是生命的必要条件:这无疑是以一种危险的方式与习以为常的价值感作对。一种哲学敢于如此,便将自己孑然一身置于善恶的彼岸。①

5②

之所以将半是怀疑、半是讥讽的目光投在所有哲人身上,不是因为人们一再发现他们是如此清白无辜,——如此频繁和如此容易出错和迷路,简单地说,不是因为他们幼稚天真,而是因为他们不够诚实。只要稍稍涉及真诚问题,哪怕只是旁敲侧击,他们便全都道貌岸然地大叫起来。他们全都装模作样,似乎他们的真正见解乃是从一种冷静的、纯粹的、[19]上帝一般漠然的

---

① [Pütz 版注]一种哲学……善恶的彼岸:对真理概念的批判或批判性检验,还有对真理价值和认识价值的疑问,导致尼采对判断提出了批评,在判断这种获得认识的形式中,为确定事物的本质属性将各种概念联系在一起。把判断看作是真理假设的支架指明了一种可能的方向,就这点而言是对生活有用的。判断的价值由此不仅仅在于它所包含的表面真理,它的形式和范畴作为先验概念也服务于使生命成为可能的信仰。如果说真理和非真理的区分最终具备服务生活的功能,那么非真理、假象和谎言也是生活的条件。这样在善与恶的彼岸的哲学里,一种新的判断学说与一种新的伦理联系起来,这两种逻辑—形而上学的对立充其量只有纯粹的、可疑的对立价值,双方互为条件、互相挤压和斗争,与本体论层次的现实、与"真理"并不相符。

② [KSA 版注]Vs(N VII 2)中的初稿:我对哲学家产生怀疑,不是因为我发现他们如此频繁和如此容易出错和迷路,而是因为我发现他们在任何方面都不够诚实;他们全都装模作样,似乎他们是通过辩证法而发现和获得了什么,其实他们是通过一种证明在维护一种先发的命题,他们为自己的偏见辩护,而且不够诚实,从来不承认这一点,也不向我们事先公布。这种顽固不化、康德老人寻找引以为"绝〈对〉命令"的通幽曲径,这种塔尔丢夫式的伪善让我们发笑。甚至还有数学表象,斯宾诺莎就是以此〈赋予〉自己的心愿一种堡垒式的性质,一种必定可以恫吓那些发难者的东西。

辩证法①的自我发展中发现和获得的(这点有别于大大小小的神秘主义者——后者比他们这些哲人更诚实,也更愚蠢——因为讲的是"灵感"②),其实他们是要维护一种先发的命题,一种突发的念头,一种"灵光一闪",多半是一种他们经过抽象和筛选的内心渴望,他们总在以事后觅得的理由为其辩护——他们全是讼师,虽然他们不乐意被人这么叫,而且他们大都是些为自己的偏见强词夺理的老狐狸,他们给这种偏见起名为"真理"——没有一点儿敢于承认这一切、恰恰是这一切的良心,没有一点儿品味高尚的勇气将这一切公布于众,无论是为了警告朋友或敌人,还是出于高傲或为了自嘲。这种顽固不化、煞有介事的塔尔丢夫式③的伪善,康德④老人身上就有,他藉此将我们诱入辩证法的通幽曲径,再将我

---

① [Pütz 版注]辩证法:源自希腊语 dialektiké téchne,谈话的技艺,同时也是论证的技巧;苏格拉底把它看作解释概念的方式;柏拉图则将其视为文学的形式,同时视为认识理念(存在基础)的智力过程;从中世纪到18世纪它是逻辑的代名词,在康德看来,它是理性的自然趋势,脱离作为人类认知基础的经验,旨在就上帝、自由、不朽问题作出形而上学的最终论断;对这一说法的自相矛盾和幻想色彩,康德进行了辩证表象的批判。对黑格尔的形而上学逻辑来说,辩证法是思想和存在的一种经由否定与扬弃否定的运动,它既是绝对者也是生成者。对马克思(1818-1883)来说,辩证法是经济活动和阶级斗争史的运行规律。
② [Pütz 版注]灵感(Inspiration):拉丁语为 inspiratio[唤醒,顿悟]。灵感的特征是,它和保持距离的理性思考不同。其内容不是得之于有意识的生产,而是得之于——超自然的——顿悟(Eingebung)。
③ [Pütz 版注]塔尔丢夫式(Tartüfferie):道貌岸然,虚伪,假虔诚;莫里哀喜剧《伪君子》(1664)主人公塔尔丢夫在虔诚的面具后隐藏着的尽是虚伪。
④ [Pütz 版注]康德:Immanuel Kant(1724-1804),德国哲人;尤因其《纯粹理性批判》(1781,1878年2版)、《实践理性批判》(1788)、《判断力批判》(1790)以及《纯粹理性范围内的宗教》(1794)成为"先验唯心主义"的创始人。在批判性的,即设限的和此限之内建立起来的研究中,康德认为认识、行为、审美判断和信仰是在我们共有理性的规定基础之上形成的,比如逻辑原则、以时空作为观照形式,是我们自己将这些原则和形式带入经验。我们经验世界中严格的规律性可以追溯到以上通过先验理性形成的人类活动。而且康德认为,这一规律性同时决定了现实的纯粹现象特征。因而我们无法认知"自在之物",即无法认识一个不依　　(转下页)

们引向他的"绝对命令"①,或者更准确地说,将我们诓入其中。这场演出只能让口味挑剔的我们发笑,我们没什么兴趣去细看那些老奸巨滑的道学家和卫道士玩的把戏,甚至是以数学形式出现的骗术,斯宾诺莎②就是以此给自己的哲学——最后是"爱他的智慧"③,公正地解读就是"爱他的智慧"——披上铠甲、戴上头盔,为的是从一开始便恫吓那些发难者:这些家伙竟敢正视不可战胜的圣女帕拉斯·雅典娜④! 如此虚张声势,恰恰透露出了这位病痛缠身的隐士是多么地胆怯,有怎样的软肋!

(接上页注④)赖我们主观经验方式的世界。由此,在康德看来,自由作为道德的条件,是无法通过理论化的理性认识的。但是他认为,每个人都拥有一种无法否认的意识,也就是一种不可推卸的道德责任驱使人们的行为遵循理性和普遍准则。尼采对康德批判哲学提出的批评主要是,要支撑起这些原则,一切经验和行动都必须以一种综合的、理论和实践的能力为前提。不过,他在《善恶的彼岸》中压倒性的否定态度有时却是基于对康德哲学的简单化描述。

① [Pütz版注]绝对命令,范畴律令(der kategorische Imperativ):康德如此描述一种关于义务的绝对的、即必须执行的命令:"只按照你同时想使之成为普遍规律的准则去行动。"
② [Pütz版注]斯宾诺莎:Baruch(Benedictus)de Spinoza(1632-1677),启蒙运动时期哲人,尝试在其主要作品——《伦理学》(1667)中将数学论证的严谨性引入哲学。他主要用演绎法论证,辅以解释、注释和附录,力求通过少量明显而普适的形而上学以及几何学原理(公理和前提)证明上帝和自然的同一性。其《伦理学》一书的3-5章同时也是通过驾驭情感而幸福生活的指南。
③ [译注]疑指斯宾诺莎的理论,即所谓"对神的理智的爱","精神对神的理智爱即神对自己的无限爱的一部分",等等。
[Pütz版注]哲学……"爱他的智慧":"哲学"一词在希腊语中意为"爱智慧",也就是意味着,人类从未停止对存在和责任的最终原因的探寻。尼采的诠释则强调,斯宾诺莎的智慧只是一种听从内心意愿的知识,因而所谓智慧其实只是个人的动机,是非常主观的。
④ [Pütz版注]不可战胜的圣女帕拉斯·雅典娜:帕拉斯(希腊语"少女")是宙斯女儿、希腊处女神雅典娜的别称。作为雅典城的保护神,雅典娜在与波塞冬的斗争中获胜,并把橄榄树赠予这座城市。在特洛伊战争中,雅典娜站在希腊人一边,因为帕里斯的裁决判决并不对她,而是对阿弗洛狄忒有利。这位好战的、头戴盔甲、手持长矛和盾牌的女神是"不可战胜"的,她甚至加入到巨人之争的行列,并成为狄俄墨得斯、奥德修斯和赫拉克勒斯等许多希腊英雄的有力庇护者。

6①

我渐渐地发现,所有迄今为止出现过的伟大哲学究竟是什么。它是其创始人的自白,②一种不自觉、未标明的回忆③。也就是说,[20]每种哲学中的道德(或非道德)意图构成了它本初的生命萌芽,然后这萌芽总能长成参天大树。确实,在解释某个哲人的哪怕最怪异的形而上学论断是如何产生时,有效(和聪明)的做法是首先问自己:它想(或他想——)以何种道

---

① [KSA版注]参见第10卷,3[1]79;尼采致露·封·萨洛美的信,落款日期1882年9月16日。
III 4 中的初稿:我已经习惯将伟大的哲学视为其创始人不自觉的自白,又将道德部分视为全部哲学中具有旺盛繁殖力的萌芽,以至于在源自道德领域的某些意图中可以发现最怪异的形而上学论断的诞生。我不相信一种"求知欲望",而是相信把认识当作一种工具的那些欲望。谁要是逐一列举那些欲望,谁就会发现,它们全都从事过哲学活动并且乐意把自己说成是存在的最终目的。——在"学者"那儿,情况有所不同:思维经常真是一架小机器,运作起来不需要人的全部欲望系统的参与——,所以真正的兴趣往往在别处,就像所有的职业人一样:比如在家庭、国务或者赚钱等方面。偶然性决定了这种机器会被放到整个科学中什么位置上,会成为一个优秀的语文学家还是化学家——这并不构成人的标志。相反,哲学完全不是非个人化的东西,道德更是属于个人的,而且证明了哲人身上欲望的等级次序。
② [Pütz版注]迄今为止……其创始人的自白:早在1882年9月16日写给莎乐美(Lou von Salomé)的信中,尼采就曾提到"哲学体系归结于其创始人的个人作为"的问题——在此他重拾莎乐美的观点,可惜她的原话没能流传下来。亚里士多德认为,所有人基于和为了对感官认识的热爱,生来就追求知识(参见《形而上学》,1980a);而尼采背离了亚里士多德的这一传统,不相信这种无我的认识欲,不相信这种为知识而知识、为理解而理解的认识欲,而是相信有一种在利用认识的欲望。如果说这种欲望从总体来看必须发挥生命机能,那么就总是已然从中产生一种目标明确的认识,从而产生一种对事物本身的——如尼采所言——"错误认识"。在尼采看来,认识要归功于其创始者的实践意图,他以此在世界上辨向定位,与其说他认识到"这个"真理,不如说他表明了自己,透露出他心中各种欲念的等级。
③ [Pütz版注]回忆:mémoires(法语)。

德为目的?① 因此,我不相信所谓"求知欲望"是哲学之父,我认为有另外一种欲望在此和到处把认识(以及错误的认识!)只当作一种工具。谁要是仔细观察人类的基本欲望,看它们恰恰在此作为激励人的天才(或恶魔,或精灵……)在多大程度上能起作用,谁就会发现,它们全都曾经一度从事过哲学活动,——而且它们中的任何一员都恰恰酷爱把自己说成是存在的最终目的和有权统治所有其他欲望的君王。因为每种欲望都在追求权力:作为具有此种特性的欲望,它尝试进行哲学活动。——当然,在学者那儿,在那些真正从事科学的人那儿,也许情况有所不同——情况"较好",如果你愿意这么措辞的话——,因为在他们那儿可能确有某种诸如求知欲望之类的东西,好比一只独立的小钟表,上足发条后便勇敢地运作起来,基本上不需要学者身上的所有其他欲望的参与。所以学者的真正"兴趣"往往在别处,比如在家庭、赚钱或政治方面。甚至可以说,他的微型机械装置被放到整个科学中的这个或是那个位置上,他这个"充满希望"的青年劳动者会成为一个优秀的语文学家、还是会成为菌菇专家或化学家,几乎是无关紧要的:——他成为这还是成为那,并不构成他的标志。相反,在哲人身上,则完全没有非个人化的东西,其道德素质更是确凿无疑地证明了他是谁——即证明了他天性中那些最深层的欲望是如何分等排序的。

7

[21] 哲人们何等恶毒!我不晓得还能有什么比伊壁鸠

---

① [Pütz版注]它想(或他想——)……为目的:尼采通过这一表达对主体身份的天真信仰提出质疑。对"语言是对事物的适当表述"这一观点,尼采从语言哲学的角度提出了质疑,通过归因于语言自身的隐喻性,打破了语言反映世界的观念。这样就销蚀了神学的原则、科学的前提以及被视作近代主体意识最初自觉的笛卡尔名言"我思"。

鲁①针对柏拉图和柏拉图主义者的戏谑更恶毒:他称他们为 Dionysiokolakes。从字面上来说,这个词的意思是"狄俄尼索斯的谄媚者",②就是说,是暴君的附庸和佞臣。除此之外,该词还表示:"这些人全是演员,他们身上没什么是真的"(因为当时演员俗称 Dionysokolax)。后者其实是伊壁鸠鲁射向柏拉图的一支毒箭,因为他被惹恼了:矫揉造作地粉墨登场,对此柏拉图及其弟子们驾轻就熟,而他伊壁鸠鲁,这个萨摩斯岛的老塾师③,曾不动声色地坐在自己位于雅典的小花园中写了三百本书的人,对此却一窍不通! 谁知道呢? 也许是因为面对柏拉图怒火中烧,好胜心切?——希腊花了百把年时间才明白过来,这位花园之神伊壁鸠鲁④究竟是个什么人物。——不过,真明白了吗?

---

① [Pütz版注]伊壁鸠鲁:萨摩斯岛的古希腊哲人(前 342-前 270),约前 307 年起在雅典讲学。伊壁鸠鲁抛弃了希腊哲学传统,包括柏拉图理念说和关于人类参与纯粹精神的假设。相反,他认同哲人德谟克利特(前 460/459-前 380)的原子论自然理论,即万事万物乃至人类灵魂都在原子的结合与分裂中生生息息。因此,伊壁鸠鲁看重的是那些只有借助感官和理智才能把握的东西。他的伦理观涉及人的实际生活,宣扬灵与肉的快感和乐趣乃是任何哲学思考的目标。在他看来,人的幸福并不像柏拉图认为的那样以融入古希腊城邦生活为基础。
   [KSA版注] ed. Arrighetti, Fr.93, 18-19
② [Pütz版注]Dionysiokolakes……谄媚者:狄俄尼索斯,也称巴克斯,拉丁文为巴库斯,是宙斯和塞墨勒的儿子,古希腊酒神,广义上也是植物之神。"酒神的谄媚者"即追随者除了羊人和神女之外,还有女酒鬼和女祭司,清一色的狂热女子,藤条缠绕,身披狍皮,手持神杖。她们陶醉在一片恣意狂欢之中,撕碎羚羊,生吞活剥。悲剧(希腊语 Trag-odia[羊之歌])即从歌颂酒神的仪式合唱发展而来(参见尼采《悲剧的诞生》和《狄俄尼索斯颂歌》)。
③ [Pütz版注]萨摩斯岛的老塾师:萨摩斯,希腊小岛,位于小亚细亚西海岸南面零星群岛中,是哲人伊壁鸠鲁的家乡。
④ [Pütz版注]花园之神伊壁鸠鲁:公元前 4 世纪与 3 世纪之交时雅典两大哲学流派,即柏拉图的学园("学园"即 Akademie 得名于雅典附近的一块希腊语称为 Akademos 的土地)和亚里士多德的逍遥派(Peripatetiker,得名于吕克昂学园里希腊语称为 perípatoi 的回廊,亚里士多德经常在此边散步边讲学)不久就被花园伊壁鸠鲁主义学派排挤到了一边。该学派因一座别墅的花园而得名,伊壁鸠鲁在此与其弟子和友人交谈。在花园里,伊壁鸠鲁这位智者在与朋友畅谈中追求一种神仙般无欲、克制、怡然自得的生活。

8①

在每种哲学中都存在一个临界点,哲人的"信念"就在此现身;或者用一种古老的神秘主义的话来说:

"驴子过来了,美而能干。"②

9③

你们想要以"遵循自然"的方式生活？哦,你们这些廊下派④的高人啊,扯了这样一个弥天大谎！请你们想象有一种东西,它和自然一样挥霍无度、冷漠无比、漫无目的、毫无顾忌、从不施舍怜悯

---

① [KSA 版注]参见第 11 卷,26[466]。
② [Pütz 版注]驴子过来了,美而能干: adventavit asinus / pulcher et fortissimus(拉丁语),引自利希滕贝格(Georg Christoph Lichtenberg,1742-1799,德国物理学家、作家):Vermischte Schriften,哥廷根 1867,卷 4,第 327 页。
  [KSA 版注]引自利希滕贝格(Georg Christoph Lichtenberg),Vermischte Schriften,Göttingen1867,V,327,BN(尼采生前藏书)。
③ [KSA 版注] N VII 1 中的初稿:以"遵循自然"的方式生活？哦,你们这些廊下派在怎样高贵地撒谎！请你们想象有一种东西,它挥霍无度、冷漠无比、漫无目的、从不怜悯,既丰饶又贫瘠,你们想想这种冷漠吧！——你们怎么能遵循这种冷漠而生活？生活,难道不就是想要有别于这种自然吗？遵循生活而生活？你们怎么可能不如此生活呢？有什么必要鼓捣出一条原则来呢！事实上,你们先是按照你们的智者贤人的形象来塑造自然！然后再按照这你们形象的形象塑造自己！这用来对付歌德、泰纳等也同样有效。
④ [Pütz 版注]廊下派:源自 Stoá poikíle,指五彩缤纷、饰以油画的雅典厅,芝诺(约前 335-前 263 年)常在此演讲,因此其追随者被称为廊下派。和伊壁鸠鲁一样,芝诺和廊下派考虑的问题也是人如何才能幸福。不过芝诺认为,人生活在群体中,不是为个人而存在。芝诺继承了犬儒学派(参看第二章 26 节注释"犬儒学派")顺其自然的生活理念,但为其提供了哲学体系的支持。廊下派伦理的目标,同时也是廊下派哲学的主要部分,是一种基于漠然和不动心的生活,使人能将其愿望和必须接受的世界变幻协调起来,顺其自然地生活,执守那份内心的安宁。因此最高美德就是获得一种依赖于个人及其内在逻各斯的洞见。

与公正、既丰饶又贫瘠、从无一定之规。想想这种冷漠的权力吧！——你们怎么能遵循[22]这种冷漠而生活？生活，难道不就是想要有别于自然吗？难道生活不就是估价、偏心、不公正、受束缚，想要与众不同吗？即便说，你们的命令"遵循自然而生活"其实意味着"遵循生活而生活"，——那么，你们怎么可能不如此生活呢？有什么必要从你们现在正处的状态，同时也是你们必须如此的状态之中，鼓捣出一条原则来呢？——真实情况并非如此，你们假装心醉神迷地阅读着你们自然法则的圣典，其实有着完全相反的目的。你们这些出神入化的戏子，自欺欺人的家伙！你们甚至骄傲地试图以自己的道德、自己的理想来规定自然、吞食自然，你们连自然都不放过。你们要求自然成为"遵循廊下派"的自然，要求万物按照你们自身的形象存在——并且永远盛赞廊下派，让廊下派涵盖万有！你们热爱真理，却强迫自己如此长久、如此顽固、如此受了催眠般死板地以错误的、即廊下派的方式看待自然，直到你们再不能以其他方式看待自然，——最后，还有某种深不可测的傲慢将灌输给你们一种疯人院里的希望：因为你们懂得自虐——廊下派主义就是自虐——，所以自然也愿意受虐，廊下派不就是——自然的一部分吗？……不过这故事由来已久了：当年在廊下派身上发生的，今天仍然在发生，一旦哲学开始自信，这故事就没完没了。哲学总是按自己的形象创造世界①，它不可能不这样。哲学就是这么一种暴虐的欲望，精神上的权力意志，"创造世界"的意志，追求第一因②的意志。

---

① [Pütz 版注]哲学总是按自己的形象创造世界：参见摩西五书之一，26 章起：创世第六日，上帝"按照自己的形象"造人。
② [Pütz 版注]第一因：causa prima（拉丁文）；在中世纪经院哲学中，尤其是在托马斯·阿奎那里，物质因和动力因从属于形式因和目的因。由此，上帝被视为第一因，而造物则是第二因（causa secunda）。上帝是世界的创造者，也是世界的第一个、本身未受推动的推动者。上帝同时也是自因（causa sui）。

10

热烈、精细——我甚至要说,狡猾。这些就是如今人们在全欧洲探讨"真实的世界与表象的世界"这一问题时表现出的态度。这些态度[23]值得思索,值得留神;谁要是在这背后除了"追求真理的意志"之外什么也没听见,那他肯定不能为自己有一副上好耳朵而自豪。在偶尔一遇的个别情况下,或许其中真的掺杂着某种追求真理的意志,某种超越常规的大胆冒险,以及形而上学家们失势后的好胜心:美妙的可能性车载斗量,最后却宁可要那一丁点儿"确定性"。甚至还会有一些对良知抱着狂热的清教徒,宁可死于确定的虚无也不愿死于不确定的实有。但这是虚无主义①,是一个绝望了、累垮了的灵魂的迹象,无论这种美德如何作大无畏状,都是如此。② 然而,在另一些相对而言强健有力、生气勃勃、渴慕生命的思想家那里,情况便有所不同了:他们反对表象,高傲地说出了"透视"③这个词。他们估计自己躯体的可信度和与"地球静止不动"这一视觉表象的可信度差不多低下,看来心情愉快地

---

① [Pütz版注]虚无主义:源自拉丁文 nihil[无]。教父奥古斯丁(参看第三章50节注释"奥古斯丁")以论战的口吻将否定宗教信条者称为"虚无主义者"。后来对认识真理的可能性持怀疑态度的人也被钉上了虚无主义的耻辱柱;这一说法首次出现在作家和哲人雅各比(Friedrich Heinrich Jacobi, 1743–1819)的《致费希特》(1799)中。文化哲人施蒂纳(Max Stirner, 1806–1856)在《唯一者及其所有物》(1848)一书中将这个概念用于指称对伦理准则有效性表示怀疑的人。俄罗斯作家屠格涅夫(1818–1883)在其长篇小说《父与子》(1861)中把它用到否定现行政治权威及其鼓吹的理想的人身上。诗人让·保尔(Jean Paul,参看第八章244节注释"让·保尔对费希特……")则在其《美学入门》(1804)中谈到"诗学中的虚无主义者"。尼采是在《快乐的科学》(1882, 346节)中首次使用这一概念。他颠覆了主流的语言运用:正是被以上抨击虚无主义者视作"积极"的价值和真理,在尼采看来却是对最高价值即生命的"虚无主义式"的否定。
② [KSA版注]原为:因为只要它的美德如此放纵,就会死亡和毁灭 Dm
③ [Pütz版注]透视:参见序言注释"透视……基本条件"。

丢开了最可靠的占有物(因为如今还能有什么比自己的躯体更可靠的呢?)——谁知道,他们是不是其实想要夺回某种东西,那是从前的一种更可靠的占有,某种古老的占有,属于从前的信仰,也许是"不灭的灵魂",也许是"古老的神明",总之是这样一些理念,它们比"现代理念"更能使人生活得美好,也就是欢快、充满活力? 这是不信任现代理念,不相信所有昨天、今天建立起来的一切;也许掺入了少许厌烦与讥讽,不能再忍受今天所谓的实证主义①拿出来兜售的来源五花八门的垃圾②概念,也许因为自己的品味比较高雅,所以讨厌光怪陆离的年市,讨厌所有强调实在的半吊子哲学贩子③卖破烂的作风,那些家伙除了炫人耳目,什么新东西[24]真玩艺都没有。在我看来,应该承认今天这些持怀疑立场的反实在论者和以显微镜检验认识者的做法不无道理,因为他们④的本能,那把他们从时髦的实在里驱逐出来的本能,并没有被驳倒——他们在小径上悄悄往回走,这又与我们何干呢! 关键不是他们想要"倒退",而是他们——想要离开。再多一点力量、动能、大无畏精神和艺术家气质,他们就会想要超越——而不是倒退!

---

① [Pütz 版注]实证主义:由法国哲人孔德创立的思想流派,以"实证的"即实存的事物为出发点,研究和论述的对象仅限于这些事物,认为形而上学的阐释在理论上是不可行的,在实践中是无用的。宗教信仰,形而上学思辨,甚至对文化财富的领悟,都应该被主要以自然科学为导向的认识取代。19 世纪中叶以来,实证主义主宰了学术界的自我理解,其重要代表除了英国的休谟、穆勒、斯宾塞之外,还有法国的泰纳(Hippolyte Taine,1828-1893)和勒南(参看第三章 48 节注释"勒南")和德国的费尔巴哈(Ludwig Feuerbach,1804-1872)和杜林(参看第六章 204 节注释"杜林")。

② [Pütz 版注]垃圾:bric-à-brac(法语)。

③ [Pütz 版注]强调实在的半吊子哲学贩子:"半吊子哲学贩子"指不可信赖的侈谈哲学者;这里影射如杜林这样的实证主义哲学家。
[KSA 版注]影射欧根·杜林

④ [KSA 版注]不无道理[,所有这些康德、谢林、黑格尔、叔本华以及他们的后继者],因为他们 Dm

11①

看起来,似乎现在的人大都力图无视康德对德意志哲学施加的真正影响,特别是挖空心思避而不谈他对自己的评价。康德主要和首先为他的"范畴表"(Kategorientafel)②自豪,他双手举着这张表说:"在为形而上学能做的事情中,艰难莫过于此。"——让我们来理解一下这"能做"两字的含义!康德感到自豪,为自己在人身上发现了一种新的能力、即先天综合判断能力而感到骄傲。可以假设他这是在自欺,但是德意志哲学的发展与迅速繁荣却系于这自豪,系于所有年轻人的竞赛,他们争先恐后地去发现可能更加值得自豪的东西——至少是去发现若干"新的能力"!——不过

---

① [KSA版注]参见第11卷, 25［303］; 26［412］; 30［10］; 34［62.79.82.185］; 38［7］

N VII 1中的初稿:"先天综合判断何以可能呢?"——凭借一种能力,也就是这样回答:它们是可能的,它们存在了,我们能够这样做。然而,问题在于"如何"做?康德断定了一个"如是"的事实,但是并未给出解释。到最后,这种"能力"是一种假定力,一种鸦片催眠力的假设。我的观点是:所有"因果性"理念、绝对者、灵魂、存在、物质、精神 □□□这些概念是以一种在逻辑上糟糕的方式产生的,如同词源学揭示的那样,以至于单一性质被用作表达相似事物的符号。随着感官的和注意力的加强,相似性越来越少得到承认;为了从内部指称事物,精神环绕着一系列再辨认标志的辨认标志,以此来把握事物,理解事物,理解是一种把握。(参见第11卷, 38［14］)

② [Pütz版注]范畴表:尽管康德在《纯粹理性批判》中继承了可上溯至亚里士多德的理性主义传统,将最简单的基本思想概念纳入一个完整体系,但在康德理论中,范畴概念的地位和作用都发生了根本的改变:除了范畴起源于纯粹理智之外,康德认为,有资格被称为范畴的概念必须同时具备客观构造和经验创立方面的意义。由于任何经验认识都有综合特征,所以选作范畴的概念应该能被描述为综合可能性的条件。发现范畴的主导思想是系统的列表,表上列出了根据数量(普遍的、特殊的、个别的)、质量(肯定的、否定的、无限的)、关系(分类的、假设的、对立的)和样式(可疑的、确定的、断然的)作出的判断。与之相关联的是范畴按数量(单体、多体、完体)、质量(实在、否定、局限)、关系(本质、起因、集群)和样式(可能、此在、必要)的划分。

我们得想一想：现在是想一想的时候了。先天综合判断何以可能呢？康德如此自问，——他又是如何作答的呢？凭借一种能力（vermöge eines Vermögens）①：遗憾的是并非以这么寥寥几个字，而是如此拖泥带水，不禁令人肃然起敬，又毫不吝惜德意志的高深莫测与繁文缛节，以至于人们难以察觉这种回答中隐含着的德式愚蠢②。人们甚至还为这种新的能力而忘我陶醉，当康德在人身上又[25]发现了一种道德能力时，就更是欢声雷动，无以复加：因为那时德国人还是恪守道德，闭口不谈"现实政治"的。——于是德意志哲学的蜜月期开始了；图宾根修道院的年轻神学家们③立刻全都涌入了灌木丛，——全都去寻找所谓"能力"了。还有什么是他们没能发现的呀——在德意志精神纯洁无瑕、丰饶富足、尚属青春年少的时代，在浪漫主义这狡黠的女妖已然随风潜入、高声歌唱的时代，那时人们还分不清"发现"和"发明"呢！他们发现的首先是"超感"（Übersinnliche）的能力：谢林④称之为理智的直观⑤，以此迎合了他那些其实是渴望虔信的德国人内心深处的热望。这种纵情和亢奋的运动其实是青春勃发，尽管它大胆地化妆成了白

---

① [Pütz版注]凭借一种能力：嘲讽康德形而上学地将认识行为归因于认识能力（比如认为判断来源于判断力）。
② [Pütz版注]德式愚蠢：niaiserie allemande（法语）。
③ [Pütz版注]图宾根修道院的年轻神学家们："德国唯心主义"哲人，黑格尔（参看第八章244节注释"黑格尔"）和谢林（Friedrich Wilhelm Joseph Schelling）在1790年前后和他们的诗人朋友荷尔德林（Friedrich Hölderlin, 1770-1843）在图宾根修道院学习神学和哲学，并共同提出了《德国唯心主义的最初的体系纲领》（1795）。
④ [Pütz版注]谢林：弗里德里希·威廉·约瑟夫·谢林（1775-1854），德国哲人，"德国唯心主义"主要代表人物之一。他的哲学多次尝试围绕一个主题，即一种绝对的哲学，作为对康德批判哲学有系统的贯彻和完善。
⑤ [Pütz版注]理智的直观（die intellektuale Anschauung）：理智的（intellektuell，也写作intellektual）直观在康德看来是一种纯粹的神性的理智能力，这种理智既是直观的，也是认识的，其对象无外乎现实之物。基于这样一种直观，可能和确实之间的区分以及自在之物和为我之物（Ding für uns）之间的区分就不复存在。在谢林看来，理智直观是一种理智能力，即在进行思考和提出范畴的过程中直观自身的能力。

发苍苍的概念,对它最大的不公莫过于严肃认真地、甚至以道德义愤对待它。难道这还不够吗:人会逐渐老去——梦会烟消云散。人们揉脑门的时代到来了,直到今天人们还在揉脑门。原来是做了一场梦,而领头和率先做梦的人便是——老康德。"凭借一种能力"——他这样说过,至少曾有过这意思。不过,这难道算是——一个回答吗? 是一种解释吗? 抑或,只不过是把问题又重复了一遍? 鸦片是怎么使人入睡的呢? "凭借一种能力",也就是凭借"睡眠能力"①——莫里哀②笔下的医生如是作答:

因为睡眠能力在他身上潜伏,
天生能让感官入睡.③

不过此类回答只能用于喜剧。现在终于是时候了,应该把这康德的问题"先天综合判断何以可能"换成另一个问题:"为什么必须相信有这样一种判断?"——也就是要去理解,为了维护我们人类的本质,必须相信这种判断是真实的;因此,它当然仍可能属于错误判断! 或者,说的更清楚些,粗俗而彻底地来表述就是:[26]先验综合判断根本不"可能存在":我们没有拥有它的权利,它在我们嘴里纯属错误判断。不过仍然有必要相信它的真实性,作为一种表面的相信,一种视觉的表象,属于生命透视角度的范畴。——

---

① [Pütz 版注]睡眠能力:virtus dormitiva(拉丁文)。
② [Pütz 版注]莫里哀:原名 Jean-Baptiste Poquelin(1622-1673),法国喜剧作家,演员和剧院院长。他 1643 年建立了后来的法国喜剧院,1660 年执掌皇家剧院,并为该院创作喜剧。他以《可笑的女才子》(1659)获得了艺术上的突破。其他重要作品有《伪君子》(1664)、《愤世嫉俗》(1667)以及《无病呻吟》(1673)。莫里哀的喜剧高度贴近时代,主要探讨社会现实问题,同时也体现出跨时代特点,因为作品揭露的弊端可视为人类普遍缺陷的例证。
③ [Pütz 版注]因为睡眠能力……入睡:Quia est in eo virtus dormitiva, cujus est natura sensus assoupire(拉丁语—法语)引自莫里哀(参见前注)喜剧《无病呻吟》(幕间表演 III2)。

最后再来回想一下"德意志哲学"①——人们是否如我所希望的那样理解它有权享用引号?——在全欧的巨大影响,人们毫不怀疑,有某种"催眠能力"参与其中:人们陶醉了,因为多亏了德意志哲学,各国的有闲贵族、正人君子、神秘主义者、艺术家、四分之三基督徒和政治蒙昧主义者获得了一副解毒药,用以对付那仍然占上风的感觉论②。这感觉论是从上一个世纪流传下来的,简单地说就是——"感官入睡"③……

12④

至于唯物主义原子论⑤,它可是那些被驳斥得最为彻底的东西中的一个;在今天的欧洲学者中间,除了顺手拿来方便家用(即作为一种简约的表达手段)之外,没人会无知到还真以为它

---

① [Pütz 版注]德意志哲学:尼采在此不仅是指康德,而且主要是指德国观念论哲人,即费希特(Johann Gottlieb Fichte,1762-1814)、黑格尔和谢林。
② [Pütz 版注]感觉论:源自拉丁文 sensus[感官];一种哲学流派,认为所有认识来源于感觉,感觉和认识之间并无本质差异。感觉论主要代表在古代有伊壁鸠鲁和廊下派,近代有休谟(参看第八章 252 节注释"休谟")和洛克(参看本章 20 节注释"洛克")。与感觉论相近的是经验论;与这两者相反的是唯理论,它宣称理性乃是认识的最高原则,认为基于天生的理性观念存在独立于经验的认识的可能。康德在其认识论中批判地站在经验论/感觉论和唯理论这两种对立的思想流派之间:"没有感性,我们面前就没有对象;而没有理智,我们就不会思考对象。没有内容的思想是空泛的,而没有概念的直观则是盲目的"(《纯粹理性批判》,1787 年 2 版,75 页)。
③ [Pütz 版注]感官入睡:sensus assoupire,参本节注。
④ [KSA 版注]参见第 10 卷,15 [21];第 11 卷,26 [302. 410. 432]
⑤ [Pütz 版注]唯物主义原子论:在古希腊,原子观是指一种自然哲学的学说,它认为所有事物的特质、甚至灵魂也可归结于无形、不变、不可分的最小元素("原子")的形式、状态和大小。由此,在这一学说看来,物质不仅是材料现实、而且也是精神现实的基础。古代原子论最重要的代表有留基伯(Leukipp,约前 460)、伊壁鸠鲁和德谟克利特(前 460/59-前 380)。

有什么严肃的意义——这首先要归功于那达尔马提亚人①博斯科维奇②，他和波兰人哥白尼③一样，都是迄今为止最伟大、最成功的视觉表象反对者。哥白尼使得我们相信，地球与我们的一切感觉相反，并非静止固定的。博斯科维奇则教会我们放弃了信仰，即不再相信地球上有什么"固定"的东西，不再相信"实体"、"物质"，不再相信构成泥粒土块的原子。这是地球有史以来取得的对感官的最伟大的胜利。——不过，人们应该再接再厉，也要向至今阴魂不散、人们对此却[27]毫无察觉的"原子论需求"宣战，就像要对名气更大的"形而上学需求"④宣战一样，——这是场真刀真枪、你死我活的战争。——首先还必须打倒另一种更危险的原子论，那就是基督教费时最久、用力最勤地宣扬的原子论，灵魂原子论（Seelen-Atomistik）。不妨用这个词来称呼那种对灵魂的信

---

① [译注]克罗地亚南部地区。
② [译注]意大利天文学家和数学家。首次提出用几何学方法，通过三次观测旋转行星表面上的一点，求出行星的赤道，并根据三次观测到的行星位置，算出行星的轨道。他最大的贡献是在大地测量学领域，被称为"大地测量学的鼻祖"。
  [Pütz版注]博斯科维奇：Ruggiero Giuseppe，原名 Ruoter Josip Bošković（1711-1787），克罗地亚数学家和自然科学家，出生于拉古萨（Ragusa，今天的杜布罗尼科）。他是耶稣会成员，生活在罗马、帕维亚和法国，后来去了米兰。他对同时代人影响最大的是他提出的动态原子论，也即原子是点状的力量中心，周围是相吸、相斥、静止的力场。尼采1873年在巴塞尔读了博斯科维奇的著作《自然哲学理论，基于自然界力量的唯一有效法则》（维也纳1769）。
③ [Pütz版注]哥白尼：Nikolaus，原名 N. Koppernigk，波兰语为 Kopernik（1473-1543），天文学家和数学家，出生于托伦市（Torun），波兰一同名省的首府。哥白尼以日心说取代了地心说，认为太阳（而不是地球，如迄今人们认为的那样）是圆形的天体轨道的中心，而地球则围绕太阳旋转。从18世纪末到19世纪，这一观念被进一步修正，太阳系的位置由银河系中心转移到银河系边缘。
④ [Pütz版注]形而上学需求：康德将这称为一种理性"需求"：假设存在一个超感觉世界，它处于所有经验及其形式的彼岸。他在《纯粹理性批判》导言（4节）中区分作为需求和天赋的形而上学和作为严谨科学的形而上学，理性批判为后者奠定基础。叔本华认为，在所有本质中，唯独人疑惑于自身的此在，并鉴于生命的有限性而产生"一种形而上学的需求"（参见《作为意志和表象的世界》，II, 17："论人类形而上学的需求"）。

仰,那种把灵魂视为不灭的、永恒的、不可分的东西,视为单子,视为原子①的信仰:这种信仰必须从科学中驱逐出去才好!我们私下来说吧,根本没必要在此摆脱"灵魂"本身,放弃那最古老、最令人敬畏的假设之一,就像我们常可遇见的那些笨手笨脚的自然主义者那样,他们刚碰到"灵魂"就不知丢失到哪儿去了。但是,重新把握灵魂假说并去芜存精,仍是一条未定之路:"终有一死的灵魂","作为主体多样性的灵魂",或者"作为欲望和感情的社会架构的灵魂",诸如此类的概念将来要在科学中占一席之地。新心理学家将要终结那种迷信,终结那种至今围绕着灵魂观念学说生长蔓延、几乎堪称根深叶茂的迷信,当然,这样他就仿佛将自己抛入了一片新的旷野,面临着一种新的不信任——很可能,那些老的心理学家们会过得舒适快活些——:但他最终会发现,正因为此他也注定要去发明——谁又说得准呢?也许是注定要去"发现"吧。——

13

生理学家们应当考虑考虑了,是不是要将一个有机体的自我保存欲望看作是它的基本欲望。活物的首要意志便是释放其力量——生命本身即是权力意志②——:自我保存只是它的一个间接的、最常见的后果。——简单地说,无论到哪,务必小心多

---

① [Pütz 版注] 视为单子,视为原子:布鲁诺(参见第二章 25 节注释"乔尔丹诺·布鲁诺")在构造现实的元素的意义上运用单子的概念;"单子论"真正的创始人是哲人莱布尼茨(参见第六章 207 节注释"莱布尼茨")。在其《单子论》中,他称单子是最简单的、也就是组合物中自身不可再分的部分。因为其简单性和不可分性,必然导致否定单子的空间质量和时间质量。然而单子仍各有质量,质量源自其"感知"(Perzeption)的不同,亦即其意识程度的不同。因此在莱布尼茨看来,可以区分无意识概念的单体和概念较为清晰且明确的单子。

② [Pütz 版注] 生命本身即是权力意志:参见《前言》,"生命"和"权力意志"及以下。

余的目的论[28]原则,比如自我保存欲望的原则(这要归功于斯宾诺莎①的前后矛盾)。要求这样做的方法,本质上必定是"原则之节俭(Prinzipien-Sparsamkeit)"的方法。

14

也许现在有那么五、六个人的脑子开始明白了,物理学也只是一种对世界的布局和安排(当然是按我们的标准!如果允许这么说的话),而不是一种对世界的解释。但是,只要它立足于对感官的信任,它就被视为更多的东西,必定被长期视为更多的东西,即被视为一种解释。它有眼有手,能看会摸:它影响了一个以庶民趣味为本的时代,使人如痴如醉、心悦诚服、坚信不移,——它本能地追随永远属于民间的感觉论②的真理典范(Wahrheits-Kanon)。什么是清楚的,什么是"解释清楚了的"?只有那些能看见、能触及的东西,——每个问题都必须研究到这一步。反之,恰恰是在对感官满足的抗争中,显出了柏拉图式思维方式③的魅力。这种思维方式是高雅的,——也许对这样的人而言,他们拥有甚至比我们同时代人更强大、更讲究的感官,但他们更辉煌的胜利是主宰这些感

---

① [Pütz版注]斯宾诺莎:在斯宾诺莎看来,每个事物中都蕴含着一种追求(conatus),即对自身存在的固守(参见《伦理学》3章,命题6),这种追求构成了其现实本质(3章,命题7)。与之相对,尼采并不否定对自我保存的追求这一事实;他只是否认这种追求是一种本源的欲念。在他看来,每个生命体更多地是在追求自我提升,也就是尼采所说的权力意志,追求自我超越,甚至不惜通过自我毁灭。
② [Pütz版注]永远属于民间的感觉论:这里并不涉及作为哲学上的感觉论,而是涉及一种实证主义—实用主义的生活方式的代表,它拒绝任何哲学问题,认为哲学问题是可疑且无用的玄思的出发点。
③ [Pütz版注]柏拉图式思维方式:尼采在此暗指柏拉图思想的特有方式,即贬低感性,贬低感性在认识中的作用。柏拉图认为,感知不能长久,即不能提供持续的确定性,只能给出迷惑性的见解。在柏拉图看来,灵魂要获取真知只有通过与一切感性断绝关系,确切地说是通过对亘古不变的事物的原型("理念")的一种纯精神意义的观望(参见柏拉图《王制》中的"洞喻",卷7,514a起)。

官：撒开一张苍白、冰冷、灰暗的概念之网，罩住五彩缤纷的感官旋涡——用柏拉图的话来说，就是感官的乌合之众①。这样模仿柏拉图的风格统治世界、安排世界，也会带来享受，不过不同于今天的物理学家给我们带来的享受。与这些物理学家如出一辙的还有生理学家中的达尔文主义者②和反目的论者③，其原则是"最小可能之力"，其表现是最大可能之愚蠢。"要是又看不见，又摸不着，也就不必去寻找什么了"——这命令确实不同于柏拉图的命令，不过，[29]对未来的机械师和造桥匠这些五大三粗、吃苦耐劳、只干粗活的人说，可能倒是个再合适不过的命令。

15④

研究生理学时若要问心无愧，就得坚持认为感觉器官并非唯

---

① [Pütz 版注] 用柏拉图的话……乌合之众：对柏拉图《法义》(卷3,689a-b) 直接引用，在那里一种以是否快乐的感觉为导向的生活方式被视为"极端无知"和"国家中芸芸众生"的典型特征。
② [Pütz 版注] 达尔文主义者：英国自然学家达尔文（Charles Robert Darwin, 1809-1882）的追随者。达尔文的进化论植根于自己创立的选择论。他认为，动物和人的发展、演变、遗传和过度繁衍的基本条件使得选择成为一种必须。在"生存斗争"中只有那些最能适应环境的生命体能涉险过关；而另一些则走向衰亡。他的理论对生物学、思想史、政治以及意识形态上产生了巨大影响。主要著作有《物种起源》(1859)。
③ [Pütz 版注] 反目的论者：这些人否认，(自然的) 历史向一个目标 (希腊语 telos) 前进。这种形而上学的观点在近代自然科学和英国经验主义 (洛克, 贝克莱；参见第二章36节注释"像贝克莱或叔本华说的那样")的影响下形成，尤其在实证主义哲学流派 (孔德，参见第三章48节注释"奥古斯特·孔德的社会学") 中得以体现。据此任何科学都仅限于记录可观察的事物，发现它们的规律，后者被认为是通过观察和实验得出的多种多样经验的表述。如此从经验的、实证的角度观察事物，就抛弃了对事物的本质和目的的追问。因此对世界上的事物、本质和事件只是进行因果关系的观察，只是从数的角度作为数学—物理学意义上的实体，同时也作为合乎理性的关联体系的对象。
④ [KSA 版注] Vs: 为了研究生理学，就得相信，感觉器官并非纯粹的现象；否则的话，它们就绝不可能是根源！即是说：感觉论是调节性假说，就像我们在生 （转下页）

心主义哲学①所说的现象；否则的话，它们就绝不可能是根源！至少这样一来，感觉论就是调节性假说②，如果不称之为启迪性③原则的话。——怎么会这样呢？不是也有人甚至说，外部世界不过是我们器官制造出来的？然而这么说来，那我们的身体，作为外部世界的一部分，也是我们器官制造出来的了！我们的器官本身——也是我们器官的产物了！我觉得，这是一种彻底的"归谬法"④，倘若"自因"⑤的概念是彻底荒谬的话。因此，外部世界就不是我们的感官制造出来的了吗？——

16

仍然有一些无害的自我观察者相信，存在着"直接的确定

（接上页注④）命中拥有的那样。没有人会认为牛排是一种现象。

① [Pütz 版注]唯心主义哲学：根据柏拉图中期哲学即所谓理念说，形成了一种唯心主义形而上学世界观。继承了这种世界观——当然是在认识论转向中——的是康德的批判哲学，以及康德之后的"德国观念论"的批判哲学。德国观念论始于费希特的首部《知识学》（1794），随着黑格尔去世而告终。在观念论哲学中，客观现实以及认识、情感、行为的感性事实被解释为由一种更高的精神存在原则引申出的现象。因此基于感觉的现象与一种隐秘的存在相对立，是后者导致了前者的产生（康德区分"现象"和"自在之物"）。

② [Pütz 版注]调节性假说："假说"的字面意思是指其内容可作为其他事物的解释模型。从自然科学发展过程可见，假说的确定性并非一锤定音，而是一种特定时代背景下的所得，作为针对某一问题的解释模型。归根结底，假说只是纯粹的假设，我们永远无法使之具备绝对的有效性。因此，假说对要被确认的对象而言，不具备"构成性"，而是如尼采借用康德的话所说的那样，只具备"调节性"，即是说只具备调节思维的特征，但不具备客观的特征（参见康德《纯粹理性批判》，1787 年 2 版，536 页起）。

③ [Pütz 版注]启迪性：出自希腊语 heurískein［找到］；启迪性原则：出发点和前提，在方法论的道路上给新事物的发现提供指引。因而，只要能启动推进工作流程，假说、工作模式以及表述形式就有启迪意义。

④ [Pütz 版注]归谬法：reductio ad absurdum（拉丁文）。

⑤ [Pütz 版注]自因：causa sui［自身的原因］。经院哲学中指上帝，在此转用于作为认识主体的人（参见本章 9 节注释"第一因"）。

性"①,比如"我思"②,或者像叔本华③的迷信那样,"我欲":似乎认识在此能够不折不扣、不遮不掩地把握其对象,作为"自在之物",而且无论在从主体方面还是在客体方面都无歪曲可言。但是我已经无数次地重申,"直接的确定性",一如"绝对认识"和"自

---

① [Pütz版注]直接的确定性:法国哲人笛卡尔(René Descartes,参见第三章54节注释"笛卡尔")从批判认识的角度提出要求,认为只有经受住方法论怀疑的认识才具备确定性。从此以后,尤其是17至18世纪的理性主义哲学就聚焦于一点:通过归结于直接的、即无需进一步引申就清楚明了的定理,不仅使数学、也使哲学认识获得不可动摇的根基。不是从尼采对传统在语言哲学方面的批评开始,而是在康德《纯粹理性批判》中,这种以数学为主导的方法论思想就被当作是哲学上不合适的认知模式而遭到拒绝(参见康德《纯粹理性批判》,1787年2版,页740起)。不同于数学,哲学必须依靠那些已成为历史的、意义发生转变的概念,所谓直接的确定性充其量只是暂时接受一个问题的答案,却永远不可能成为一个问题的最终答案。

② [Pütz版注]我思:笛卡尔认为自我确定性是根本的、原型的确定性,并由此引入了意识和自我意识的取向,这在很大程度上主导了近代哲学(参见序言注释"对主体和自我的迷信")。但在康德哲学中,它却已经面临其第一个重大局限。和笛卡尔相反,康德关于"我,或他,或思考着的它(物),……我们不断围绕其循环"(康德《纯粹理性批判》,1787年2版,页404)的论断已经是以"自在主体"的不可认识性为出发点了。尽管如此,笛卡尔物性的"我"在康德那里还在经验知识的范围里具备引导认识的功能,"我"的这种作用在尼采等开创的20世纪语言哲学转折之后不复存在。从此,主体性似乎即便不能理解为纯粹的语言效果,也只可描述为语言内在的功能。

③ [Pütz版注]叔本华:Arthur Schopenhauer(1788-1860),德国哲人,其著作(《论充足理由律的四重根》,1813;《论视觉与色彩》,1816;《作为意志和表象的世界》,两卷,1819;《论大自然的意志》,1836;《伦理学的两个基本问题》,1841;《附录与补遗》,两卷,1851)影响了瓦格纳(参见第三章47节注释"瓦格纳")和尼采;通过他们,叔本华的影响延伸至20世纪,比如影响了托马斯·曼(Thomas Mann,1875-1955)和托马斯·贝恩哈特(Thomas Bernhard,1931-1989)。叔本华在其主要著作(《作为意志和表象的世界》)中指出,这个具备丰富多彩的时空表象的世界基于一种脱离认知理性的、非个人的意志。所有为了认识而存在的东西,都是与主体、与观察者的观察相联系的客体,也就是在科学表象中依据因果关系观察的时空表象。而意志则相反,它是唯一的亘古不变的本质,是所有事物的基础,是无法成为表象的。意志是"自在之物,世界的内涵和本质……生活[是]可见的世界,是现象,但却只是意志的镜子"(《作为意志和表象的世界》I,4,54)。这种意志形而上学被尼采称为"迷信"。

在之物",包含着一种"修饰悖论"①——快从这种话语的误导中挣脱出来吧!即便民众相信,认识是一种最终认识(zu Ende-Kennen),哲人也必须对自己说:如果分析"我思"这句话表达的过程,[30]我会发现一系列难以证明或许不可证明的大胆断言:比如,我就是那个"思"者;肯定有什么在"思";"思"是一项活动和源自某一本质的后果,这一本质被"思"为起因;有个"我"存在;最后,能以"思"指称者已然确定,——我知道,何为"思"。因为,假如我本身尚未就何为"思"的问题作出定论,那么我又有什么依据来确定当下发生的事不是"意志"或者"感觉"呢?总之,"我思"有个前提,那就是我将目前的自身状态与别的我所知的自身状态作一比较,以确定我目前的自身状态是什么;由于要这样反过来与另外的"知"建立联系,所以我目前的自身状态对我而言根本不是什么直接的确定性。——因此,哲人获得的就不是民众在此可能相信的"直接的确定性",而是一系列形而上学的问题,是与理智相关的真正的良知问题:"我从何处获得思考这个概念?我何以相信有起因和后果?谁赋予我权利谈论自我,谈论作为起因的自我,甚至谈论作为思考起因的自我?"谁要是援引一种认识直觉②,敢于立即回答这些形而上学的问题,说什么"我思考,我知道,这至少是真实的,确定的,无疑的"——今天的哲人就会奉送他一个微笑,外加两个问号。"尊敬的先生,"哲人也许会这样告诉他,

---

① [Pütz版注]修饰悖论:contradictio in adjecto(拉丁文),修饰语中矛盾,其意义与主要概念相反;也指被限定者和限定者之间违背逻辑的对立,比如"黑色的白马"或"枯燥的幽默"(拉丁文中"幽默"意为"湿润")。

② [Pütz版注]认识直觉:近代笛卡尔认识论和方法论的核心概念。笛卡尔的《指导心智的规则》(1628/29)把直觉认识视为"简单精神全不费力、一目了然的领悟,对认识对象毫不怀疑。"(Regulae ad directionem ingenii, lateinisch-deutsche Ausgabe, herausgegeben von Heinrich Springmeyer, Lüder Gäbe und Hans Günter Zekl, Hamburg 1973,页17)直觉认识突出了认识过程中的要点,在这一要点上可以放弃进一步的推导("演绎"),论述的问题以无比简单的方式得以呈现。

"您不太可能没有搞错,可是为什么非要搞出真理来呢?"①——

17

说到逻辑学家的迷信,我要不厌其烦地[31]强调一个小小的事实,一个那些迷信的家伙不情愿承认的事实:即一个想法的出现,是"它"自己愿意②,而不是"我"愿意就成的,所以,如果说主语"我"是谓语"思"的条件,那就是对事实的歪曲。有东西在思考:但是这在思考的"东西"恰恰就是那闻名已久的"我",说客气点,这只是一种假设,一种宣称,而绝非什么"直接的确定性"。说到最后,就算是"有东西在思考"也发挥过头了:这"东西"已然包含了对过程的一种诠释,却并不属于过程本身。出于语法上的习惯,人们总是认为"思考是一项活动,任何活动都必然有一个活动者,所以——"。差不多也是按照同样的程式,以前的原子论除了寻找发挥作用的"力量",还寻找这种力量所在和赖以发挥作用的物质颗粒,这就是原子。终于,有更严谨头脑的人发现,没有这"碎土残渣"也行。也许有朝一日人们还会养成这样的习惯:即使逻辑学家也不需要那个小小的"东西"了(年高德劭的"我"已经挥发在其中了)。

18③

可以被驳倒——这肯定不是一种理论最乏味的地方:恰恰因

---

① [KSA版注] Dm 中附加
② [Pütz版注] 一个想法……自己愿意:叔本华认为,普通人运用智力时受意志的奴役。一切所思所得都是为了意志的利益。只有"天才"(参见《附录与补遗》,2卷,50-56节)才会以智力自由地、无目的地认识,为认识而认识。
　　[KSA版注] 参见叔本华《附录与补遗》,第2卷,第54节;另参见让·雅克·卢梭《忏悔录》,第4章;"Les idées viennent quand il leur plaît, non quand il me plaît."
③ [KSA版注] 参见第10卷,4[72];5[1]24;12[1]156

此,这种理论才吸引了更有智慧的头脑。看起来,曾经无数次被驳倒的"自由意志"理论正是因了这种吸引力而历久弥新——:总是会有人来,自以为足够聪明,可以驳倒这种学说。

19

哲人们老是谈论意志,好像它是世上最熟悉的事一般;诚然,叔本华①使我们了解,唯有意志是我们真正熟悉的,而且是十分熟悉,不折不扣的熟悉。然而我[32]总是觉得,叔本华在此也只是做了哲人们习惯做的事:他接受了一种大众偏见,并将其大为夸张。意愿,在我看来,是某种复杂的东西,只有作为一个词时才是统一的整体,——大众偏见正是隐藏在这一个词中,左右着总是不太谨慎的哲人们。让我们谨慎一些,让我们"不那么哲学"吧——,我们说:首先,任何意愿中都有大量感觉,对于离去(weg)状态的感觉,对于趋向(hin)情况的感觉,对于"离去"和"趋向"本身的感觉,然后还伴随着一种习惯性的肌肉感觉,即使我们并未动用"手臂和腿脚",但只要我们开始"意愿",就会如此。其次,既然必须承认感觉、而且是各种各样的感觉是意志的成分,那么另一成分就是思考:在每次意志活动中都有一种发号施令的思想;——而且绝不能相信,这种思想可以与"意愿"分离,让意志独自留存!第三,意志并不单是感觉和思想的混合体,而且关键是还有一种情感,也就是那种命令的情感。所谓"意志的自由",本质上是一种

---

① [Pütz版注]叔本华:叔本华认为,认识的主体经由意志真正接触世界:"'意志'这个词,而且只有'意志'这个词,给予认识的主体通往自身现象的钥匙,向认识的主体展示意义,指出其存在、行为、活动的内在动机。认识的主体,以个体的肉身出现,这一肉身有两种截然不同的形式:一是以理智直观的表象,是客体中的客体,并服从客体的规律;但同时又以完全不同的方式出现,即作为人都直接了解的东西,可以用'意志'这个词来指称"(《作为意志和表象的世界》I, 2, 18)。

自以为比必须服从者优越的情感:"我是自由的,'他'却必须服从"——任何意志中都隐藏着这种意识,同是还有全神贯注的紧张,目不转睛的凝视,无条件的价值判断"现在只需要这个,别的什么都不需要",必然获得服从的内心确定性,以及其他所有一切与命令者状态有关的东西。一个人意欲如何——,这就意味着他在向自己的身心发号施令,后者会服从,或者他相信后者会服从。现在来看看,什么是意志这如此复杂、却被大众用一个词儿来概括的东西中最奇异的地方:在这种情况下,我们既是命令者又是[33]服从者,作为服从者我们体会到强制、催逼、压迫、反抗、运动等等,这些感觉总是紧随着意志行为出现;另一方面,我们又习惯于凭借综合概念"我"忽视和掩盖这种二重性;于是出现了一连串关于意志的错误结论以及不实的价值判断,附在了意愿上,——这样,有意愿者便信心十足,相信意愿足以保证行动。由于在可以期待命令产生效果、即被服从并且有行动的场合,却十有八九只是提出了意愿,于是虚象就化为了这样一种感觉,好像效果的产生有某种必然性似的;总之,有意愿者颇有把握,相信意志与行动已浑然一体——,他还把意愿的成功和实施全都归于意志本身,并享受那种不断增长的、凡是成功都会给人带来的权力感。"意志的自由"——这是指意愿的那种多彩多姿的快乐状态,它发号施令,同时与执行者合二为一,——作为命令的执行者,它也享受着克服阻力的胜利,但却私下这样判断:其实是它自己的意志克服了阻力。这样,有意愿者除了其作为命令者的快乐感之外,还获得了别的快乐感,即负责执行、卓有成效的工具的快乐感,甘愿臣服的"下级意志"或下级灵魂——我们的身躯确实只是许多灵魂组成的社会结构——的快乐感。朕即成就①:在此发生的事情,就是任何一个

---

① [Pütz版注]朕即成就:L'effet c'est moi,脱胎于一句据说是法国国王路易十四(1643-1715在位)的口头禅:"朕即国家"(L'état c'est moi)。这句话体现了专制主义时期统治者和国家的同一性。

结构完善的幸福群体中发生的事情，即统治阶级将群体的成就划归自己的名下。无论什么意愿，肯定都涉及到以如前所述的许多"灵魂"组成的社会结构为基础的命令与服从；因此哲人就应该有权在[34]道德视野中把握意愿本身，即把道德理解为统治关系的学说，而"生命"现象就是在这种统治关系下产生的。——①

20

单个的哲学概念并不是任意的、自然生长的，而是在彼此牵扯的关系中形成的。它们看起来在思想史中横空出世，心血来潮，但却也属于一个体系，就像地球上某大洲上的动物群一样。这种情况最终还体现在，形形色色的哲人们无疑会一再将自己纳入可能存在的种种哲学的某一基本模式。在看不见的魔力作用下，他们周而复始地在同一轨道上兜圈子，无论带着批判意志或系统意志的他们如何觉得彼此无涉，相互独立，在他们身上还是有某种东西在引导他们，还是有某种东西在按照特定的前后次序驱使他们，这就是概念与生俱来的系统性和关联性。确实，他们的思想与其说是发现，毋宁说是重新认出，再度忆起，是回归，向一种遥远的、太古的灵魂共同居所的回归，那些概念当初就是在此长大离家的：——就此而言，哲学活动乃是一种最高级的返祖现象②。全部印度的、希腊的、德国的哲学活动之间奇妙的家族相似性，也就很容易解释了。恰恰是在有语言亲缘关系的地方，由于共同的语法哲学——我指的是共同的语法功能所带来的无意识的统治和引导

---

① [KSA 版注] 原为：欲望和情绪的社会结构；请原谅我对哲学术语的革新，"意志"在我这里是被视为一种道德现象进行考虑的。Dm
② [Pütz 版注] 哲学活动……返祖现象：源自拉丁语 atavus[祖先]，指后代的身上出现先人的特征。这种哲学被认为是一种特殊的返祖现象，源于对一种先古时一度存在、如今却消失殆尽的身心特质的渴求。

作用——难免从一开始起便为诸哲学体系的相同发展及其顺序作好了一切准备,封闭了通往其他解释世界可能性的道路。[35]乌拉尔—阿尔泰语区①(主体概念在这一语区的发展最为滞后)的哲人们极有可能以另一种方式"观察世界",走上完全不同于使用印度日耳曼语者或伊斯兰教徒的道路:特定语法功能的魔力,说到底也就是生理学价值判断和人种条件的魔力。——暂且就此打住,作为对洛克②关于观念来源的肤浅论调的驳斥。

21

自因是迄今为止能想到的最出类拔萃的自我矛盾,它是一种逻辑强暴,是做作的、不自然的;然而人类过分的骄傲却将自己可怕地与这种狂言深深地缠绕在一起。要求"意志自由"的是形而上学至高无上的理性,而这种理性依然不幸地统治着半开化的头脑;要求自己对自己的行为承担全部和最终责任,不再让上帝、世界、祖宗、意外、社会插手;这类要求不是别的,就是自因,比明希豪森男爵更加狂妄自大③,竟想揪着自己的头发把自己从虚无的沼

---

① [Pütz 版注]乌拉尔—阿尔泰语区:土耳其语、蒙古语、(西伯利亚和中国北部使用的)通古斯族语的总称。在这一语区,主体概念不如在印度日尔曼语区明显,这在尼采看来证明了:主体思想是在一种特定的语言历史发展过程中产生的现象,而不是"思维本身"的"直接的确定性"(参见序言注释"对主体和自我的迷信"及第一章 6 节注释"它想(或他想——)……为目的")。

② [Pütz 版注]洛克:John Locke(1632-1704),英国哲人、心理学家、教育学家,其主要著作《人类理解论》(1690)为英国经验主义奠定了基础。在其关于人类知识的起源、可靠性和范围的研究中,洛克认为不存在天生的理论观念和伦理观念,而是相反,意识开始时如同一张白纸,空空如也,是一块"刮干净的木板"(tabula rasa),只是通过经验才获得内容。洛克认为,经验的源泉除了外在的"感官感知"(感觉,sensation)还有内在的"自我感知"(反思,reflection)。

③ [Pütz 版注]比明希豪森男爵……自大:明希豪森(Karl Friedrich Hieronymus Freiherr von Münchenhausen,1720-1797),人称谎言男爵,军官和地主,生前就被认为是牛皮大王,擅长讲述奇闻趣事以及与战争、旅行和狩猎有关的　　(转下页)

泽中拉起来,拉到存在中去。假如有人看清了"自由意志"这一著名概念原来就像乡巴佬一般单纯,所以在自己脑中删掉了它,那么我现在请求此人,把他的"启蒙"再推进一步,把那个伪概念"自由意志"的反面也删掉:我说的就是"非自由意志",它会导致对因果的滥用。人们可不该错误地将"起因"和"效果"物化,一如自然学者(以及所有像他们这样在思想上自然主义化了的人)所为,他们遵循不可一世、愚不可及的机械论,将起因压了又压,踢了又踢,直到它产生"效果"为止;①[36]人们应当把"起因"和"效果"只当作纯粹的概念,这就是说,将它们用作一种约定俗成的虚构,便于指称和理解,而不是用来解释什么。在"自在"之中并没有"因果联系",没有"必然性",没有"心理上的不自由",那儿也不会有"因导致果",那儿没有"规律"在统治。仅仅是我们自己臆造了起因、次序、彼此、相对、约束、数量、法则、自由、根据、目的;若是我们将这个符号世界作为"自在"强加到事物上去,将它们混为一谈,那我们就是积习难改,又在讲神话了。② "不自由的意志"就是个神话:在真实的生活中,只有强硬的或软弱的意志。——一位思想者如果在所有的"因果关系"和"心理必然性"中感觉到强迫、困顿、

(接上页注③)历险故事。1786年,他的牛皮故事用英语出版,但直到诗人毕尔格(Gottfried August Bürger,1747—1794)将其回译成德语,添加了自己创作的内容,并冠以《明希豪森男爵的奇妙山水行和趣味历险记》(1786)的标题后,这些故事才广为流传。书中主人公宣称自己经历了最大胆的冒险,讲述了一些幽默讽刺故事。

① [KSA版注]原为:实证主义者也不例外 Dm
② [Pütz版注]若是我们将这个符号世界……讲神话了:尼采暗指柏拉图—亚里士多德的形而上学使指称"存在"观念的语言符号隶属于这种观念。他们此举基于这样的观点:语言符号指涉的真实,其本身不同于符号,其意义不再是符号式的意义(就"理念"或"自在之物"而言)。尼采在其早期著作《道德意义之外的真理与谎言》(1873)中就已对这种语言本体论提出了异议,认为我们的概念归根结底是幻想的产物。人从一种无反思的本能中创造出一大批隐喻和借代,在语言发展的过程以概念的形式固定下来。根据这一阐释,任何概念都来自隐喻,但这些隐喻最终不再意识到自己源于虚构,因而沦为一种自我欺骗。

不得不从、压力和不自由,那么这几乎总是一种标志,说明他身上缺少了什么;①有这种感觉就会真相毕露,——这人自我暴露了。假如我观察得不错,那么"意志的不自由"根本是被人从两个对立面,但却总是以一种极为个人的方式被当作一个问题来把握的:一些人无论代价如何都不愿放弃他们的"责任",不愿放弃对自我的信仰,不愿放弃个人对自身功绩的权利(那些虚荣的种族就是这样);另一些人则正相反,不愿为任何事负责,不愿将任何事归咎于自己,并且出于一种内心的自我鄙视,要求滚到随便什么地方去。如今这后一种人写书的时候,习惯于关照罪犯;某种社会主义的同情②是他们最喜欢披上的外衣。确实,意志薄弱者的宿命论是在令人吃惊地粉饰自己,将自己打扮成一种"人类苦难的宗教"③:这是它的"高品位"。④

22

[37]原谅我,作为一名老语文学家⑤,怀着不可遏制的恶意,

---

① [KSA版注]原为:几乎总是一种自己意志薄弱的征兆 Dm
② [Pütz版注]社会主义的同情:暗指社会主义理论的一种趋势:即个人的行为不端不应首先归咎于个人的动机;个人是社会弊病的牺牲品,因此获得原谅,但同时也被剥夺了为自己行为负责的能力(参见第五章202节注释"兄弟情幻想家……'社会主义者'")。
③ [Pütz版注]人类苦难的宗教:la religion de la souffrance humaine(法语),尼采可能是引用法国作家维尼(Alfred de Vigny,1797-1863)的话:"我爱人类苦难的美好"(J'aime la majesté des souffrances humaines,载 Les Destinées。Poèmes Philosophiques. La Maison du Berger III,V.321)。
④ [KSA版注]原为:再说一遍:"责任"的概念不涉及事物的自在性——这根本不是概念 Dm
⑤ [Pütz版注]老语文学家:尼采自嘲的文字游戏,指自己1864至1879年的古典文学家职业。尼采1864年起在波恩学习古典语文学和神学,次年放弃神学,转学至莱比锡,并在那里全身心地研究语文学。1866年1月18日,他在老师里奇尔(Friedrich Welhelm Ritschl)创办的"语文学协会"首次作报告。1867年他写了《论泰奥格尼斯格言集的历史》,1868/69年写了《论第欧根尼·拉尔修　　（转下页）

要对那些低劣的阐释艺术指指点点；不过，那种被它的物理学家们如此骄傲地谈论、似乎如何如何的"自然法则"①，只是由于你们的诠释和低劣的"语文学"才得以存在，——它不是事实状况，不是"文本"，而是带着一种幼稚的博爱进行的调整和曲解，你们以此来充分迎合现代灵魂中的民主本能！"法律面前人人平等，——在这点上自然与我们一般无二"：这种没说出来的漂亮话中隐藏着贱民对于所有特权者和独断者的仇恨，同时还有第二种更精致的无神论。"既无上帝亦无主"②——这对你们来说正中下怀，于是高呼"自然法则万岁！"——难道不是这样吗？但诚如上述，这是解释，而不是文本；也可能会有别人，带着相反的意图和阐释艺术，从同一个自然、同一些现象中读出对权利的诉求来，读出要暴君般毫无忌惮、毫不手软地实现这一诉求的结论来，——解释者将一切绝无例外、定然存在的"权力意志"③展现在你们眼前，使得几

（接上页注⑤）源本集藏 I-IV》以及《荷马与古典语文学报告》。1869 年 2 月 13 日，尼采在之前未获博士学位和教授资格的情况下，被任命为"巴塞尔大学古典语文系副教授"；3 月 23 日，他未经考试就凭在《莱茵博物馆》上发表的论文获得莱比锡大学博士学位。5 月 28 日，他在巴塞尔大学开讲，就职演讲的题目是"荷马和古典语文学"。1869 年夏季学期，他讲授希腊悲剧家埃斯库罗斯（参见第七章 224 节注释"埃斯库罗斯"）和希腊抒情诗人的作品，冬季学期讲授拉丁语法。1870 年 4 月 9 日，尼采被任命为正教授。在接下去的几年中，他讲授古典文学和哲学，但从 1873 年起他一直考虑，鉴于病情每况愈下是否放弃教职。1876 年学校免除了他的教学义务，1879 年 6 月他终于如愿收到了解聘书。

① ［译注］Gesetzmäßigkeit der Natur，或译"自然规律"，"自然的合规律性"。
② ［Pütz 版注］既无上帝亦无主：Ni dieu, ni maître（法语），法国社会主义者、革命家路易·奥古斯特·布朗基（Louis Auguste Blanqui, 1805-1881）以及无政府主义者的口号（参见第五章 188 节注释"无政府主义者们"）。
③ ［Pütz 版注］权力意志：在尼采看来，用概念来描述一种现象，获得的不是真实的说明，即并没有探究这一现象真正的原因，而只是对它的一种解读而已。由此观之，每一种对世界的阐释，每一种对自然及世界规律的阐释，只是一种解读，与其他可能的解读相对立，并试图实现自己的权力诉求。倘若这种解读赢得了现实，那么它就被证明是"真实"的。但若产生了异议，有人认为这种对世界的阐释也只是一种解读，那么尼采的"权力意志"和他解读的阐释之有效性就必须力排众议，争夺优势。

乎任何词汇,甚至连"暴政"这个词儿最终都显得不能再用了,或者只是软弱无力的隐喻了——显得太过于人性了;尽管如此,最后他仍然宣称你们所宣称的,即:世界有一种"必然的"、"可预计的"过程,但却不是因为世界上有什么法则,而是因为绝无法则,每种权力都在随时作出其最终结论。假如这也只是解释的话——那你们就会足够起劲地提出异议?——那就更好了。

23

[38]整个心理学,迄今为止,都纠缠在道德偏见和道德忧虑上:它不敢再往深处发展。像我一样,把它理解为权力意志形态学和发展学①——别人甚至想都没想到过要这样做:假如许可的话,是可以在迄今为止写下的东西里找到迹象,辨认出至今避而不谈的东西。道德偏见的暴力已经深深侵入了最富精神性的领域,侵入了看起来无比冷静、毫无前提的世界——而且,可想而知的是,这种侵入起着伤害、阻碍、迷惑、扭曲的作用。生理—心理学②必

---

① [Pütz版注]权力意志形态学和发展学:根据生理归因法(参见本章3节注释"为了保持某种特定的生命而提出的生理要求"),尼采把关于心理活动——意欲、经历、情感以及全部内心体验——的学说理解为被称为"意志"、贯彻出于特定视角的权力诉求的全部欲念的形态学和发展学。这一学说具有一种自然史的"谱系学"和进化论的特点,尼采在其考察道德价值判断发生史的著作《道德的谱系》(1887)中对此进行了全面的阐释。
② [Pütz版注]生理—心理学:生理学研究一般生命现象的基础,尤其是人体器官正常的生命活动和功能。心理学则从古希腊起,尤其是从亚里士多德提出灵魂说起,就在探讨思维、情感、意欲等一切生命活动的形式原则(无论是以意识还是以灵魂作为内容)。自从《扎拉图斯特拉如是说》问世以来,尼采越来越频繁和深入地运用生理学范畴,力图将精神—道德现象归因于起制约作用的生命活动。在《朝霞》中,他勾勒了其生理归因法(参见本章3节注释"为了保持某种特定生命而提出的生理要求")的基本特征。

须与①研究者心中无意识的阻力作斗争,以"心灵"为对手;这是一种关于"善"欲"恶"欲互为条件的学说,它作为较为精致的非道德,会使一个人尚属强有力的良知陷入困窘,感到厌烦。它更是一种关于善欲无一例外来自恶欲的学说。但是,倘若有人将仇恨、妒忌、贪婪、征服欲当作是生命中必不可少的情感,当作是全部生活中最基本、最本质、因此若要提升生命就必须也使之提升的东西,那么,这人会由于他的这一判断倾向而感到痛苦,就像晕船一样。不过,这种假定还远远不是这个几乎全新的、充满危险认知的巨无霸王国内最令人尴尬和奇怪的假设:——确实有千百种有力的理由说明,对这个王国每个人都应该避而远之,只要他——能做到这点!另一方面,要是自己的船已经漂进了这个王国,那么好吧,现在上!咬紧牙关!睁大双眼!把稳船舵!——我们勇往直前,穿越道德,我们扬帆远去,[39]无所畏惧,也许压坏了、碾碎了我们仅剩的一点道德——但这又与我们何干!还从未有大胆的旅行者和冒险家见识过比这更深邃的世界,而心理学家如此"作出牺牲"——这不是牺牲理智②,恰恰相反!——,至少会为此要求心理学重新被承认为科学之王,其他科学则都是为它服务,为它准备的。因为从现在起,心理学又是通往基本问题的必经之路了。

---

① [KSA 版注] 原为:道德偏见的王国已经在人心中有力地形成,侵入的深度远远超过心理学家们迄今能够想象的程度,更别提霍布斯那类天真的人了,他们□□□必须与 Rs
② [Pütz 版注] 牺牲理智:sacrifizio dell'intelletto(意大利语),参见第七章 229 节注释"帕斯卡那样牺牲理性"。

第二章 自由的精神

24①

[41]啊,神圣的愚昧!② 人生活在何等罕见的简化和伪造之中啊!要是睁开眼看看的话,简直要无休无止地感到惊奇!我们是怎样把周围的一切弄得清楚、自由、容易、简单的!我们是怎样让自己的感官向一切肤浅的东西开放,让自己的思想带上一种神性的欲望,故意跳跃,故意进行错误推理的!——我们是怎样从一开始起就懂得要坚持自己的无知,为了在生活中享受一种难以理解的自由自在、无忧无虑、轻率放任、尽情放怀、轻松愉快,为了享受生活!迄今为止,科学只是建立在变得花岗岩般坚硬的无知的基石上,而求知意志却是建立在一种强大得多的意志的基石上,即

---

① [KSA版注]参见第9卷,15[1]。
② [Pütz版注]啊,神圣的愚昧!:O sancta simplicitas!,据说捷克宗教改革者胡斯(Jan Hus,约1370-1415)在被烧死前看到一个盲目狂热的女信徒往火里添柴,于是喊出了这句话。另外一种传说是:胡斯"见一个巴夫斯人(Bawrsmann)手里捧满了干树枝,正要放在对他执行火刑的柴垛上,便大叫:'啊,可怜的愚昧,看你都做了什么……'"(载:V. Herberger:Hertz Postilla. Zwei Theile. Leipzig 1612. Theil 2, 页303)

基于一种追求不知晓、不确定、不真实的意志！后者并非前者的对立面，而是——前者的精致化！因为即使语言在此处和在他处一样，不能摆脱自身的笨拙，在只有程度区分、只有若干细微层次差异的地方继续侈谈对立面；即使根深蒂固的、现在融入了我们难以克服的"血肉"之中的塔尔丢夫式道德伪善对知者本身的话语进行歪曲；对此我们不时地表示理解，觉得好笑，笑的是恰恰最出色的科学竭力试图将我们扣留[42]在这简化了的、完全人工的、以虚构和伪造方式安排停当了的世界里，笑的是它或情愿或不情愿地热爱谬误，因为它，生机勃勃的它——热爱生活！

25

在如此欢快的开头之后，有一句严肃的话不能听而不闻：它是针对最为严肃者的。你们这些哲人和认知之友，要当心，当心那殉教精神！当心那"为了真理"而承受的痛苦！甚至还要当心那自我辩护！你们良知中的纯洁无辜和优雅中立都会被摧毁，你们会在指责和挑衅的红布面前变得桀骜不驯，你们会变得愚蠢、顽固、兽性大发，如果你们不得不与危险、诽谤、猜疑、排斥以及其敌意带来的更严重的恶果作斗争，最后甚至不得不扮演世界上的真理捍卫者的话：——似乎"真理"是个有点迟钝的老好人，所以需要捍卫者！而且还是需要你们，需要你们这些椎心泣血的骑士①，游手好闲的先生，编织精神之网的蜘蛛！你们终究会清楚地知道，是否

---

① [Pütz版注]椎心泣血的骑士：最悲哀的骑士形象；尼采在此指唐吉坷德，西班牙文学中的著名长篇小说《匪夷所思的拉曼查绅士唐吉坷德》；(1605第1卷，1615第2卷)，作者为西班牙作家塞万提斯(Miguel de Cervantes Saavedra，1547–1616)。小说讲述了落魄的Hidalgo Don Alonso Quijano读了大量骑士小说后混淆了幻想和现实，把书本世界误以为现实生活。作为浪迹天涯的骑士，唐吉坷德模仿骑士小说主人公的冒险生活。在I, 19中，他在夜晚赶走了护送棺材的人，因为他忽发奇想，以为这些人要抢走一位骑士的遗体。黑暗中一把火炬的光芒照 　　(转下页)

恰恰你们在理服人并不重要,至今没有一个哲人在理服人,你们在你们最体己的语句和最喜欢的学说后面(有时也在你们自己后面)加上的每个小小的问号,或许都有一种更加值得称道的真诚,超过一切在原告和法庭面前的兴高采烈和手舞足蹈!所以还是一边去吧!躲进暗处吧!带上你们精致的假面,好让别人看不透!或者看了有点儿害怕!还有,别给我忘了那园子,围有金栅栏的园子①!将人们聚在你们周围,就好像一个园子,——或者,好像晚间的水上音乐,那时白日已经成为记忆;——选择那好的孤独,那自由的、[43]故意的、轻松的孤独,它给了你们权利,让你们怎么说都是好人!任何漫长的、不以暴力示人的战争,都是多么毒辣,多么奸诈,多么恶劣啊!漫长的恐惧,不断地盯着敌人,盯着那些可能存在的敌人,这是多么个人化的事啊!这些遭社会排斥者,受长期迫害者,被残酷追捕者,——还有被迫隐居,还有斯宾诺莎②或是乔尔丹诺·布鲁诺③之流——,即便是戴上最富有精神

(接上页注①)亮了唐吉诃德,仆人给他起了"一脸悲哀者"的绰号。这一别称被路德维希·提克(Ludwig Tieck, 1773-1853)错译为"悲哀的骑士形象",在德语中流传开来。

① [Pütz 版注]围有金栅栏的园子:暗指伊壁鸠鲁隐居的别墅花园。伊壁鸠鲁在这远离城邦的花园里与友人、弟子谈论学术(参见第一章 7 节注释"伊壁鸠鲁"、"花园之神伊壁鸠鲁")。

② [Pütz 版注]斯宾诺莎:参见第一章 5 节注释"斯宾诺莎"。这位哲人的祖先是来自葡萄牙的犹太人。1656 年,斯宾诺莎因其学说被驱逐出犹太社区。1660 年,他因从事犹太经师的活动被赶出故乡阿姆斯特丹。1669 年,在莱顿附近短暂停留后迁往海牙,在那儿过着隐居生活,直至 1677 年逝世。1673 年他拒绝接受海德堡大学教授席位。

③ [Pütz 版注]乔尔丹诺·布鲁诺:Giordano Bruno(1548-1600),意大利哲人,因推行"异教"被烧死在罗马的火刑柴堆上。他的学说将自然科学的认识和新柏拉图主义的要素组合成来,形成一种泛神论的世界观,这使他成为中世纪向近代过渡期的一个捉摸不定的人物。正如他深受哲人、神学家库萨的尼古拉(Nikolaus von Kues, 1401-1464)和医生、自然科学家帕拉塞尔苏斯(Paracelsus, 1493-1541)的影响,他也主要对莱布尼茨(参见第一章 12 节注释"视为单子,视为原子")、赫尔德(1744-1803)、歌德、谢林产生了影响。主要著作有《论原因、本原与太一》(1584)和《论无限、宇宙及世界》(1584)。

第二章　自由的精神

性的面具,或许自己对此毫无察觉,最后也总会变成诡计多端的复仇狂和下毒者(你掘开斯宾诺莎伦理学和神学的地基看看!)——更不要说那些呆头呆脑的道德义愤啦,它若在一位哲人身上出现,便是个不容置疑的证据,说明哲学的幽默已离他而去。① 哲人有殉教精神,他"为真理而献身",但若是放在光亮处一看便知,里边藏着多少煽动家和戏子的玩意儿;倘若迄今为止人们只是带着一种艺术的好奇心打量他,那么与某些哲人有关的危险愿望也就变得可以理解了,即也想要看到他的蜕化(蜕化为"殉道者",蜕化为舞台上和讲坛上声嘶力竭的表演者)。是那些带着这愿望的人必须明白,在这儿肯定能看到些什么:只是一出羊人剧(Satyrspiel),一出压轴的闹剧,②只是在不断地证明,那漫长的真正的悲剧已经完了:前提是,每种哲学的诞生都曾是一出漫长的悲剧。——

26③

凡是精英,都本能地向往拥有自己的城堡,自己的密室,以便

---

① [KSA版注] 这是个不容置疑的证据,说明某人已堕落为哲人 Dm
② [Pütz版注] 一出羊人剧,一出压轴的闹剧:原本是希腊伯罗奔尼撒半岛的欢快、奔放的演出,主要人物有酒神狄俄尼索斯的随从羊人,这是些山羊形状的贪婪好色之徒,挺着硕大的肚子和生殖器,肆意地吃喝玩乐。在希腊的酒神崇拜中,酒神颂歌和祭典之后便是一出羊人剧,"喜剧"就是由羊人剧发展而来。当羊人剧越来越受到后起的悲剧和喜剧排挤时,弗利乌斯的帕拉提那斯(Pratinas von Phleius,约前515)发展了与他的悲剧形成可笑对比的羊人剧。这样羊人剧就逐渐演变为对古希腊悲剧三部曲的轻快模仿,从而成为了四部曲中的第四部分。欧里庇得斯的《独目巨人》是唯一一部完整保留下来的羊人剧。
③ [KSA版注] Vs (W I 4):克服反感。——高贵的人,例外的人,如若被另外预定为伟大的认识者,那么就必须去研究常规,我指的是去研究普通人,当然在此过程中难免会产生某些反感。这种研究是困难和麻烦的,因为普通人把自己包裹在胡扯和好话里面。一流的发现就是寻见了这样一个人:他径直承认兽性、平庸或者常规本身,却也不乏几分智慧与欲望,不得不犬儒主义地讲讲自己,谈谈同类,仿佛在自己排泄的污物中打滚。即是说,犬儒主义是一种绝无仅有的形式,(转下页)

逃离人群,逃离人山人海,逃离绝大多数人而获得拯救,以便忘记"人"这一常规,使自己成为例外:——只有一种情况下不是如此,那就是当[44]他这位卓尔不群的认识者出于另一种更强大的本能而一头撞上了这常规的时候。谁若是没有在与人交往中不时地变色,没有在困境的光怪陆离中闪烁,没有由于嫌恶、厌倦、同情、阴郁、孤寂而脸色青一阵白一阵,那他必然不是个品味高尚的人;然而,假若他不情愿承担所有这些重压和反感,永远对它们避而远之,并且如上所述,平静孤傲地隐居在他的城堡之中,那么就有一点是肯定的:他并非为认识而生,并非命中注定要去认识。因为作为这样的人,他有朝一日必定会对自己说,"让我的高尚品味见鬼去吧!不过常则要比例外有趣,——比我这例外有趣!"——于是他会往下、尤其是"往里"去。研究普通人,这过程漫长而严肃,而且为此目的就得时常伪装、克己、保密,就会有糟糕的交往——任何交往,除了与同类的交往,都是糟糕的——:这成了每位哲人生活中的不可或缺的一部分,或许是感觉无比难受、气味极其难闻、充斥着最多失望的一部分。但如果他走运,像个认识的幸运儿,那么他就会遇见一些真正能使他的任务减少和简化的人,——我指的是所谓的犬儒主义者,他们径直承认兽性、平庸以及"规则"本

(接上页注③)平庸的灵魂都以这种形式与诚实和正直相涉。够了,面对任何形式的粗俗的犬儒主义,高贵者只好学习,只好洗耳恭听;每当不怎么认真的羊人和小丑开始高谈阔论,高贵者都得为自己祈福。甚至会出现一些几乎让他觉得有魅力的情况,比如佩特罗尼乌斯(Petronius),上世纪的加里亚尼神父也是如此,在此"精神"甚至"天才"和猿猴联系在一起。更经常出现的是这样一种情况:科学的头脑被安放在猿猴的躯体上,破例的理智被镶嵌在平庸灵魂的规则上,——这种组合在医生那里并不罕见。只要有人不怀怨恨地、其实是以无害方式谈论人类,如同在谈论一种仅仅被虚荣、性欲和饥饿而不是被其他什么推动的本质,这时高贵者就该努力去侧耳细听了,简言之,只要犬儒主义不是在怒气冲冲地谈论,他就应该侧耳细听,——因为,怒气冲冲的犬儒主义,所有用牙齿把自己、"世界"、上帝或者社会咬得体无完肤、撕得血肉横飞的人,都已经属于出身高贵和稀罕的了——作为受兽性之苦的动物。

身，却也不乏几分智慧与欲望，能在证人面前讲讲自己，谈谈同类：——有时他们甚至在书堆中打滚，如同在自己排泄的污物中打滚。犬儒主义①是一种绝无仅有的形式，平庸的灵魂都以这种形式与正直相涉；面对任何粗细不一的犬儒主义，高贵者只好洗耳恭听；每当无耻小丑或科学羊人开始高谈阔论，高贵者都得为自己祈福。有时甚至魅力会与嫌恶混合在一起：由于大自然的心血来潮，冒失的公羊②或猿猴却[45]与天才绑在了一起，就像加里亚尼神父③那样。加里亚尼是他那个世纪思想最深刻、目光最敏锐的人，或许也是最肮脏的人——他比伏尔泰④要深刻得多，因而也就没有那么饶舌。出现频率更高的是上文暗示的情况：科学的头脑被安放在猿猴的躯体上，一种精致、破例的理智被镶嵌在平

---

① [Pütz 版注]犬儒主义：源自希腊语 kynikós("卑微的"，"无耻的")；对所有真理、价值和规范的破坏性的轻蔑的批评和激进的怀疑。这个概念与古希腊哲学流派犬儒学派的怀疑立场有关，犬儒学派主要代表人物有安提西尼(Antisthenes，前 444-368)和锡诺普的第欧根尼(Diogenes von Sinope，约前 400-325)，他们从苏格拉底的美德理论中引申出自足和无欲的要求，并将其与美德本身等量齐观。犬儒主义者的极端代表将这一态度上升为对所有文化价值的蔑视。

② [Pütz 版注]……羊人……公羊：参见本节注释"一出羊人剧，一出压轴的闹剧"。

③ [Pütz 版注]加里亚尼神父：Ferdinando Galiani(1728-1787)，意大利国民经济学家、作家、神职人员，以其经济学理论著作《货币论》(1751)被认为是主观价值理论的先行者，这一理论从财富与其使用价值的关系推导出财富的价值。1759-1769 年，他作为那不勒斯使团成员生活在巴黎，与百科全书派关系密切。在之后的几年里，他在那不勒斯和女作家德毕内夫人(Louise Florence-Pétronille de la Live, Marquise d'Épinay，1726-1783)和其他巴黎友人有频繁的书信来往。在这些 1818 年公之于世的书信中，加里亚尼展现出他那个时代敏锐辛辣的批评家的一面，同时他也是一位才华横溢的文体学家，形象生动的文风也使他的书信成为了时代的重要见证。尼采的评论着眼于这位神父矮小的身躯，言谈时生动的表情和手势，以及他实用至上、不太循规蹈矩的生活方式。

④ [Pütz 版注]伏尔泰：原名弗朗索瓦—马利·阿鲁埃(François Marie Arouet，1694-1778)，法国作家和哲人，法国启蒙运动最重要的代表。他最重要的哲学、文学和史学著作有《哲学通信》(1726-1729)，对不朽的思想和莱布尼茨的乐观主义冷嘲热讽的长篇小说《老实人》(1759)，文化史学著作《路易十四时代》(1776)和《论民族风俗与民族精神》(1769)。

庸的灵魂中,——尤其在医生和道德生理学家那里,这种情况并不罕见。当不怀怨恨地、其实是以无害方式谈论人类时,如同在谈论有着两种需求的肚子以及仅有一种需求的脑袋;当只是看到、寻找和想要发现人身上的饥饿、性欲和虚荣时,似乎这三者乃是人类行为根本的、唯一的推动力;总之,当这样说人类的"坏"话——甚至算不上恶意中伤的坏话——时,那追求认识的人就该努力去侧耳细听了,只要不是在怒气冲冲地谈论,他就应该侧耳细听。这是因为,怒气冲冲的人,会用自己的牙齿把自己(或者,作为自己的替代品,把世界、上帝或者社会)咬得体无完肤,撕得血肉横飞;虽然从道德上来看,他比洋洋自得的羊人站得高,但在任何其他方面,他却是更加平庸,更加无足轻重,更加不会带来什么教益。没有谁比怒气冲冲的人更能说谎的了。——

27[①]

求得理解,难上加难:当你像恒河激流一般地思考与生活,而别人却都在以其他方式,即以乌龟的方式,或者充其量"以青蛙的方式"[②]

[①] [KSA版注]参见第12卷,1 [182]; 3 [18]
Vs 理解我不容易;我若不给朋友们留下误解的余地,若不感谢某些人自由阐释的好意,我就是个傻瓜(而我想要这样)

[②] [Pütz版注]恒河激流一般地……以乌龟的方式……"以青蛙的方式":Gangasrotogati...kurmagati...mandeikagati(梵文),尼采的书写方式不符合正确的梵文规范,因为他依据的是一个错误的版本,即尤里(Julius Jolly)的《东印度旅行记》,载 *Deutsche Rundschau* 51,1884。朗博(Hans Erich Lampe)指出了这一事实和正确的书写方式,参见《追踪尼采的阅读轨迹》,*Nietzsche-Studien* 22,1993,页301。按照郎博的说法,Ganga-sroto-gati 的意思是沿着恒河走,恒河水在印度传统信仰中是有疗效的圣水;从发源地到入海口的这条路可用来比喻一种从起源到终结、从最初事物到最后事物的思想。Kurma-gati 指作为印度教主神之一驱除尘世邪恶的毗湿拏的化身即乌龟的行走方式,可以解释为指代缓慢的思想。Manduka-gati 则指青蛙的行走方式,代表一种充满跳跃性、缺乏系统性的思想,它忽略特定的逻辑构造原则,在组合梵文词语时"跳过"语法规则。所有这三种表述都主要与印度音乐相关。

思考和生活时,更是如此。——我这是在使出浑身解数,只为了让自己"令人难以理解"！——真得衷心感谢某些人的好意,如此绞尽脑汁地为我解释。不过说到"好朋友",他们总是过于随意,而且恰恰是作为朋友,便相信[46]有随意的特权;所以最好给他们预留误会的余地和乐园:——这样就能笑得起来;——或者,将他们这些好朋友都赶走,——于是也能笑得起来!

28①

将一种语言翻译成另一种,难就难在语言风格的节奏:这种风格基于种族特性,更侧重生理角度来讲,基于其"新陈代谢"的平均节奏。有些翻译追求忠实,但几乎就是歪曲,无意间使原作粗鄙化了,这只是因为没能译出原作中那大胆快乐的节奏,殊不知正是节奏跳过和避开了事物和语句中的一切危险。要用"急板"②快说,德国人几乎完全不行,由此不难推断,要表现自由的思想、自由精神的思想中那些最出彩、最大胆的微妙之处③,他同样也是无能为力。无论于灵于肉,他都和丑角④和羊人⑤格格不入,同样对他而言,阿里斯托芬⑥和佩特罗尼乌斯⑦都是不可译的。一切架子

---

① [KSA 版注] 参见第 11 卷,34 [102]。
② [Pütz 版注] 急板:presto(意大利语)快。音乐中节奏的名称;18 世纪起作为更快的节奏有别于 Allegro(快板)(参见本节注释"无比欢快")。
③ [Pütz 版注] 微妙之处:nuances(法语)层次,细微差别,弦外之音,附带意义。
④ [Pütz 版注] 丑角:源自意大利语 buffone("弄臣"、"傻瓜"、"滑稽鬼")。指称意大利喜歌剧(Opera Buffa,约自 1710 年起)中滑稽荒诞的角色。
⑤ [Pütz 版注] 羊人:参见本章 25 节注释"一出羊人剧,一出压轴的闹剧"。
⑥ [Pütz 版注] 阿里斯托芬:古希腊喜剧家(约前 445–前 385);所谓"旧喜剧"的重要代表。他的约 45 部剧作中充斥着针砭时弊的讽刺和粗鲁的语言笑话,其中有 11 部流传下来,如《鸟》、《蛙》、《云》,最后一部是对苏格拉底的讽刺。
⑦ [Pütz 版注] 佩特罗尼乌斯:Petronius,1 世纪前半叶古罗马作家和尼禄宫廷的"风流总裁"(arbiter elegantiae),写有讽刺—戏拟的流浪汉小说《萨蒂利孔》,其中有著名片断《特里马尔奇奥的家宴》。公元 66 年他因卷入皮索反尼禄的密谋而自尽。

十足、粘粘乎乎、故作庄严的、一切没完没了、无聊透顶的风格种类，在德国人那儿都获得了花里胡哨的充分发展，——恕我直言，事实上连歌德的散文，连他这种揉合了呆板和妩媚的玩艺儿，①也不例外；它是它所属的那"旧日美好时光"的一面镜子，是德意志品味的表现，在那个时代还有一种"德意志品味"，即洛可可品味②，体现在道德和艺术上③。莱辛④算是个例外，这可得归功于他的演员天分，使他能理解许多事，还精通许多事：他并非白白地翻译了培尔⑤，十分愿意亲近狄德罗⑥与伏尔泰，更喜欢藏身在古

---

① ［Pütz版注］歌德的散文……玩艺儿：歌德（Johann Wolfgang von Goethe, 1749-1832），与席勒（参见第八章245节注释"席勒"）同为德国古典文学的主要代表。尼采的判断可能受到某些曾拜访歌德者的回忆的影响，他们在这位魏玛大臣身上察觉出一种"呆板"。而歌德晚期的散文也未能完全脱离滞重的公文体。

② ［Pütz版注］洛可可品味：洛可可是法国的一种风格，在宫廷影响下于1730年左右波及德国；洛可可部分继承了巴洛克（参见第五章198节注释"巴洛克"）宏伟和激情的特征，但宏伟和激情逐渐让位于被视为宫廷社会理想的随机、风流和优雅。在造型艺术方面，洛可可体现出轻柔、阿拉贝斯克式的特征；在文学方面，短小精悍的形式和体裁受到青睐，偏好优雅、妩媚、窈窕、舞动，还有轻松的讽刺和花哨的文字游戏。年轻的歌德在去斯特拉斯堡（1770/1771）之前是德国洛可可文学的主要代表之一。

③ ［Pütz版注］体现在道德和艺术上：in moribus et artibus（拉丁文）。

④ ［Pütz版注］莱辛：Gotthold Ephraim Lessing（1729-1781），德国启蒙运动作家、文学批评家和哲人。莱辛主张一种自由开放的辩论文化，以此对业已成规的真理进行批判性的检验。他对自己的真理或者拥有真理的可能性怀疑态度，但也以力主激烈的好斗姿态主张对他人的见解和异议表示宽容和尊重。他的笑话和讽刺体现了其启蒙主义的自由文体，把自己当作论战的假想敌，从而从敌方内部反驳对手，揭露对手的荒谬。

⑤ ［Pütz版注］培尔：Pierre Bayle（1647-1706），法国哲人，在其主要著作《历史与评注字典》（1695-1697，德文本1741-1744）中为严格考据的历史编纂奠定了基础，反对任何哲学中的教条主义。培尔要求完全基于理性处理伦理问题；他认为信仰和知识不可兼容，但对宗教教条的信仰功不可没。除了对无神论者的无条件宽容之外，他还要求政教分离。1693年，他因自由和怀疑论的观点而被剥夺在鹿特丹大学的教授资格。［译注：此处疑为尼采讹误，培尔《历史与评注字典》的德译者为高特舍德（Johann Christoph Gottsched, 1700-1766）。］

⑥ ［Pütz版注］狄德罗：Denis Diderot（1713-1784），法国作家和哲人。他是刀匠的儿子，自学成才，作为法国《大百科全书》（1751-1772）的创始者和编撰者，（转下页）

第二章 自由的精神

罗马喜剧作家们①的羽翼下：——而且莱辛[47]也喜欢自由精神的节奏，他逃离了德国。然而德语能做些什么呢？即使莱辛散文的德语，能模仿马基雅维利的节奏吗？马基雅弗利在其《君主论》中②让我们呼吸佛罗伦萨干燥和纯净的空气，却忍不住以放荡不羁的无比欢快③来表现最为严肃的事情：大概还少不了一种艺术家幸灾乐祸的心情，反差再大他都敢于尝试——节奏犹如万马奔腾，戏谑的兴致极为高涨，表现的却是冗长、沉重、艰深、危险的思想。那最终敢于将佩特罗尼乌斯译为德语的人，无论在发明、创意

（接上页注⑥）以其纲领性的文章极大地推动了启蒙运动。除了美学和文学理论著作之外，他还写了大量哲学论文和对话，还有一系列言情短篇和长篇小说：《道德短篇》（1770年起），《宿命论者让·雅克和他的主人》，（1788）。莱辛翻译了以市民社会为背景的戏剧《私生子》（1757）和《一家之主》（1758），以此奠定了法国市民悲剧这一体裁的基础。狄德罗在德国的重大影响也体现在其著名的对话体小说《拉摩的侄儿》上，这部作品中探讨了天才的天然创造力，1805年首先由歌德译成德语出版，直到1821年才译回法语。

① [Pütz版注]古罗马喜剧作家们：普劳图斯（Titus Maccius Plautus，约前250-约前184）和泰伦提乌斯（Publius Terentius Afer，前185-前159年）被认为是古罗马喜剧作家。莱辛对两位古罗马喜剧作家极为赞赏并在其早期作品中"循入"古罗马喜剧之中。他在1750年写了《论普劳斯的生活和作品》，把普劳图斯的喜剧《俘虏》翻译成德语，并撰写了《对普劳图斯的〈俘虏〉的批评》一文。除了节译法语版的《汉尼拔》（1747）和《喀提林》（1749；参见第五章149节注释"卡格里奥斯特罗和喀提林的所有高超艺术"）之外，莱辛开始写作喜剧《艾菲修斯的贵妇人》（1781），这一标题脱胎于古罗马作家佩特罗尼乌斯讽刺戏拟流浪汉小说《萨蒂利孔》中的一段。

② [Pütz版注]马基雅维利在其《君主论》中：意大利政治家、作家和历史学家马基雅维利（Niccolò Machiavelli，1469-1527）在其主要著作《君主论》（1523年写成，1532年出版）中探讨了建立和维护王权的问题。他建议君主以强硬手段解决执政中出现的问题和冲突，通过邪恶和残酷达到善良的目的。在其著作中不难看出，马基雅维利意在教人，让读者了解历史中人类的本质。因而他的著作肆无忌惮谈论人间万象：一方面充斥着阴谋、陷阱、邪恶和世故，另一方面人又是如此幼稚和愚蠢，这两方面决定了人和国家的命运。

③ [Pütz版注]无比欢快：Allegrissimo（意大利语），Allegro（欢快，迅速）的最高级。Allegro在17世纪只是用来形容性格（风趣，活泼），到了18世纪中叶才开始成为与较快的Presto截然不同的速度名称（欢快，但不匆忙）。Allegrissimo作为最高级自17世纪起就有据可查，但很少运用。

还是言辞方面,都超越了迄今为止任何一位堪称快板大师的音乐家。如能像这人一样,足下生风,如风一般运动与呼吸,如带来自由的风一般冷嘲热讽,促使万物奔腾,从而让一切变得健康,果能如此,那么,这些个泥沼,即病态的、糟糕的世界,包括"老旧的"世界,全又算得了什么!至于阿里斯托芬,至于那种有美化和补足之功的精神,人们为此宽恕了全部希腊文化的存在,前提是人们极为深刻地认识到究竟是什么需要宽恕与美化:——那么我便不知道,什么能比一件幸运地被流传下来的小事①更多地使我梦到柏拉图②的隐秘性和斯芬克斯本质③。那件小事就是:在他临终时的枕头底下不见"《圣经》"的踪影,找不到任何埃及、毕达哥拉斯④、柏拉图的著作,——只有阿里斯托芬的书。若非如此,柏拉图怎能忍受得了这生活,——忍受得了这种他对之说"不"的希腊

---

① [Pütz 版注]小事:petit fait(法语)。尼采在此可能略微修改了传记作家第欧根尼·拉尔修(Diogenes Laertios,希腊哲人,公元 3 世纪)记录的一件事:柏拉图从意大利前往叙拉古(西西里岛),客居在狄俄尼索斯一世(Dionysios I.,430-367)的宫殿里。时间一长,狄俄尼索斯一世和西西里岛人越来越厌恶柏拉图,于是用船把他遣送到艾伊娜岛,据传在那里柏拉图被当作战俘,而后还作为奴隶贩卖。后来一个昔勒尼人赎买了他,他自由了,得以返回雅典。据传他把喜剧作家索福戎(Sophron,前 5 世纪)的书从叙拉古带到了雅典。根据第欧根尼的说法,这些书被压在他的枕头底下。第欧根尼这是话中有话,是在暗示柏拉图把索福戎的作品当作自己描摹性格和写作对话的范本(Diogenes Laertios, III, 18)。

② [Pütz 版注]柏拉图:参见序注。尼采以"斯芬克斯本质"暗指柏拉图宏观上对艺术、微观上对诗艺的矛盾态度。一方面,柏拉图认为艺术作为"对模仿的模仿"微不足道,在《王制》中甚至称诗艺为"最大的谎言"(《王制》,卷二,337e),另一方面,他的诗,他对女诗人萨福(Sappho,约前 600)的赞赏,他在《会饮》中对诗人堪称积极的描述又证明了他对艺术评价甚高。

③ [Pütz 版注]斯芬克斯本质:参见第一章 1 节注释"斯芬克斯"。

④ [Pütz 版注]毕达哥拉斯:前 570/60-约前 480,希腊哲人,在浪迹天涯后定居于下意大利,并在克罗通建立了一个宗教哲学团体(毕达哥拉斯兄弟会)。该团体迅速在下意大利的其他希腊城市(梅达彭希翁、塔林敦等)发展壮大。毕达哥拉斯在生前就享有阿波罗化身的神圣威望,要求其追随者遵循严格的生活规则和禁忌条例。在其学说中,关于转世轮回的理论最为突出。此外,他的数学研究甚至影响了现代自然科学。

生活,——若是没有阿里斯托芬的话!

29

不受约束,这是极少数人的事,——独立是强者的特权。谁追求独立,也完全有权这样做,但又并非必须这样做,谁就证明,他大致上不但是强者,还是放纵不羁的[48]大无畏者。他进入一座迷宫,使生命本身就已经面对的危险成千倍地增长。这些危险中并非无关紧要的是,没人亲眼看到他是如何以及在何处迷失路途,陷入孤寂,被良知中某一个洞穴里的米诺陶诺斯(Höhlen-Minotaurus)①撕成了碎片。② 假若一个这样的人如此毁灭,那实在是离人类的理解太远了,所以人类根本感受不到,也无从同情:——他再也回不来了! 而且再也不能得回人类的同情!③ ——

---

① [Pütz版注]迷宫……洞穴里的米诺陶诺斯:"迷宫"(Labyrinth)与古希腊语 Labrys[双斧]相关,可能意为爱琴海文化的神圣象征"双斧宫"。迁入克里特岛的希腊人用这个词来形容到处饰有上述象征的可诺索斯宫纵横交错的通道。他们占据克里特岛人的领地,可以从神话中得到印证:雅典人忒修斯战胜了迷宫带来的危险。这座代达罗斯打造的精美宫殿,后来在"迷宫"的意义上象征着一种建筑风格的趋势,这种趋势在古希腊时代就已作为亚洲主义(东方风格)同爱琴主义(主要是爱琴海半岛、雅典的"古典、希腊式"风格)背道而驰。——米诺陶诺斯是希腊神话中牛头人身的怪物,脱胎于一头牛和克里特国王米诺斯之妻帕西法厄的结合,这是对国王的处罚,因为他拒绝了海神波塞冬获祭物公牛的合理要求。米诺斯把这一怪物囚禁在代达罗斯建造的宫殿里。雅典英雄忒修斯杀死了这只怪物,并把雅典从残忍的进贡中解救出来,在此之前,每年七童七女要被当作贡品供怪物享用。
② [KSA版注]原为:,也没人知道,他是如何出轨,蜕化,被撕裂和粉碎的 □□□Dm
③ [KSA版注]原为:他自己看到了,也不惦记不被人看到,甚至也再也不能得回人类的同情! Dm

30①

我们至高无上的见解,假若未经许可便传到了那些并非注定为此而生者的耳中,那就一定——而且应当——听起来如同蠢话,有时候还像在犯罪。以前的哲人区分"显白"(das Exoterische)"隐微"(das Esoterische)。② 在印度,在希腊,在波斯,在穆斯林中间,总之在有等级制度的地方,在不相信平等和均权的地方,"显白""隐微"之分不仅在于,"显白"者即非秘传者置身事外,由外而不是由内来观察、评价、衡量、判断;更为关键的是,他是在从下往上看事物,——而"隐微"者即得秘传者却是在从上往下看!在有

---

① [KSA 版注] 参见第 11 卷,40 [66]
  Vs(W I 5),初稿:我们至高无上的见解,假若未经许可便传到了那些并非注定为此而生者的耳中,那就一定——而且应当——听起来像在犯罪。以前的哲学家区分"显""密"。在印度,在希腊,在穆斯林中间,总之在相信人间的等级制度而不相信"上帝面前人人平等"的地方,"显""密"之分不仅在于"由外看"和"由内看",而是更多地在于"从下往上看"还是从上往下看!那些上等人的饮食,对于极不相同的低下者而言几近毒药。反之,普通人的美德,到了哲学家身上或许就是恶习和污点;如果他病了,丢失了自我,那么他可能发觉,他在自己病态的价值评判中离开那些小人物和他们的德行越来越近了。也有些书对灵魂和健康而言是模棱两可的,视情况而不同,根据其是为卑贱的灵魂、低下的健康,还是为高尚的灵魂和健康所用而定。对小人物而言是福音、补药、最佳心灵安慰的东西,对具有高尚意识的人来说就不可能如此。名气最大的书上,总沾有小人物的气味。在"芸芸众生"顶礼膜拜的地方,都散发着臭气。你要想呼吸纯净的空气,那就别上教堂去。不过,不是所有人都有权享用"纯净的空气"。
  [KSA 版注] 所有异味中最顽固的挥之不去。在芸芸众生吃饭喝水的地方,甚至在他们顶礼膜拜的地方,通常都散发着臭气;这并不是反对他们的食物〈,也〉不是反对他们的崇拜。比如,你要想呼吸纯净的空气,那就别上教堂去;但是也有少数人,他们有权享用"纯净的空气",他们不会死于纯净的空气。这样说是为了反驳一种怀疑,似乎我要把"自由思想家"邀请到自家花园里来 Vs
② [Pütz 版注]"显白""隐微":exoterisch[希腊语"外部的"],适用外人的,面向公众的;esoterisch[希腊语"内部的"],适用于(某学校、某社区)内部的;在神秘崇拜中指:只适用于知情者。

些心灵的高度上往外看,就连悲剧也不再具有悲剧性;而且,世上所有痛楚汇而为一,谁又敢断定,自己的目光是否必然诱导和迫使同情,从而诱导和迫使痛楚翻番加倍？……那些上等人的饮食,对于极不相同的卑贱者而言几近毒药。普通人的美德,到了哲人身上或许就是恶习和缺点。有可能出现这样的情况:一个高尚者蜕化堕落了,却正是通过这种方式[49]获得了某些特点,而正是由于具备了这些特点,在他如今跌入的那个低等世界中,大家必然对他奉若神明。有些书对灵魂和健康而言具有完全相反的价值,究竟具有何种价值视情况而不同,根据其是为卑贱的灵魂、低下的生命力,还是为高尚的、强有力的灵魂所用而定:这些书在前一种情况下是危险的,会导致崩溃和解体,在后一种情况下则如同传令官的号角,呼吁最勇敢者发挥出自己的勇气。谁都能读的普世之书总是不好闻,小人物的异味挥之不去。在芸芸众生吃饭喝水的地方,甚至在他们顶礼膜拜的地方,通常都散发着臭气。你要想呼吸纯净的空气,那就别上教堂去。——

31①

人在年轻的时候,还没有掌握那种构成生命中最大收益的精微技巧,便已在爱慕着、鄙弃着了。对人与事,他们总是简单地肯定或否定,必定为如此的臧否行为付出应有的代价。一切都是如此安排的:所有品味之中最坏的那种,对绝对性情有独钟的品味,被粗暴地愚弄和滥用了,直到人们学会去感受技巧,甚至勇于去尝试人为的技巧:就像生活中真正的杂耍艺人那样。愤怒与敬畏,这种为青春所特有的情感,似乎不愿罢休,非要把人或物歪曲捏造到能供自己大肆发泄的程度:——青春本身便是某种伪造的、谎骗的

---

① [KSA版注] 参见第11卷,41 [2]1

东西。后来,年轻的灵魂被巨大的失望折磨着,终于将信将疑地背叛了自己,不过依旧狂热而粗野,即使沉陷在疑虑和内疚之中也是如此:瞧它现在如何对自己大发雷霆,如何急不可待地将自己撕开,如何为自己长久的自我蒙蔽报仇,似乎它早先能随意地失明!在这个过渡过程中,[50]人通过不信任自己的感觉在惩罚自己;通过怀疑来拷问自己的热情,因为他感觉到,良知也是一种危险,仿佛是美好的正直在自我掩饰,变得疲惫不堪了;尤其关键的是,人开始结党表态,原则立场是反对"青春"。——十年以后,人们懂了,这一切也都还是——青春!

32①

在人类史上最漫长的那段时间——人称史前时期——,行为是否具有价值,一直按其后果推定,很少会去考虑行为本身,也很少去注意行为的动因,而是大概和今天在中国荣辱从儿女回归父母一样,那时是成功或失败的反作用力使人们将一件行为认为是好的或差的。让我们将这个阶段叫作人类的前道德阶段:"认识你自己"②这道命令,在那时尚不为人所知。最近一万年以来,

---

① [KSA 版注]Rs 中的标题:作为偏见的道德
Vs 结尾处铅笔字迹:后道德时期
Vs 中的初稿:在人类史上最漫长的那段时间,行为的价值一直按其后果测定,是后来补加的,类似今天中国人经历的荣辱,对其父母有一种反作用力。当然在最近几百年,地球上若干广大区域的人类已经开始从意图来判定有无价值。今天——难道我们不是站在这种判断完全翻转的门槛上?我们觉得,一个行为有无价值,恰恰在于行为中并非意图的部分:意图属于表面,属于"内在之人"的皮肤——它并不意味着什么,因为它可以意味着很多东西——当然,我们不会再轻易授权于某人,让他依据这一新的准绳测定有无价值。如今比以往任何时候都有必要,将对道德的诋毁或颂扬视为糟糕品味和群氓举止的征兆。

② [Pütz 版注]认识你自己!:gnóthi seautón! 位于著名古希腊先知的驻地德尔斐的阿波罗神庙前的题词,据传出自人称"七贤"之一的泰勒斯(Thales von Milet, 前 620-543)。

第二章 自由的精神

在地球上若干广大区域的人类,已经开始一步步地发展为不再以后果、而是以动因(Herkunft der Handlung)来决定一件行为的价值:整体而言是一件了不起的大事,观察和尺度极大地趋于精致,贵族的价值和对"动因"亦即出身的信仰盛行一时并在不知不觉中产生影响,这是一个阶段的标志,它在狭义上可称为道德阶段:在此,迈出了自我认识的第一步。以动因取代结果:这是何等的视角转换!肯定是个经历了长期斗争和摇摆才达成的转换!当然,一种灾难性的新迷信,一种奇特的解释上的狭隘性,也同时开始[51]一统天下:人们斩钉截铁地将行为的动因地解释为出于一种意图的动因,人们万众一心地相信意图的价值证明了行为的价值。意图变成了整个动因,行为的前奏:世间道德上的赞美、道德、评判,甚至道德上的哲学思考,都是在这种先见下进行的,几乎迄今为止都是如此。——难道我们今天不应该认识到以下必要性:通过人的再次自我反省和深化,再次下决心扭转和颠覆价值?——难道我们不是站在以下这个阶段的门槛上:它是负面的,首先可称为是超乎道德之外的;今天,至少在我们这些非道德主义者①中,一种怀疑在涌动,恰恰那并非意图的东西构成了一件行为的具有决定性意义的价值,而其全部意图,能被看到、知晓、"意识到"的一切,只是肤浅的表皮,——和所有表皮一样,虽也能透露些什么,但却掩盖了更多东西?总之,我们相信,意图只是一个符号,一种征兆,它需要解释,何况作为一个符号,过于五花八门对其本身也几乎毫无意义。——我们相信,道德,在迄今为止的理解中,是有意图的道德,是一种先见,十分草率,也许只是暂时的,是一种占星

---

① [Pütz 版注] 非道德主义者:非道德主义否认道德原则和道德规定的约束力。1888年6月29日,尼采在写给音乐家福克斯(Carl Fuchs,1838-1922)的信中证明了非道德主义者"是迄今为止'正直知识分子'的最高形式,在自身成为本能和不可避免者之后,可以把道德视为幻想"。在《看哪,这个人!》(1908,2章,"为何我是一种命运")中,尼采自称是非道德主义者的代表。

术和炼丹术层面上的东西,但必定是一种非克服不可的东西。克服道德,从某种意义上来说是道德的自我克服:或许这名称可用于一种长期的秘密工作,一种只有今天最聪明、最正直、同时也是最阴险的良知——作为鲜活的灵魂试金石——方可胜任的工作。

33

[52]无济于事:为他人牺牲的献身感觉,整个自我放弃的舍己道德,对这些应当毫不留情地质问和审判,就像对那"无利害兴趣观照"的美学①那样——今日那将艺术去势之人,正是藉此美学作出媚惑的样子,以图造出一份良知来。"利他"、"不利己"这些感觉里边,有着太多太多的魅力和蜜汁,以致人们不由得疑心重重地发问:"这不会是……诱骗吧?"——这些感觉使人满足——拥有这些感觉的人,享受这些感觉带来的果实的人,连纯粹的旁观者也满足了,——但这仍不能成为支持这些感觉的理由,而是要求人们面对这些感觉务必谨慎。我们还是谨慎点儿吧!

34

如今无论站在哪个哲学立场上,无论从何角度看,我们相信自己生活在其中的世界的谬误都是确凿无疑的,在跃入我们眼帘的东西中,这种谬误最为确凿无疑:——我们为此找到层层理由,这些理由引诱我们去猜测"事物的本质"中那骗人的原则。谁要是让我们自己的思想,亦即"精神",为这世界的虚假负责——这条

---

① [Pütz版注]"无利害兴趣"的美学:暗指康德在《判断力批判》(1790)中建立的"审美判断"理论。根据这种理论,在鉴赏力判断和通过谓词"美"展示的愉悦并不证明对观照对象的存在的利害兴趣,而是证明了认识能力(想象力和理解力)的和谐运作。由此,"审美判断"与其说涉及美的对象,不如说是涉及审美主体。

第二章　自由的精神

康庄大道是每位自觉或不自觉的上帝辩护士①选择的出路——；谁要是认定这个世界,包括空间、时间、形态、运动在内,乃是一个被错误地开发了的世界,那么谁就至少有理由终于开始学习对全部思想表示怀疑:它迄今为止在我们面前上演的,不正是最大的恶作剧吗?哪儿又有人能担保,它一直在做的事情,不会继续做下去呢?可以十分严肃地说:思想者的无辜有某种动人之处,能令人肃然起敬,这就使得他们今天仍能够[53]站在意识面前,并请求对方给予认真的回答:比如说,意识是否"真实",意识究竟为何要如此坚决地摆脱外部世界的纠缠,诸如此类。对"直接的确定性"的信仰是一种道德上的幼稚,这种幼稚造就了我们哲人的荣光;但是——我们现在毕竟不是"仅仅道德"的人了!撇开道德不计,这种信仰蠢得很,不会给我们增添什么荣光!或许在市民生活中,动辄怀疑被视为是"坏性格",因而属于不明智之列,但在我们这儿,在市民世界及其是非臧否的彼岸,——什么能阻止我们变得不明智和这样说:作为迄今为止人世间一直饱受愚弄者,哲人实在是有"坏性格"的权利,——他今天有不信任的义务,有义务从任何一个怀疑的深渊中往外斜视,投来最不怀好意的一瞥。——原谅我嘲笑这种阴暗的鬼脸,原谅我如此遣词用字,因为我自己早就学会了对行骗和被骗进行别样的思考和评价,起码在哲人反对被骗的无名火起时,我做好了旁敲侧击提醒他们的准备。为什么不呢?真理比表象更有价值,这不过是个道德上的先见罢了,甚至是世界上被证明得最拙劣的一个假设。不妨承认以下这些吧:假如不是基于透视的估量和表象②,便不存在什么生命;要是打算像某些哲人那样,带着美德的热情去笨手笨脚地拆除"表象世界",嗯,假如你们行的话,——那么,至少你们的"真理"会因此片瓦不存!是

---

①　[Pütz版注]上帝辩护士:advocatus dei(拉丁文)。
②　[Pütz版注]透视的估量和表象:参见序言注释"透视……基本条件"。

的,究竟是什么迫使我们去假设,在"真"与"假"之间存在着本质对立？设想为表象等级,犹如光亮投下的或浅或深的阴影以及总体的明暗变化,[54]——用画家的话来说,就是不同的色调①——,难道这样还不够吗？为什么这个与我们息息相关的世界,——不能是虚构的呢？谁要是问:"创作者属于虚构,虚构总得有个创作者吧？"——谁就别指望回答会非常圆满:为什么？这"属于"难道不能也属于虚构吗？难道不能像对谓语和宾语那样,对主语也带点儿反讽吗？哲学家难道不能超越对语法的信仰吗？对"语法"这位保姆,当然要毕恭毕敬,不过现在到时候了,哲学应该抛弃对保姆的信仰了吧？②——

35③

噢,伏尔泰！噢,人性！噢,愚蠢！"真理"以及对真理的追求委实重要;不过要是人过于人性地如此行事,——"他为行善而寻求真理"④——那么我敢打赌,他肯定会一无所获！

36⑤

倘若,除了我们这个充斥着欲念和激情的世界,再也没有其他

---

① [Pütz版注]色调:valeurs(法语)。自表现主义以来绘画的核心概念,指色调的细微区分和颜色的明暗对比。
② [KSA版注]抛弃对保姆的信仰了吧？我们假定,我们,属于世界的我们,如果这个世界是骗人的,我们自己甚至也可以欺骗？(也许)必须欺骗？Vs
③ [KSA版注] Vs（WI 1）:"他为行善而寻求真理"伏尔泰——但他当然一无所获——
④ [Pütz版注]他为行善而寻求真理:il ne cherche le vrai que pour faire le bien(法语)。
⑤ [KSA版注]参见第11卷,38[12]

真实的东西"存在"(gegeben);倘若,上穷碧落下黄泉也找不到其他的"现实",除了我们的冲动这一现实之外——因为思考只是这些冲动的互动——;那么,难道不能去尝试,去提问,想知道这种"存在"是否不足以从其同类出发去理解所谓机械论的(或"物质的")世界?我讲的不是作为一种错觉,一种"外相",一种"表象"(像贝克莱或叔本华说的那样①),而是一种位于我们情感的现实等级上的东西,一种更原初的情感世界形式,那里还是包含万有的强大统一体,然后在有机联系的过程中分叉衍生并[55]向外扩张(说句公道话,也会娇生惯养,变得柔弱——),这是一种冲动生命,其中所有官能,包括自我调节、同化作用、营养补给、排泄废物、新陈代谢,全部错综复杂地联系在一起,——是一种生命的前形式?——最后,这种尝试并非只是允许的,而是必要的,从方法的良知来说是必要的。不要去假设若干种因果关系,除非一种因果关系已然足够的尝试以至极限(恕我直言:已变得荒谬了):这是一种方法的道德,如今无法摆脱的方法的道德;——这是"由其定义"推导出来的,换了位数学家没准就会这样措辞。最后的问题是,我们是否真的承认意志的作用,是否相信意志的因果关系,如果我们相信了——其实相信这一点就是相信因果关系本身——,我们就必须去尝试将意志的因果关系假设为唯一的因果关系。"意志"当然只能作用于"意志"——而不能作用于"物质"(比如不能作用于"神经"——):简言之,必须敢于假设,是否凡是承认"作用"的地方,意志都能对意志起作用,是否每个机械动作,只要有某个力在起作用,就是意志力、意志作用。——最后,假设我们

---

① [Pütz版注]像贝克莱或叔本华说的那样:贝克莱(George Berkeley,1685-1753),爱尔兰、英国神学家和哲人。他在《人类知识原理》(1710)中指出,一个独立于我们的感知和思考的世界是不存在的,被感知的事物存在于被感知过程中。因此,贝克莱认为一切现实全都基于上帝赋予我们的感性理念的表象。叔本华继承了他对本质和表象的区分。

能将自己全部冲动生命解释为某种意志——即我说的权力意志——的基本形式的向外扩张和分叉衍生；假设能将一切有机体功能都回溯归因于这种权力意志，并在这种权力意志中找到解决生育和营养问题——这是一个问题——的答案，那人们便有理由将一切起作用的力明确地界定为权力意志①。从内部来观察世界，从其"智性特征"（intelligiblen Charakter）②来定义和指称这个世界——它就是"权力意志"，而非其他。——

37③

[56]"什么？用时髦话来说，这不就成了：上帝已被驳倒，而魔鬼还没有——？"正相反！正相反，我的朋友！真见鬼，谁强迫你们讲这时髦话！——

38④

最后，在新时代的所有光辉中，法国大革命⑤过去了，那可怕

---

① [Pütz 版注]权力意志：参见《前言》，"生命"和"权力意志"。
② [Pütz 版注]智性特征：在康德看来，每个起作用的主体都有特征，也就是都有因果律。这种因果律以两种形式表现出来：其一是一种经验特征，它证明了主体是自然因果法则的现象，其二是智性特征，它决定了主体是行动的发起者，自身独立于时间条件。通过这一区分，康德试图证明自由和天性在原则上的一致性。（《纯粹理性批判》，1781 年 1 版）
③ [KSA 版注]参见第 12 卷，1 [110]
④ [KSA 版注] Vs（M III 4）：法国大革命，那可怕的、而且近看就能发现是纯属多余的闹剧。然而，看客从远处进行阐释时，往里面掺入了自己全部的正派感觉和愤慨。——于是高贵的后世将会再度错误地理解这整个过去，也许只有这样才能忍受自己看见的这整个过去。
⑤ [Pütz 版注]法国大革命：1789-1799 年法国政治的暴力变革。市民阶层相对于僧侣、贵族的民主平等，这一理念使得封建专制统治土崩瓦解了。路易十六（1754-1793）被送上断头台后，法国进入罗伯斯庇尔专政时代（1793/1794）。

的、凑近看就能发觉是纯属多余的闹剧。然而，整个欧洲心醉神迷的高贵看客从远处阐释这部闹剧时，如此旷日持久、如此狂热地掺入自己的愤慨与激动，直到文本在阐释中烟消云散了。于是高贵的后世将会再度错误地理解这整个过去，也许只有这样才能忍受自己看见的这整个过去。——或者还不如这样说：这些不是已经发生了吗？我们自己不就是——所谓"高贵的后世"吗？只要我们理解了这点，那么不就恰恰是在当下——正在过去吗？

39

谁都不会把一种学说当作真的，仅仅因为它使人幸福或具有美德；不过可爱的"理想主义者"们或是例外，他们醉心于真善美，让一切光怪陆离、笨拙却不乏好心肠的追求像鱼儿一样在他们的池塘里乱游一气。幸福与美德并不是论据。然而人们很容易忘记，即使深思熟虑的人也很容易忘记：使人不幸和变得邪恶，同样也不是什么反面论据。某种东西可能是真的，尽管它也可能极度有害，非常危险；是的，它甚至也可能属于存在的基本状态，人们[57]充分认识它之后便会走向毁灭，——因此或可如此测量某种精神的强度：它能忍受多少"真理"，说得更明白点，它必须在多大程度上稀释、遮掩、歪曲真理，把真理弄得甜腻腻、傻乎乎的。然而无疑的是，对发现真理的某些部分而言，邪恶者和不幸者得天独厚，成功几率大得多，遑论那些幸运的恶人，——这是道学家们绝口不提的一种人。也许，硬朗的作风和狡诈的心机是促使强大、独立的思想家和哲人诞生的有利条件，比起温尔文雅的谦谦君子之风来，比起从容淡定的艺术来，是更为有利的条件；然而，人们不无道理地欣赏的，却是饱学之士身上的温尔文雅和从容淡定。这必须有个前提，即"哲人"这个概念不局限于那些写书的——或者将自己的哲学弄进书里的——哲人!——司汤达①为自由精神哲人的形象描上了最后一笔,而我考虑到德意志品味,不能不强调一下:——因为这与德意志品味南辕北辙。"作为一个优秀的哲人",这位最后的心理大师说道,"必须沉着冷静、思路清晰、不抱幻想。一个积聚财富的银行家具有一部分哲学认识所要求的能力,那就是对存在之物的必要的洞见。"②

40

凡深奥者,都喜欢面具;最深奥者,甚至会憎恨形象与比喻。矛盾不就是上帝的遮羞布?这个问题可真成问题:若是竟没有一个神秘主义者大胆地在自己身上这么尝试过,那才奇怪了呢。有些过程其柔无比,所以不妨饰之以粗,让人难以辨认,[58]爱、慷慨大度,这些行为之后,最可取的做法莫过于抄起棍子,把目击者痛揍一顿。这样一来,目击者的记忆便模糊不清了。有些人懂得要搅浑、虐待自己的记忆,以便至少可以在这位唯一知情者人身上报复一下:——羞耻使人聪明。最令人羞耻的不是最糟糕的事情,戴着面具并非只是狡诈,——在奸狡中,还有许多的善意呢。我能想象一个人,他必须隐藏某种珍贵脆弱的东西,却似一只有了年头、重重加

---

① [Pütz版注]司汤达:原名亨利·贝尔(Henry Beyle,1783-1842),法国作家,著有长篇小说、随笔、游记以及自传。他和之后的尼采一样论及"超人",认为这种人的原型和榜样是拿破仑(1876司汤达的《拿破仑传》出版),意大利文艺复兴运动中也有这种人的化身,他仰慕这些非道德的"主宰者"(如《意大利遗事》,1825-39)。司汤达在19世纪首次表达了批判的、悲观的自我意识和世界意识,尼采认为由此可见他和自己在精神上志同道合。

② [Pütz版注]作为一个优秀的哲人……必要的洞见。:Pour être bon philosophe ... dans ce qui est(法语)。尼采在此引用梅里美(Prosper Mérimée,1803-70)《注释和回忆》;关于司汤达见《未发表书信集》(巴黎1855)。

[KSA版注] 参见第11卷,26[294, 396];引自梅里美《注释和回忆》;关于司汤达的部分,见《未发表书信集》(巴黎1855),BN(尼采生前藏书)

箍的绿色酒桶,浑圆的身子在生活中粗野地滚动着:是其羞耻的精致性决定了这一切。一个深陷羞耻之中的人,会在人迹罕至的路上遭遇自己的命运及其宽宥,有这样的路存在,连他的挚友亲朋也不知情;无论是起初他陷入生命危险,还是后来他重获生命安全,这些都绝不能让他们看见。这样一个隐藏者,出于本能缄口不言,不断地回避说出实情,想要而且帮助自己的某张面具作为替身,代他在友人的心头和脑海里徜徉;假若他不想要这样,那么有朝一日他也会恍然大悟,原来尽管如此,友人的心头和脑海里还是有一张他的面具——这也没有什么不好。每个深沉的心灵都需要一张面具:更有甚者:在每个深沉的心灵周围都会不断长出一张面具来,这可得归功于对其每句话、每步路、每个生命征象所进行的始终错误亦即浅薄的诠释。①

41②

必须自我考验,证明自己是注定独立自主和发号施令的,而且要及时这样做。不能躲避自我考验,[59]尽管这可能是能玩的最危险的游戏,而且最终只是在我们面前进行的,我们自己是目击者,并无别的裁判在场。不要依赖某个个人,哪怕他是最受青睐的,——每个人都是一所监狱,也是一个角落。不要依赖某个祖国:哪怕它是最痛苦、最需要帮助的,——在心中割舍战无不胜的祖国,这相对来说要容易些。不要依赖某种同情:哪怕是对高尚者的同情,我们意外地发现了他们偶然的痛苦与无助。不要依赖某种科学:哪怕它

---

① [KSA 版注]带着寒意,不无惊奇,人们逐渐认识了这张面具,他就是作为这张面具在朋友们的脑海和心头徜徉。但是,他还要喝下多少隐秘的苦涩,才能学会一种艺术和善良意志,即不再去使用朋友们"失望",这意味着,将他的苦难和幸福转换到表层,转换成"面具",以便将一些自己的情况"告诉"他们 Rs
在 Dm 结尾处删去了;当然,首次发现作为表象的面具是令人惊恐的 □□□
② [KSA 版注]参见第 9 卷, 3 [146]

用看起来是特地留给我们发现的无价之宝进行引诱。不要依赖人自身的解放,不要依赖飞到遥远异乡所感到的喜悦,鸟儿越飞越高,为了看到身底下更多的东西:——展翅高翔是危险的。不要依赖我们自身的美德,不要整个儿变成我们身上某个细节的牺牲品,比如我们的"热情好客":这对上等和富足的心灵来说是险上加险,它挥霍无度、几乎冷漠无情地对待自身,将慷慨这一美德变成了罪恶。必须懂得保护自己:这是对独立性的最有力的考验。

42①

一种新的哲人露面了:我大胆地给他们起了一个不无危险的名字。正如我猜到的,正如他们让人猜到的——因为他们的本性就是想要在什么地方保留谜团——,这些未来的哲人想要一种权利,或者是一种非分之想罢,想要被称为尝试者。② 这名字本身便是一种尝试(Versuch),也不妨说是一种诱惑(Versuchung)。

43③

[60]这种新露面的哲人是"真理"的新朋友么?极有可能:因

---

① [KSA 版注] Vs(W I 6):一种新的哲人露面了;我大胆地给他们起了一个不无危险的名字。正如我对他们的认识,正如我对自身的认识——因为我自己就属于这些正在到来的人——,这些未来的哲人出于诸多原因,也出于某些不可言说的原因,会对自己被称为尝试者表示满意。这名字本身最终也只是一种尝试,也不妨说是一种诱惑。
② [译注]德文 Versucher 一词兼有"尝试者"和"诱惑者"的含义。
③ [KSA 版注] Vs(W I 6)初稿:我们不是教条主义者。倘若我们的真理竟是一种人人适用的真理,那是与我们的骄傲相悖的;而这却是所有教条主义者为之奋斗的言外之意。我们喜欢用多种目光看世界,也用斯芬克斯的眼睛。因为某些美好的战栗,做一名哲人才是值得的;这指的是:从角上看一个事物,与长时间地笔直向前看和在笔直的路上寻找一个事物时推测的完全不同。此外,所有教　（转下页）

为迄今为止的哲人无不热爱他们的真理。不过,他们肯定不会是教条主义者。对他们而言,倘若他们的真理仍然是一种人人适用的真理,那必定是与他们的骄傲和品味相悖的;而这却是迄今为止所有教条主义者为之奋斗的隐秘愿望和言外之意。"我的判断就是我的判断;别人无权轻易置喙"——某位未来的哲人或许会如是说。"人必得摆脱其人云亦云的恶劣品味。一旦旁边的人也说好,那么'好'也就不再好了。怎样会有一种'放诸四海而皆好'的东西呢!这话是自相矛盾的:什么东西若是放诸四海,便没什么价值了。最后,事情必定一如既往,过去如此,现在如此,将来也必定如此:宏大之物为伟人而设,深渊为深沉之人而设,柔情和战栗则是为文弱之人而设,那么,全面概括地说来便是:一切稀罕之物,皆为稀有之人而设(alles Seltene für die Seltenen)。"——

44①

说了以上这一切之后,难道还需要我特意指出:这些未来的哲人们,他们也会是自由精神,十分自由的精神,——同样肯定的是,他们也不会仅仅是自由精神,而是比这要来得更多、更高、更大,根本就是另一种东西,是不会被弄错和混淆的。不过,我说这些时,觉得自己无论针对他们本身,还是针对我们自己——我们是他们的前导和先驱,我们这些自由精神——几乎同样负有一种义务,即从我们这儿吹散那些古老而愚蠢的先见和误解,它们像迷雾一样久久地笼罩着"自由精神"的概念。在欧洲的所有国家,甚至在美

(接上页注③)条主义者迄今为止在追求真理时都郑重其事,都带着一种笨拙的狂热,而这都不是赢得这个女人芳心的最灵巧的手段。毋庸置疑的是,她不肯就范:——如今只剩下形形色色的教条主义还站在那儿,空自悲切,黯然神伤。假若它们还真能站在那儿的话!参见《善恶的彼岸》序

① [KSA版注]参见第11卷,34 [146]

国,都在滥用这个名字,[61]那是一种很狭隘、受拘束、被拴在锁链上的精神,它所想要的差不多就和我们意图和本能中的内容恰恰相反,——更不要说,它对于那些正在兴起的新型哲人而言根本就是关死的窗、闩死的门了。丑话少说,他们属于平均主义者(Nivellierer),这些被叫错了的、名不副实的"自由精神"——他们巧舌如簧,妙笔生花,却是民主品位及其"现代观念"的奴隶;统统都是没有孤独的人,没有自己的孤独,呆头呆脑的乖孩儿,倒并不欠缺勇气和令人起敬的好习惯,但他们不自由,十分浅薄可笑,尤其是还特别爱好在迄今的旧社会形式中寻找一切人类苦难和失败的大致原因;殊不知这样一来,真理就被幸运地倒了个儿!① 他们全力追求的,是绿草茵茵的牧场上的普遍幸福,那里每个人都能生活得稳定、安全、舒适、轻松;都被他们哼唱烂了的两套曲子或者学说是"权利平等"和"同情一切受苦者",——苦难被他们当作了必须弃之如弊履的东西。我们这些唱反调的,睁着眼睛,留着良知,是为了问,迄今为止"人"这株植物②是在哪里、又是怎样最有力地生长起来的,我们猜想,这些每次都在相反条件下发生,而且他处境的危险性必定先会剧增,他的创造能力和作伪能力(他的"精神"——)必定在长期压迫下变得精致和大胆,他的生命意志必定升级为无条件的权力意志;——我们猜想,一切种类的严酷、暴力、奴役,暗巷里和内心中的危险、隐秘、廊下派、诱惑艺术、魔鬼行径,一切恶的、可怖的、暴政式的、如毒蛇猛兽一般的东西,[62]人身上的所有这一切,作为"人类"这一物种的对立面,对其成长来说

---

① [KSA 版注] 我在这里看到了典型的现代天真。Dm
② [Pütz 版注]"人"这株植物:尼采从阿尔菲耶里(Vittorio Alfieri, 1749–1803, 意大利作家)转引司汤达《1817 年在罗马、那不勒斯、佛罗伦萨》中的名言:"人这株植物在意大利生长得比其他任何国家都要茂盛"(标明"1817 年 4 月 10 日于佛罗伦萨"的倒数第二条笔记;载司汤达: Rome, Naples et Florence en 1817. Edition établie et commentée par Henri Martineau. Paris1956,页 93)。

第二章 自由的精神

是十分有益的:——我们讲了这么多,但仍然意犹未尽,而且在这点上,我们无论畅所欲言还是沉默不语,都处于一切现代意识形态和群体需求的另一端:大概是它们的对跖者①吧? 我们这些"自由精神"不是最爱讲话的,不是老想着要透露某个精神能从何处得以解放,又有可能被驱赶到何处,这又有什么奇怪的? 至于"善恶的彼岸"这一危险提法的含义,我们至少得避免混淆:我们不同于那些个"自由思想家"、"自由精神"、"自由思想者"②——鬼知道那些个"现代理念"的死党还爱给自己起什么名字——,我们和他们可不一样。在许多精神国度中是主人,至少也是上宾;不断地从阴暗舒适的角落里溜走,试图将我们禁锢在此的是偏爱和偏见,是青春和出身,是与人与书的偶遇,甚至是流浪的疲惫;满怀恶意地抵制附庸的诱饵,它们会隐藏在荣誉、金钱、仕途或官能享受里边;甚至感谢艰难困苦,感谢变化多端的病痛,因为它们能让我们从某种法则及其"先见"中挣脱出来,感谢我们心中的上帝与魔鬼、绵羊与蠕虫,好奇直至成为恶习,探究直至变得残酷,毫不犹豫地伸手抓取难以把握的事物,以利齿和胃对付简直消化不了的东西,随时准备去做一切需要敏锐与敏捷的手工,随时准备好因为"自由意志"过剩去冒险,会同前前后后那些其最终意图最难看透的灵魂,登上前前后后那些无人可以踏遍的台面,还有那些隐匿在光明大氅之下的人,那些占领者,虽然继承人和败家子在我们看来没什么两样,那些人从早到晚就忙着归类收藏,守着我们金玉满堂的财富却是一毛不拔,[63] 在学习和遗忘方面堪称勤俭持家,在

---

① [译注]指"在地球上相对两点居住的人"。
② [Pütz 版注]"自由思想家"、"自由精神"、"自由思想者":librespenseurs,liberi pensatori,Freidenker(法语、意大利语、德语的"自由精神");指 18 世纪出现的自然神论者,他们根据启蒙原则只遵循理性的认识,否认一个以奇迹介入世界的人格神的存在。尼采以这些词指打破传统成规,激进地实践自主思想的人。然而只要这些人信仰真理并视之为不可逾越的价值(参见《道德的谱系》III,3,24),这些自由思想者就不是真正的自由精神(参见序言注释"十分自由的思想者")。

条条框框①里颇有创造发明,有时为些个范畴表感到自豪,有时头巾气很重,有时又变成白天出来活动的猫头鹰;万不得已有必要时甚至是吓唬鸟儿的稻草人——今天确实有必要:因为我们与孤独,与自己那最深沉的、夜半和正午的孤独感,是生来就深信不疑、且好妒忌的好朋友:——这样的人就是我们,我们这些自由精神!也许你们也是,你们这些未来的人?你们这些新型的哲人?——

---

① [Pütz 版注]条条框框:Schematen(希腊语):形状、形式、轮廓、模式;康德理论哲学的核心概念。在康德《纯粹理性批判》中,Schema 意即想象力为概念提供其"画面"即构成其直观表现的过程。如果没有这一抽象概念和感性形象的之间的中介,概念难免"空泛",直观难免"盲目"(参见康德《纯粹理性批判》,1787 年 2 版,176 页起)。

第三章　宗教性的本质①

45

[65]人类的灵魂及其局限,人类内在经验迄今为止所及的范围,这些经验的高度、深度、广度,灵魂迄今为止的全部历史及其尚未枯竭的可能性:这对天生的心理学家,对酷爱"大捕猎"者来说,是预设的狩猎区。然而他不得不无数次绝望地自言自语:"只有一个人!啊,孤家寡人,却面对这一大片林子,面对这原始森林!"他期盼有几百名狩猎帮手,有训练有素的精明猎犬,使其在人类灵魂的历史中驰骋,在那里围追捕截他的猎物。全是空想罢了,他不断地尝试,彻底地、苦苦地尝试,不少东西使他好奇,但要为此找到帮手和猎犬谈何容易。要将饱学之士派往那危机四伏的,必须胆

---

① [译注]本章标题是 Das religiöse Wesen。在德语中,"wesen"一词有"本质"、"性格"、"生命体"、"人"等多种含义。根据本章内容,尼采对该词的使用相当灵活,不限于"本质"一义(比如第47节),然而汉语中难以找到一词能完全对译,几番权衡,仍旧只保守地译为"本质"。对于这个标题的讨论,可参见列奥·施特劳斯的《注意尼采〈善恶的彼岸〉的谋篇》一文(载于《柏拉图式政治哲学研究》,华夏出版社,2012年,页234-256,特别是页239-240)。

大心细、精明强干方能涉足的新狩猎区,但是问题在于,恰恰那"大捕猎"也是大危险开始的地方,他们根本派不上用场:——恰恰在那儿,他们敏锐的视觉和嗅觉全都失灵了。比方说,为了推测和确认宗教人①灵魂中知识与良知的问题有着一段怎样的历史②,或许自己内心就得深沉、博大、伤痕累累,就像帕斯卡③的理性良知一样:[66]——不过,然后还是需要绷紧的天幕,那天幕上遍布着澄明而狡黠的才智灵性,居高临下地俯视着拥挤成一团的危险遭遇和痛苦经历,进行整理、归纳和公式化的硬性表述。——可是,谁会帮我做这事?谁又有时间等待这样为他效劳的人出现呢?——显然,这种人太罕见了,在任何时候都不太可能出现!最后人们还是得自己动手,自己来获得若干知识;这就是说,要做的事可多了!——不过,我的这种好奇,仍然是所有恶习中最令人愉

---

① [Pütz 版注]宗教人:homines religiosi[被神性攫住的人,神秘主义者](主要在中世纪拉丁文中使用);但 religiosi 的最初含义是:充满疑虑的,在宗教上可疑的。尼采利用这个模棱两可的词玩弄文字游戏。
② [KSA 版注]原为:我年轻的时候,以为自己需要有几百名学者,可以将他们像猎犬一样赶进灌木丛——我指的是赶进人类灵魂的历史,赶进其过去与未来——,在那里截捕我的猎物。现在我明白了,勉勉强强地明白了,为了那些使我好奇的东西去找帮手谈何容易,甚至猎犬也不好找。要将饱学之士派往那危机四伏的,必须自由、精明、果断方能涉足的狩猎区,但是问题在于,恰恰在那危险开始的地方,在真正的捕猎开始的地方,他们视觉和嗅觉全都失灵了。比方说,为了推测和确认知识与良知的问题有着一段怎样的历史 Vs(W I 6)
③ [Pütz 版注]帕斯卡:Plaise Pascal(1632-1662),法国哲人、数学家、物理学家;提出"帕斯卡六边形"定理,发现静压传递原理,证明高度与大气压强之间的关系,研究概率论。在经历了一次神秘的顿悟之后,帕斯卡于1654年经常隐居在波尔罗亚尔女隐修院(参见第五章188节注释"波尔亚尔女隐修院"),转向詹森主义的理论和实践。詹森主义是以荷兰神学家詹森(Cornelius Jansenius,1585-1638)命名的教派,以奥古斯丁的信仰学说(参见本章50节注释"奥古斯丁")为出发点,力图调和加尔文教和天主教;通过严格的道德原则和宗教禁欲的内化,使得人的堕落意志和邪恶欲念臣服于最终更为强烈的善良(仁慈)欲念。作为第一个科学的批判者,帕斯卡借助"心灵逻辑"(logique du coeur)将"心灵"视为宗教判断力真正的和最高的器官,视为获得对超验的直接经验的真正的和最高的器官。他的代表作《思想录》于1670年首次发表,但遭到曲解。

快的,——抱歉！我其实想说:热爱真理,会在天上获得回报,而且在地上已经获得回报了。——

46

信仰,基督教从一开始就要求的、并且不时达到的信仰,置身于一个怀疑主义的、南部自由精神的世界里,那里几百年来不断地有哲学流派之争,还有罗马帝国①带来的宽容教育,——这种信仰可不是那种忠心耿耿、脾气不好的臣仆信仰,后者是路德②、克伦威尔③之流或者其他精神上的北方野蛮人赖以依附于其上帝和基督教义的信仰;倒不如说是帕斯卡的信仰,它以骇人的方式与理性的慢性自杀相似,———一种顽强的、长命的、蠕虫般的理性,不是一次或一下就能弄死的。基督教信仰从一开始就是牺牲:牺牲了所有自由、所有自尊、所有精神的自我确定性;同时还是卑躬屈膝,是自我嘲笑和自我伤害。这种信仰里包含着残酷无情和宗教的腓尼基主义④,或许只有松软的、多重的和极为挑剔的良知才会承受这种信仰:它的前提就是对精神的压制会带来难以形容的痛苦;[67]这种精神的所有过往、所有习惯都是抵制极度荒谬⑤的,而此

---

① ［Pütz 版注］罗马帝国: imperium Romanum(拉丁文)。
② ［Pütz 版注］路德: Martin Luther(1483-1546),德国宗教改革家,起初是奥古斯丁修道会的修士和阐释《圣经》的教授。他关于赎罪符有效性的 95 条论纲(1517)引发的争论导致了一场宗教和教会的革新运动,并在奥格斯堡帝国议会上(1530)导致了帝国政治和教会的分离。
③ ［Pütz 版注］克伦威尔: Oliver Cromwell(1599-1658),英国清教徒政治家。在国会和查理一世(1600-1649)的权力之争中,克伦威尔率领国会军队战胜了与查理一世结盟的苏格兰人(1648),随后将国王送上了断头台(1649)。
④ ［Pütz 版注］宗教的腓尼基主义:参见第七章 229 节:"在宗教意义上自我否定,或者像腓尼基人或是苦行僧那样自残……"另参见第七章 229 节注释"腓尼基人"。
⑤ ［Pütz 版注］极度荒谬: absurdissimum(拉丁文);指被误以为是奥古斯丁说的话:"我相信它,因为它是荒谬的"。(Credo, quia absurdum est.)

刻来到这种精神面前的"信仰"正是极度荒谬。现代人对基督教的整套术语已经麻木不仁,对那可怕的至高无上者再也无力体会,而后者依照古典品味,正体现在"被钉在十字架上的上帝"这一公式的悖论中。无论何时何地,还从来没有过这样大胆的颠倒乾坤,还从来没有什么像这种表达方式一样令人畏惧、乐于提问而且值得疑问的了:它预示了一切古典价值将被重估。——是东方,是深沉的东方,是东方的奴隶,以此报复了罗马及其优雅而轻率的宽容,报复了罗马"天主教"信仰:——始终不是信仰,而是摆脱信仰的自由,是那半斯多噶派微笑着的对信仰严肃性的无动于衷,是主人身上的这些激怒了奴隶,促使他们揭竿而起。"启蒙运动"激怒了他们:因为奴隶总想要绝对的东西,他们只懂得暴君的专制,在道德上也是如此,他们的爱便如同他们的恨,没有细微的差别,直到最深处,直到变成痛苦,直到因此生病,——他们有许多掩藏的痛苦,这使他们愤怒地反对优雅的品味,因为后者看起来是在否认这痛苦。对痛苦的怀疑,其实只是贵族道德的态度,和最近那次始于法国大革命的奴隶大起义并无丝毫关系。

47①

迄今为止,无论世上何处出现了宗教神经官能症,我们都会发现,它总是与三项危险的约束规定相联系:独处、斋戒、节欲,——不过并不能下断语,说不清在此何为因,何为果,或者究竟是否存在因果关系。使人有理由产生后一种怀疑的是:无论野蛮的民族还是温驯的民族,他们最常见的症状中都有一种突如其来、毫无顾忌的纵欲,纵欲又同样突如其来地转变为忏悔的痉挛以及

---

① [KSA版注] Vs(W I 1)初稿:独处、斋戒、节欲——宗教神经官能症就是从这典型的形式中产生的。极端纵欲和极端虔诚相互交换,针对自身的怪异观察:似乎它们是玻璃或者是两个人。

对世界和意志的否定:这两种症状或许都可以解释为戴上了假面具的羊痫风?不过,无论在哪儿也不能放弃解释:还从来没有像在此类症状周围一样出现过这么一大堆荒唐和迷信,也没有什么曾经让人,甚至让哲人,更感兴趣的了,——或许是时候了,得变得冷静些,学会小心些了,或者干脆掉转目光,掉头他去。——在最近冒出来的叔本华哲学①的背景中,还有着这种宗教危机和顿悟的可怕问号,这几乎就是问题本身。怎么可能否定意志?怎么可能出现圣徒?——这看起来确实就是叔本华的问题,他以此成了哲人,以此起步。一个真正的叔本华式结局是:他最虔诚的门徒(或许也是他在德国的最后一位门徒——)理查德·瓦格纳②正是在

---

① [Pütz 版注]叔本华哲学:参见第一章 16 节注释"叔本华"。叔本华在其代表作《作为意志和表象的世界》第 4 章中指出,只有克服充满苦难的邪恶世界的意志,我们才能得以解脱。不同于之前对叔本华的高度评价,尼采自《人性的,太人性的》(1878—1880)以来,指责叔本华为否定生活的悲观主义者代表。叔本华节欲主义的理想,其目的在于取消一切个人意志并最终走向虚无,而尼采的权力意志则是一种特殊的意志,它恰恰在克服某一他者或是自身的过程中得到确认,甚至在无我中得到升华。

② [Pütz 版注]瓦格纳:Richard Wagner(1813—1883),乐队指挥、作曲家、作家。瓦格纳创作《漂泊的荷兰人》之后推出了德意志特色的歌剧,区分咏叹调和宣叙调的意大利—法国歌剧形式消失了,代之而起的是吟诵的台词和贯穿首尾的音乐主旋律。尼采从 1868 年起与瓦格纳结下友谊。在《悲剧的诞生》中,他从祭祀酒神仪式的合唱群舞中发现了希腊悲剧的来源。他发现,自从苏格拉底发动启蒙以来,艺术日益衰落,却认为在瓦格纳的作品中能辨认出音乐精神孕育的悲剧的再生。在《不合时宜的沉思》(1875/1876)的第四部分,尼采尽管对瓦格纳的音乐大加赞赏,却仍批评他的文学能力及其担任未来文化先驱的要求。1876 年起,瓦格纳的音乐节项目在拜罗伊特市得以实现,他和尼采的关系开始产生裂痕。约从 1878 年起,尼采完全断绝了和瓦格纳的往来。在尼采的后期作品中,瓦格纳的作品被视作文化颓废的表现。在《瓦格纳事件》和《尼采反驳瓦格纳》(两书均成于 1888)他论证了《道德的谱系》(1887)中建立的观点,比如瓦格纳在最后一部歌剧《帕西法尔》(1882,参见第八章 256 节注释"通往罗马之路……《帕西法尔》的音乐")中向基督教靠拢。尼采在此影射的《帕西法尔》,是瓦格纳唯一一部纯粹源于叔本华精神的剧作。它问世的时候,尼采早就和叔本华分道扬镳了。

此完成了毕生事业,最后还把那可怕的、永恒的典型孔德丽①搬上了舞台,真实的角色②,和他本人一模一样;同时,几乎全欧洲的精神病医生都有理由近距离地研究他,哪儿有宗教上的神经官能症——或者按我的话说,"宗教性的本质"——像"救世军"③似地最后一次爆发流行开来,那儿就有这样的理由。——但是人们不禁要问,在整个圣徒现象里,究竟是什么使各种各样时代的人,也包括哲人,如此不可遏止地感兴趣呢? 毫无疑问是其中出现的奇迹,即灵魂中对立面的直接衔接,是所得道德评价完全相反的那些灵魂状态的直接衔接:人们以为只消举手之劳,[69]便可将"坏人"一下子变成"圣徒",变成好人。迄今为止的心理学都在这里翻了船:之所以会这样,不就是主要因为它使自己受道德支配,相信各种道德价值的对立本身,并且在观察、阅读和解释时将这种对立植入文本和事实?——什么?"奇迹"只是一种阐释错误?是语文学素养不足所致?——

48

看起来,相对我们北方人与整个基督教的关系,拉丁种族与其

---

① [Pütz版注]孔德丽:瓦格纳1857年开始酝酿,直至1882年才完成"舞台神圣节日剧"《帕西法尔》(参见第八章244节注释"……瓦格纳……"及256节注释"通往罗马之路……《帕西法尔》的音乐")。这部晚期作品以埃申巴赫(Wolfram von Eschenbach,约1170-1220)的骑士史诗《帕西法尔》(约1210)为蓝本。孔德丽是剧中一个被七情六欲俘虏的灵魂,她曾嘲笑背负十字架的耶稣,自此被判不断转世再生。她以另一种形象服侍圣杯努力赎罪,但在找到使自己摆脱魔咒的那个人之前,她还是巫师克林佐的奴仆,后者与圣杯骑士团有不共戴天之仇。巫师吩咐她去引诱骑士偷吃禁果。他们若是中计,就会听凭巫师摆布。孔德丽的恩人是一个名叫帕西法尔的骑士,这个无知的愚人却以博爱悲悯的力量拯救了孔德丽,拯救了被巫师指使下的孔德丽诱惑并受伤的安福塔斯,他是禁欲基督教的圣杯骑士之王。叔本华的悲悯学说和基督徒的博爱学说在此融为一体。
② [Pütz版注]真实的角色:type vécu(法语)。
③ [Pütz版注]救世军:卜威廉(William Booth,1829-1912)1865年建立的准军队化的宗教团体,旨在消除社会贫困,总部在伦敦。

天主教的关系要内在得多，因而在天主教国家，不信神这件事有着与在新教国家中完全不同的含义——即意味着一种反对种族精神的暴动，而在我们这儿却更多地意味着一种向着种族精神（或非精神——）的回归。我们北方人无疑都来自野蛮种族，即使在宗教天赋方面也是如此：对宗教而言，我们的天赋实在糟糕。可以将凯尔特人①除外，他们因而为基督教在北方的蔓延提供了最佳土壤：——在法兰西，只要北国惨白的阳光还能恩准，基督教的理想之花就盛开了②。对于我们的品味来说，即使这些最后的法国怀疑论者，只要他们身上流着凯尔特祖先的血液，也会显得多么奇怪地虔诚啊！奥古斯特·孔德的社会学③以及其中本能的罗马式逻辑，在我们看来是天主教味道十足，非德国味道十足！而那可爱的、聪明的波尔罗亚尔女隐修院的西塞罗，也就是圣伯夫，又显得是耶稣会味道十足，哪怕他十分仇恨耶稣会！④ 甚至是欧内斯

---

① ［译注］公元前 2000 年活动在中欧的一些具有共同文化和语言特征的有亲缘关系的民族的统称。
② ［KSA 版注］此后删去了：法国的自由精神，整个法国启蒙战争，都带有一种宗教运动的激情。黑暗的颜色总是让我吃惊 Rs
③ ［Pütz 版注］奥古斯特·孔德的社会学：奥古斯特·孔德（Auguste Comte，1788-1857），法国哲人，实证主义（参见第一章 10 节注释"实证主义"）创始人，首次提出"社会学"的名称，首次使社会学具备了科学体系性。遵循实证主义的口号"认识为了先见，先见为了预防"，社会学研究每个社会制度稳定的生存条件，研究进步的自然规律，从科学发展中可以推导出这些规律。社会学通过传播秩序原则和进步原则，最终创立了一种科学政治。除此之外，作为科学哲学的组成部分，社会学试图取代神学和形而上学对世界的阐释，并决定工业社会这实证的"第三阶段"。孔德的代表作《实证哲学教程》（六卷，1830-42；德译本 1883）以及《实证精神讲话》（1884；德译本 1958）对现代科学概念具有决定性的影响。
④ ［Pütz 版注］波尔罗亚尔女隐修院……仇恨耶稣会：Cirerone（意大利文），滔滔不绝的导游，与古罗马演说家西塞罗（前 106-43）可有一比，因而在此是戏称。圣伯夫（Charles Augustin de Sainte-Beuve，1804-1869），法国文学史专家和作家，在其五卷本《波尔罗亚尔女隐修院史》（1840-59）中把传记手法运用到文学史里，因而可称为"波尔罗亚尔女隐修院的西塞罗"：讲述波尔罗亚尔女隐修院（参见第五章 188 节注释"波尔罗亚尔女隐修院"）历史的方法，就是圣伯夫的典型 （转下页）

特·勒南①:对我们北方人来说,这位勒南的语言是多么难懂啊!在他身上,每时每刻都有某种宗教张力的虚无使他的灵魂失衡,使他那雅意上纵欲的、惬意地卧床的灵魂失去平衡!若是有人跟着他说下面[70]这些美妙的话——那么,在我们可能不那么美、比较硬、就是说更有德国味的灵魂中,马上就会涌起怎样的邪恶和狂妄,作为对此的回答!——"我们却说,宗教乃是普通人的产物;在虔心信奉宗教并知晓无尽命运的时候,人最接近真理……当他向善的时候,他就有意让美德与一种永恒的秩序联系起来;如果他对事物漠不关心,他就会感到死亡是可恨和荒谬的。我们为何就不能想见,人恰恰在那个当口看到的是最好的东西呢?"②……对我来说,这些话太逆耳,太不符合习惯,简直像对跖一样截然相反,所以我一看到它们就愤怒起来,在边上写下批注:"完全是宗教的天真!"③——愤怒到最后,我却喜欢上了它们,喜欢上了这些颠倒真理的话!有自己的对跖者(Antipoden),这正是太美了,太出色了!

(接上页注④)套路。波尔罗亚尔女隐修院在17世纪是反教会特别是反耶稣会(参见序言注释"耶稣会")的、信仰虔诚的詹森主义改革运动的中心。

① [Pütz版注]欧内斯特·勒南:Ernest Renan(1823-1892),法国宗教学家、东方学家、作家。受德国批判神学和哲学的影响,他放弃了神职,转而从事一种把实证主义(参见第一章10节注释"实证主义")方法和相信进步的文化乐观主义相结合的科学。在宗教学领域,他撰写了《基督教起源的历史》(1863-1883),在首卷即《耶稣的一生》(1863)中,他试图从历史、地理、社会学、伦理学角度解释耶稣的形象,将耶稣视为宗教—无政府主义的理想主义者。

② [Pütz版注]我们却说……最好的东西呢?:Disons donc hardiment que la religion est un produit de l'homme normal, que l'homme est le plus dans le vrai quand il est le plus religieux et le plus assuré d'une destinée infinie … C'est quand il est bon qu'il veut que la vertu corresponde à une ordre éternell, c'est quand il contemple les choses d'une manière désintéressée qu'il trouve la mort révoltante et absurde. Comment ne pas supposer que c'est dans ces moments-la, que l'homme voit le mieux? (法语)引文来源不明。

③ [Pütz版注]完全是宗教的天真!: la niaiserie religieuse par excellence! (法语)。

49

在古希腊人宗教生活中,最令人惊讶的便是从中满溢出来的那股不可遏制的感激之情:——这是一类极为高贵的人,如此立于自然与生命之前!——后来,下等平民在希腊占了上风,宗教里就滋生出了恐惧;基督教也整装待发了。——

50

对上帝的热爱:有乡巴佬式的,忠心耿耿,纠缠不休,就像路德那样——整个新教缺乏南方式的柔软细腻①。这种热爱中有一种东方式的忘乎所以,就像一个奴隶无功受禄、意外蒙恩时那样,比如奥古斯丁②,[71]他的举止和欲望就全无高雅可言,而如此全无高雅是相当伤人的。这种热爱中还有一种女人的温情脉脉和贪婪无度,忸怩而无知地追求一种神秘和实体的统一③:就像盖恩夫人④。她经常假扮成青春期的少男少女,显得十分古怪;不时又表现出老处女的歇斯底里,以及老处女最后的好胜心:——而教会曾

---

① [Pütz版注]柔软细腻:Delicatezza(意大利文)。
② [Pütz版注]奥古斯丁:Aurelius Augustinus(354-430),神学家,起先在塔加斯特、迦太基、罗马、米兰等地教授修辞学,387年皈依基督教,并自395年起任北非希波教会主教。其著作影响了整个西方神学和哲学。尤以《忏悔录》影响为大,书中以宗教眼光记录了自己从出生至受洗的发展历程。他的《上帝之城》将历史描述为上帝之城和世俗之城之间的斗争。在1885年3月31日致奥弗贝克(Franz Overbeck)的信中,尼采称奥古斯丁哲学为"群氓化的柏拉图主义"。
③ [Pütz版注]神秘和实体的统一:Unio mystica et physica(拉丁文)。
④ [Pütz版注]盖恩夫人:Madame de Guyon,全名Jeanne-Marie de Guyon(1648-1717),法国神秘主义者和法国寂静主义(源自拉丁文quies,"安宁")的主要代表人物。寂静主义是基督教神秘主义的一种形式,以被动献身的内心基本态度,有意识放弃对自身此在的主动塑造,追求与上帝的融合。

多次将这类妇人封为圣女。①

51

迄今为止,那些最有权势的人都满怀敬意地拜倒在圣徒面前,就像拜倒在自我抑制(Selbstbezwingung)与有意为之的最后清贫这个谜团面前。他们为何如此卑躬屈膝?他们在圣徒身上——仿佛在其衰老悲惨的外表这一问号背后——预感到了以克己而小试牛刀的非凡力量,预感到了意志的强大,他们在其中重新认识到自己的强大与统治欲,并懂得对此表示尊敬:他们尊敬圣徒,其实就是在尊敬自己身上的某些东西。此外,仰望着圣徒,他们心中也不由得疑惑起来:这样一种否定和反自然的庞然大物,总不会让你白白地追求吧?他们这样说,这样问自己。这大概是因为,苦行僧想要借助秘密的对话者与探访者,更确切地了解某种巨大的危险?简言之,世上那些掌握权柄的人在他面前学到了一种新的恐惧,他们预感到一种新的权力,一个陌生的、尚未制服的敌人:——是"权力意志"②迫使他们停留在圣徒面前,他们必定向他发问——

---

① [Pütz版注]教会曾多次将这类妇人封为圣女:不少基督教神秘主义圣女都有过和上帝举行婚礼的生动设想,比如宾根的希尔德加德(Hildegard von Bingen,1098-1179)、锡耶纳的卡特琳娜(Katharina von Siena,1347-1380)以及阿维拉的特雷莎(Theresa von Avila,1515-1582)。
② [Pütz版注]权力意志:和叔本华一样,尼采在禁欲中看到了意志的自我否定,但却不认为禁欲是对意志的拯救,而是认为禁欲是作为权力意志(参见本章47节注释"叔本华哲学",与《前言》"生命"和"权力意志"及以下)的意志的一种危险的强化形式。因此在尼采看来,西方基督教宣扬克己伦理,以便到达离上帝咫尺之遥的彼岸,这其实是一种变态的权力意志的表现,西方基督教文明的症状。

52

[72]犹太人的《旧约》乃是一本讲神性正义的书,其中有许多人、事、言,都是气魄宏大,那些希腊和印度的文字,根本无法与之相提并论。人类的往昔遗留下如此非凡的残余,在其面前,人们感到震惊和敬畏,也将因此对古老的亚洲以及它前伸的小小半岛即欧洲,对那在亚洲面前充当"人类进步"角色的欧洲,产生一些悲哀的想法。当然:谁若本身只是一只瘦弱听话的家畜,也只晓得家畜那点需求(就如我们今天的那些有教养的人,包括"有教养"的基督教圈子里的信徒——),谁在那些废墟下就不会感到惊奇,更不会觉得忧伤——对《旧约》的鉴赏力是一块试金石,能试出人是"伟大"还是"渺小"——:也许,他还是依照自己的心(在他心中,散发着许多正派、温顺、沉闷的气味,那终日祈祷者和渺小灵魂的气味)来对待《新约》这部恩典之书。《新约》无论在哪个方面都有一种洛可可趣味①,把这样的《新约》和《旧约》硬拼成一本书,唤作"圣经",看成"书中之圣"(das Buch an sich):鲁莽放肆,莫过于此,对这"反精神的罪孽",尚文的欧洲难辞其咎。

53

为什么如今有无神论?——上帝作为"父亲"的说法已被彻底驳倒,他也不再是"审判者"和"奖赏者"。同样如此的还有他的"自由意志":他听不见,——即使他能听见,他也不懂得伸出援手。最要命的是:他好象没法清楚地表达自己的意思:是他自己也不明白吗?——这就是我在各种谈话中,通过询问和倾听获得的

---

① [Pütz版注]洛可可趣味:参见第二章28节注释"洛可可品味"。

发现,是欧洲有神论走向穷途末路的原因;①[73]在我看来,虽然宗教本能还在茁壮成长,——但它却怀着深深的猜疑,将满足有神论的要求拒之门外。

54

整个近代哲学其实都做了些什么呢?从笛卡尔②开始,所有哲人——更多地是在抵制他,而不是基于他——都打着批评主谓概念的幌子,谋杀古老的灵魂概念,——即是说,谋杀基督教学说的基本前提。近代哲学在认识论上持怀疑立场③,或明或暗地是

---

① [Pütz版注]无神论……欧洲有神论……:无神论一词可能约在16至17世纪之交时开始传播,指在理论上否定上帝或所有神灵的存在,或者至少怀疑神的可认识性,因为科学无法确认神的存在,也不需要神。相反,有神论则信奉一个超世俗的人格神,他从虚无中创造世界,并使其延续,左右其发展。有神论本身不是宗教,而是一些宗教的一个元素,那些宗教中有一个或多个与尘世有别的神出现,作为活生生的人对尘世产生影响。此外,定义趋于细化的概念为各自对神的设想服务。"欧洲有神论"指的是基督教不同的表现形式,是无神论者尤其抨击的对象,因为正是它们供奉独一无二的、与造物世界对立的全能之神。尼采摆脱了虚假的神灵即"偶像"之后,就认为无神论正是人类升华的前提,是一种新人类产生的必要条件。

② [Pütz版注]笛卡尔:René Descartes(1596-1650),法国哲人、数学家和自然科学家,现代理性主义、数学、自然科学的奠基人之一。他觉得传统的中世纪形而上学(关于超越形而下的存在的最终基础的学说)站不住脚,于是力图通过一种方法论的怀疑为科学奠定坚实的基础。我怀疑着意识到我自己(cogito,"我思"),从而我直接确定我的存在(cogito, ergo sum[我思故我在]),这是一切知识不能再怀疑的基本原则。对怀疑的意义所在,是不能再怀疑的。因此,笛卡尔在其《形而上学的沉思》(1641)之二中把"我思"这一行为当作基本确定性,从中推导出主体的存在。自笛卡尔提出sum cogitans("我在因我思")以来,自我确定性的思想就成了近代主体哲学的"直接确定性"。当尼采揭露了主体思想的条件制约性时,他从语言哲学角度提出的批评也就意味着对这一模式的无比剧烈的撼动(参见第一章16节注释"我思")。

③ [Pütz版注]近代哲学在认识论上持怀疑立场:近代哲学的特征在于它不再如古希腊和中世纪那样,直接追问事物的本质,而是探究对事物本质的思索,也就是对认识的主观条件进行发问。这一转变导致了批判地限制认识的可能性,(转下页)

反基督教的：虽然，说得好听一点儿，并不是反宗教的。从前人们相信"灵魂"，就像相信语法和语法上的主语：人们说，"我"是条件，而"思"是谓语，受条件制约——思是一种活动，必须设想有一个主体为起因。于是人们以一种令人赞赏的顽强和狡猾劲儿进行尝试，看看是否能从这张网里钻出来，——是否完全颠倒的说法才是真理："思"是条件，"我"则受条件制约，即"我"只是一种由思来实现的综合。康德其实意在证明，从主体出发是无法证明主体的，——客体也一样：单个主体即"灵魂"可能只是一种表面上的存在，这种可能性对他来说或许并非始终是陌生的，该想法在吠檀多哲学①中早已有之，而且曾经权倾天下。

55

[74]宗教的残酷犹如一架天梯，它有许多的档次，其中至为重要者有三。从前以活人祭神，而且可能奉献的就是自己的至爱，——这包括一切史前宗教的长子祭，以及卡普里岛密特拉窟里的提比略皇帝②的人祭，那是古罗马犯下的诸多时代错误中最骇

（接上页注③）因为它正如在康德哲学中那样，虽然原则上不否定普遍知识和必要知识意义上的认识，但却将那些并不受经验条件制约的认识对象，如灵魂、上帝、自由和不朽，从可能的认识范围内排除了出去。

① [Pütz版注]吠檀多哲学：参见序言注释"吠檀多学说"。
② [Pütz版注]卡普里岛密特拉窟的提比略皇帝：提比略（Claudius Nero Tiberius，前42-后37），罗马皇帝奥古斯都的继子，公元14年继位。公元26年隐居卡普里岛。岛上的石窟在罗马皇帝时代被扩建为女神和温泉圣地，还有为了向印度—伊朗的米特拉神表示敬意的石窟，米特拉神集多种性格和作用于一身：他本来是契约之神（波斯语：mithra），后为日神和战神。米特拉祭祀仪式不得有女性在场，其影响波及罗马，穿越阿尔卑斯山。仪式夜晚举行，人们在洞窟和地下大厅里如痴如醉地供上动物祭品。波斯宗教领袖扎拉图斯特拉（参见尼采著作《扎拉图斯特拉如是说》）与米特拉斗争。在罗马历史学家塔西陀（参见第五章195节注释"犹太人……塔西陀"）和苏埃托尼乌斯（Sueton，约70-125）笔下，提比略的形象消极而阴暗：他不善交际，生性多疑。

人的一种。之后，在人类的道德时期，人们奉献给神的是他们拥有的最强大本能，是自己的"天性"；这种节日的欢乐在苦行僧和狂热的"反天性者"残忍的目光中闪烁。最后：还剩下什么可以奉献的？人们是否最终要献上一切慰藉，一切神圣的、起死回生的东西，一切希望，一切对隐匿着的和谐、对未来的幸福和公正的信仰？是否必须将神本身也当作祭品，并且出于对自己的残忍，在顽石、愚蠢、艰难、宿命和虚无面前顶礼膜拜？将神献给虚无——这最后的残忍，充满悖论的宗教神秘仪式，是留给正准备登场的那一代人的：我们大家对此都已略知一二了。——

56①

谁若和我一样，带着某种谜一般的渴望，长期来致力于对悲观主义进行深层次的思考，想让它从本世纪里它借以展现自己的那种半基督教、半德意志的狭隘和幼稚中，也就是从叔本华哲学②中解脱出来；谁若真以亚洲的和超越亚洲的眼光，洞晓和明察所有可能的思维方式中最否定世界的那一种——谁若置身于善恶的彼岸，而不是和佛陀③与叔本华一样，囿于道德的魔力与幻想——，

---

① ［KSA 版注］Vs（W I 3）的标题：上帝恶性循环
② ［Pütz 版注］叔本华哲学：参见第一章 16 节注释"叔本华"。对叔本华而言，意志的自我否定同时也是摆脱世界的邪恶和弊病。意志的净化也使得神圣者的愉悦、恬静和淡然联系起来。
③ ［Pütz 版注］佛陀：释迦·悉达多·乔达摩（Siddharta Gotama，前 560—480），人称佛陀（梵文"觉悟者"），想通过禁欲抵达冥想中顿悟的境界。他创立的佛教起先是一场改革运动，拒绝婆罗门（参见本章 61 节注释"婆罗门"）的等级特权和吠陀（参见序言注释"吠檀多学说"）的权威。根据佛教的教义，世界上不存在永恒不逝的实体；所有本质都遵循善有善报、恶有恶报的因果规律，因而在宇宙中生生息息循环往复，个体改变其存在方式。这个再生的循环可以被基本真理打破：基于易逝性，世上万物皆充满苦难，其根源在于生命意志，可以通过禁欲和克制所有情感而得以克服。伦理禁欲的管束和专一这条小径会导致一种使人解　（转下页）

谁便可能因此[75]大开眼界,看到了完全颠倒过来的理想,虽然这并非他的初衷:这理想属于最放纵、最鲜活、最肯定世界的人们,他们不仅接受了过往和当下的事物,学会了与之相处,而且还希望再次拥有那些事物,如同它们曾经和现在的那样,直至永远,永不满足大叫"从头再来"①,不单单对自己,也对整出戏,整场演出,不单单对一出戏,其实也是对那个恰恰需要这出戏的人——使这出戏变得必要的人:因为他不断地需要自己——使自己变得必要——;怎么?这不就是——上帝恶性循环②?

57

凭借精神的识别力和洞察力,能达到的距离日益增长,仿佛人四周的空间扩展了:他的世界变得更为深远,不时有新星球、新谜团和新图象进入他的视野。也许,精神目光用来训练其锐利性和深刻性的一切,都只是它训练的一个起因,是一项游戏内容,是小孩子和幼稚者做的事情;也许有朝一日,那些无比庄严的概念,那些无数人曾为之苦战和受难的概念,也就是"上帝"和"罪恶"的概念,在我们看来并不比儿童的游戏和儿童的痛苦对于老人而言更重要,——也许,然后那位"老人"需要另一种玩具,需要另一种痛苦,——还是个孩子啊,永远是个孩子!

(接上页注③)脱的认识,这种认识不是理性思考的结果,而是一种直觉体验的结果。它经历了以下阶段:对自身之前的各次出生的记忆,对规律性发展和"高贵的真理"的认识。解脱则导向涅磐(虚无),涅槃摆脱所有世俗概念,是唯一永恒和独立的,或少可以设想为对所有规定的不断否定。

① [Pütz版注]从头再来: da capo(意大利语);关于音乐作品从头重复的指示。
② [Pütz版注]上帝恶性循环: circulus vitiosus deus(拉丁文)。

58

　　人们也许注意到了，对于一种其实是宗教性质的生活（无论是对于自省这项最爱做的、犹如显微镜下一般微观的工作，还是对于那种温和而沉静、被称为"祈祷"、始终期待着"上帝降临"的状态——），一种外在的闲适或者半闲适在何种程度上是[76]必不可少的？我指的是由来已久、问心无愧的闲适，贯穿在血脉中的闲适，这对贵族情感而言并不怎么陌生：工作是耻辱①——即是说，工作使灵魂与肉体粗鄙化了？因而，勤劳，那种现代的、喧嚣的、分秒必争的、自豪的、自豪得有点愚蠢的勤劳，比任何其他东西都更容易成为"不信神"状态的培养基和铺路石？比如，在如今那些游离于宗教之外的德国人中，我就发现有各式各样的"自由思想"②，尤其是在多数人身上，一代又一代的辛勤劳作已经消解了宗教本能，因此他们完全不理解宗教有什么用，只是惊得发呆，发觉世上竟然还有宗教存在。他们这些老实巴交的人觉得自己太忙了，忙工作，忙享乐，"祖国"、报纸、"家庭义务"这些个东西更是让他们忙得不可开交。看起来，他们没什么剩余时间能花费在宗教上，何况他们也没弄清这玩艺儿到底是一种新工作呢，还是一种新享乐，——他们对自己说，进教堂，却只败坏了自己的好心情，这算哪门子事呢。他们并不是宗教风俗的死敌；有时候，比如国家要求他们参与这种风俗中，那他们也会遵命，他们平时经常遵命行事——，而且耐心，谦虚，严肃认真，既不好奇不已，也无浑身不适：——他们置身度

---

① ［KSA 版注］此后删去了：因此德国贵族身上还是有不少虔诚，在有些等级的女人那里同样如此，那些等级将女人视为闲适的更高贵的一半 Rs
② ［Pütz 版注］自由思想：参见序言注释"十分自由的思想者"及第二章 44 节注释"'自由思想家'、'自由精神'、'自由思想者'"。

外,对这种事情,甚至都不屑表示一下同意或者反对。目前德国绝大多数的中产阶级新教徒都是这种满不在乎的人,特别是在繁忙的商业中心和交通枢纽;属于此列的还有绝大多数勤奋的学者和全部高校员工(除了神学家,他们的存在与存在的可能对于心理学家来说成了一个越来越难解的谜)。[77]人们很少从虔诚者或仅仅是教会人这一角度来设想,一位德国学者严肃地对待宗教问题时,带有多少善良的意志,或者说,多少专横的意志。从他这一行手艺出发(以及从上述手艺人的勤奋出发,他的现代良知使他承担勤奋的义务),他面对宗教时倾向于采取一种带优越感的、几近善良的欢快姿态,其中时而混杂着一丝对精神"不洁"的鄙视;他认为,哪里有人皈依教会,哪里就必定存在这种精神"不洁"。学者们借助历史(也就是说,并非从他们个人经验出发),才得以对宗教产生敬畏之心,以及些许胆怯的顾虑之意;然而,当他进而将自己的感情提高为对宗教的感激之情时,他本人也并没有向着尚以教会或虔信形式存在的东西靠近一步,或许正好相反。在他出生和受教育的环境中,人们对宗教事物满不在乎,这种实用主义的淡漠态度通常会在他身上升华成一种谨慎小心和洁身自好,使他怯于与宗教的人和事为伍;可能正是他深深的宽容和人道,使他对宽容自身带来的微妙窘境避之唯恐不及。——每个时代都有其与神性相关的幼稚,并以此发明令其他时代羡慕不已:——有多少幼稚,有多少可敬的、孩子气的、愚蠢得不着边际的幼稚,栖身于这种学者胜人一筹的自信,栖身于他问心无愧的宽容,栖身于他虽不知情却就是满有把握的心态!他本能地把教徒当作低等人和下贱者,而他自己便脱颖而出,一跃而起,高踞其上了——,对,就是他,是他这狂妄的小侏儒和小平民,是他这以"理念"、"现代理念"为业的勤勉伶俐的劳心者和劳力者!

59

[78]若能深刻地洞察世事,便不难猜出,人类的浅薄之中隐藏着何等智慧。是人类的延续本能,教会他们变得粗率、轻浮和虚伪。处处可见哲人、艺术家们热情洋溢、夸张做作地对"纯粹形式"顶礼膜拜;但愿无人怀疑,谁如此急需对浅薄的崇拜,谁就已在某时某刻在这浅薄的表面底下做了要命的手脚。被烧伤的孩子们,天生的艺术家,只有在歪曲生活的形象(仿佛是对生活进行持续不断的报复——)这一意图中才能找到生活的乐趣;对这些人而言,大概还有一种等级秩序吧:或许从他们希望歪曲、稀释、彼岸化和神化生活的程度上,就能看出他们厌烦生活的程度,——或许可以将宗教人①一并归入艺术家范畴,而且作为其中的最高等级。是对不可救药的悲观主义的深深疑惧,迫使人们数千年来咬定宗教不放松,坚持以宗教诠释存在:那是本能的恐惧,因为预感到,人类在变得足够强大坚定之前,在足以成为艺术家之前,就有可能过早地攫获了真理②……。如此看来,虔诚之心,"为神而生",似乎是这种对真理的惧怕之情最后的、也是最考究的怪胎,是艺术家在这一切始终不渝的伪装面前表现的爱慕与陶醉,是希图不惜一切代价颠倒真理导致谬误的意志。也许,要替人类涂脂抹粉,迄今为止还没有什么手段能比得上虔信:人有了虔信,便摇身一变,变成了艺术、浅表、华彩、善良,所以尊容过得去,看着不难受了。——

---

① [Pütz 版注]宗教人: homines religiosi,参见本章 45 节注释"宗教人"。
② [KSA 版注]人会驳斥上帝,却不会驳斥魔鬼 Vs (N VII 2);参见第 12 卷,1 [110]

60

[79]看在上帝的份上爱人——这是迄今为止人类所有情感中最为优雅、也是最为遥远者。爱人,这要是没有某种神圣的意图背景,倒不如说是一种蠢行或兽行;这种爱人的癖好是从一种更高的癖好那里获得自己的尺度,自己的成色,自己的盐粒和龙涎香粉①的:——无论是谁首先对此有所感受和"体验",无论他的舌头在试图表达这种温情如何不听使唤,他都永远是我们眼中的圣人,值得我们尊敬,和那些迄今为止飞得最高、错得也绝的人一样!

61②

在我们看来,在我们这些自由的精神看来,哲人肩负的责任最为重大,他们具有为人类的全部发展考虑的良知:这样的哲人会使各门宗教服务于人类的培养和教育事业③,就像利用各种政治经

---

① [Pütz版注]龙涎香粉:原为抹香鲸排泄物,用作香料。在此指一般意义上的香味。
② [KSA版注] Vs(N VII 1)初稿:宗教的意义是多样的:对比较强大和独立的人而言,宗教是一种手段,用来实现统治,或者即使在统治的辛劳中也为自己求得平静(就如婆罗门那样)。对逐渐成长起来的比较强大的那种人而言,宗教给予他们坚定意志、学习斯多噶主义的机会,或者也使他们变得柔韧(就像耶稣会士那样)。对平常的人而言,宗教提供他们可靠的前景、休戚与共的安慰,通过所有过程都是重要的说法使他们平庸的生活获得了某种程度的美化。
③ [Pütz版注]培养和教育事业:这样宗教就成为了人类在精神道德领域的纽带和礼拜,同时也是一个炼炉,使情绪和欲望的等级在人身上固定下来。在此尼采延续了他在《朝霞》中就已提出的思想(对比《朝霞》45、114和207)。通过宗教以及哲学思想大厦进行的培养和教育被视为是"权力意志"的表现,能促进人的高贵化;在宗教中,卑微病弱的生命当然会因其尊重道德和美德而优化为主导的生命形式。

济状况一样。遴选和培育的影响,即始终又破又立、又毁坏又塑造的影响,借助宗教之力的影响,它们因人而异,对受其迷惑和保护者的作用五花八门,各不相同。那些强大、独立、注定要和准备好发号施令的人,在他们身上体现出一种统治种族的理智与艺术,对他们来说宗教不如说是另一种手段,用来消灭反抗、实现统治:就像一条纽带,将统治者和被统治者联系起来,将后者的良知,将后者隐藏在内心深处的不再臣服的想法,全都透露给前者,任由他支配;若是[80]出身如此高贵者中有些人由于崇尚精神,更倾向于一种远离喧嚣、安逸静思的生活,只愿(通过百里挑一的门徒或教士团兄弟)保留统治中的精华,那么宗教本身便可当作一种工具,以此在粗暴统治的吵闹和辛劳中求得平静,在一切政治行为里必不可少的肮脏中求得纯洁。婆罗门①便是一个例子:通过宗教组织的帮助,他们赋予自己权力,为人民任命国王,而他们自己置身事外,自感十分超然,负有更崇高的、凌驾于国王之上的天命。间或也给予某些被统治者引导和机会,让他们准备迎接未来的统治和命令,那是些缓慢上升、相对强盛的阶级和阶层,他们通过幸运的婚俗,意志的力量和乐趣,以及自制的意志,都在不断增长:——宗教提供了足够多的动力和诱惑,让他们走上通往高尚精神的道路,体验伟大的克己、沉默和孤独:——一个种族若想要克服自己的下贱出身,向着未来统治者的地位奋力爬升,那么禁欲主义、清

---

① [Pütz版注]婆罗门:印度种姓制度最高等级的成员,自认为是雅利安上层贵族的后裔。雅利安人于公元前约1500年占领了印度文化,并引入了基于宗教的等级制度以巩固其统治。婆罗门在各个领域都享有崇高的社会和宗教声望。只有他们能担任神职,不仅如此,他们还是国家、学术和艺术方面的上层知识分子。他们的名称和统治头衔均源于"梵",这是印度宗教史上一个多义的的核心概念。梵最初被当作咒语,在《奥义书》(参见序言注释"吠檀多学说")中又被理解为具有创造性的原道、绝对者、人类的精神自我,之后又被人格化了,成了造物神梵天。婆罗门理想的成长过程包括几个阶段,先是研习吠陀的弟子,成为家主,然后是禁欲者和化缘僧,通过神秘体验深入梵中。

教主义几乎是必不可少的教养与改良工具。最后是绝大多数平凡的人,其存在就是为了效力,担任寻常的劳作,而且惟有如此,才允许他们存在;宗教给予这些芸芸众生的,是价值不可估量的知足常乐,对自己处境和身份的满足,各种各样的内心平静,一再改良的逆来顺受,同一类人的幸福与痛苦,若干带着光环、经过美化的东西,一些为所有平庸、为所有卑微、为他们灵魂中所有半人半兽的贫乏辩白的正名之辞。宗教,以及宗教在生活中的重要性,都像闪耀的阳光,照在这些长年受折磨者的身上,让他们感觉自己看起来尚可忍受,宗教起的作用,一如伊壁鸠鲁[81]哲学在更高层次的受苦者身上始终起着的作用,它给他们提神,使他们优化,仿佛在充分利用苦难,最后使之完全神圣化、正当化。对于基督教和佛教来说,大概没有什么比其教化等而下之者的艺术更值得尊敬的了,这种艺术要求卑贱者通过虔信将自身置入万事万物那更高层次的表象秩序之中,并因此始终对他们艰苦度日于其中——正是这种艰苦是必需的!——的真实秩序表示满意。

62①

最后当然还要跟这些宗教算一笔坏帐,把它们骇人的危险性暴露在光天化日之下:——倘若宗教不是被当作培养和教育的工具而掌握在哲人手中,而是自行自主地运作,倘若它将自己看作最终目标而不是许多手段之中的一种,那必定会让人付出高昂惨重的代价。人类和其他任何动物一样,群体中都有大量的失败者、卧病者、退化者、衰老者以及必然受苦者;成功者对于人类来说也总

---

① [KSA 版注]Vs(N VII 1)中的初稿:安慰受苦的人,鼓励受压迫者和弱者,引领那些不独立自主的人,使无节制的人反省和守规矩,——但也击垮强者(至少让他们感到不安),弱化厚望,怀疑洪福怀疑美,自信,更为阳刚、更为自豪的统治欲的本能:这些就是迄今为止基督教的任务。

是些特例,考虑到人类还只是尚无定论的动物,甚至可以说是极少的特例。更糟糕的是:一个人身上体现出来的类型越是高级,其能否成功的不确定性就越是增加:人类大家庭内的偶然性事件和无意义法则,其最可怕的表现就是摧毁高等人,摧毁那些其生活条件优越、多样、难以估算的高等人。上述两个最大的宗教如何对待这大量的失败者? 它们力图保持、在生命中存留一切能保存者,是的,它们原则上站在[82]那些失败者一边,是受苦人的宗教,支持那些活在世上就象缠绵病榻的人,并想让大家相信,生活中除病痛之外的任何感受都是虚假的,不可能的。它们一如既往地关怀所有类型的人,包括最高级的、迄今为止也是最受苦的人,但无论你怎样高度评价这些有养护和保存之功的关怀,总帐算下来就会发现,迄今为止的自主的宗教,正是使"人"这一种类还停留在低水平上的主要原因之一,——它们保留了太多本该任其东流的事物。人们应当感谢它们提供的无价之宝啊;谁心中不是洋溢着感激之情,以免一无所有而愧对比如基督教的"教会人"迄今为止对欧洲作出的贡献! 不过,当它们给予苦难者以安慰,被予受压迫者和绝望者以勇气,给予无法独立者以支柱时,当它们诱使那些内心陷入崩溃、变得野蛮的人脱离社会,走进修道院,走进灵魂的监狱时;它们就是在心安理得地致力于原则上保留一切疾患和苦难了,实际上就是促使欧洲种族堕落了,难道它们还必须再做些什么,方能达此目的? 颠倒所有价值判断——这就是它们必须要做的! 击跨强者,弱化厚望,怀疑美的幸福;使一切独断风格、阳刚气魄、占领欲和权势欲,使一切为最高级、最成功的种类"人"所独有的本能都被迫折腰,变得心里不塌实,良知受折磨,开始自我毁灭;也就是就是把一切对尘世的爱、一切主宰大地的欲望,都转变成对大地、对尘世的憎恨——这就是教会赋予自己的任务,它必须以此为己任,直到它估计"去世俗化"、"去肉欲化"和"高等人"最终融和成一

第三章 宗教性的本质

种感觉为止。假如[83]你能像一位伊壁鸠鲁式的上帝①那样，带着嘲讽地冷眼俯视这场异乎寻常地痛苦、既粗鄙又雅致的欧洲基督教喜剧，我相信，你必然感到无尽的惊奇和好笑：看起来难道不是，一个意志统治了欧洲一千八百年之久，将人类变作了一种精彩的怪胎？谁若带着与此相反的需求，不再效仿伊壁鸠鲁，而是手执一柄神性之锤②逼上前去，直面这种几乎是任意使人蜕化和萎缩——欧洲基督徒（比如帕斯卡）便如此了——的行为，谁就难免会带着愤怒、怜悯和震惊大吼起来："你们这些蠢才，自以为是、卖弄同情的蠢才，都干了些什么！这难道是你们的手能做的事么！你们把我最美的玉石都乱雕乱刻成了什么！你们真是太放肆了！"——我想说：基督教是迄今为止最可怕的一种自负。人类还不够高级、不够厉害，没资格充当塑造人的艺术家；人类也不够强壮、不够有远见，不能以高尚的克己意识任凭那遮掩着千百次失败和毁灭的表面法则为所欲为；人类仍然不够优雅，无法看到人与人之间在等级上的云泥之别：——这样的人，带着他们"上帝面前人人平等"的口头禅，迄今为止一直掌控着欧洲的命运，直到最后变成一种萎缩了的、几乎可笑的种类，一头群居的牲口，被教养得听话，柔弱，平庸，就是今天的欧洲人……

---

① [Pütz版注]伊壁鸠鲁式的上帝：参见第一章7节注释"伊壁鸠鲁"。
② [Pütz版注]神性之锤：如果说尼采在此将"抡锤子的哲学"隐喻中的锤子还理解为一种建筑或是毁坏的工具，那么他在后来的著作《偶像的黄昏或如何用锤子从事哲学》(1889)中则暗指另一个语义场：在那里锤子仿佛就是心理学家的音叉，借助它可以听出神学和哲学建立的理想和权威的基础是如何不稳固。

第四章　格言与插曲

63①

[85]骨子里好为人师者,只是为了门徒才认真对待万有——甚至自己。

64②

"为认识而认识"——此乃道德设置的最后圈套:如此一来,人便彻底陷入其中。

65③

若非追求知识的路上须得克服多重羞耻,其趣必当大减。

---

① ［KSA 版注］参见第 10 卷,3［1］150;第 11 卷,31［52］;32［9］
② ［KSA 版注］参见第 10 卷,3［1］133
③ ［KSA 版注］参见第 10 卷,3［1］132;第 11 卷,31［52］;32［8］

65a①

人竟如此不诚实地对付上帝:他不得犯罪!

66②

放低身段,任凭自己遭窃、被骗、受到盘剥,这种倾向或许是上帝厕身众人之间时会感到的羞耻。

67③

[86]只爱一个人是野蛮的:因为以摒弃其余所有人为代价。对上帝之爱亦如此。

68④

"这事是我做的,"我的记忆如是说。"我不可能做过这事"——我的自尊不容争辩地说。最后——记忆让步了。

69⑤

假若你不曾看见那手,正在以护生的姿态——杀人,那你对生

---

① [KSA版注]参见第10卷, 3 [1] 118
② [KSA版注]参见第10卷, 1 [40];3 [1] 226
③ [KSA版注]参见第10卷, 3 [1] 214
④ 同上,240
⑤ [KSA版注]参见第10卷, 3 [1] 229;第11卷, 31 [53];32 [9]

活的观察可谓差劲。

70①

若人有性格,则其典型经历必然一再重复。

71②

智者如同天文学家,——只要你还觉得群星乃是凌驾于你之上的"超你",你便缺少明察者的眼光。

72③

高尚之人,其高尚之情,无须强烈,却应持久。

73④

理想达成之人,已然超越理想。

73a⑤

[87]有些孔雀,在万众瞩目之下仍不开屏——以为这便是其自尊。

---

① [KSA 版注]参见第 10 卷, 3 [1] 258
② 同上, 256
③ 同上, 252
④ 同上, 264
⑤ 同上, 270; 12 [1] 98

74①

若非至少还有感激之情、洁净之性,天才会让人无法忍受。

75②

人在性方面的程度和类型,一直延伸到其精神的顶点。

76③

人若好战,在和平状况下便攻击自己。

77④

基于其原则,人会对其习惯或施行暴政,或为之辩白,或肃然起敬,或破口大骂,或讳莫如深:——原则相同的两个人,也可能如此做出截然相反之事。

78⑤

藐视自己的人,也总是以自己是藐视者而自视甚高。

---

① [KSA 版注] 参见第 10 卷, 3 [1] 265
② 同上,275
③ 同上,290
④ 同上,276
⑤ 参见第 10 卷, 3 [1] 281

79①

[88]一个晓得自己被爱的灵魂,却不爱自己,它便露出了尾巴:——那最低下的东西冒出来了。

80②

一件不言自明的事,便不再与我们相干。——那上帝是何用意呢,他劝道:"认识你自己!"③这莫非是说:"别再纠缠你自己!客观些吧!"——那么苏格拉底④呢?——还有"科学人"呢?——

81⑤

在大海中死于干渴,何其可怕。难道你们非得马上在你们的真理中加盐,使得它不再能——解渴吗?

82⑥

"同情所有人"——这或许是在为难你,虐待你,我的好邻居!——

---

① [KSA 版注] 参见第 10 卷, 2 [47]; 3 [1] 64. 72; 22 [3];《善恶的彼岸》163
② [KSA 版注] 参见第 10 卷, 3 [1] 45; 22[3]; 第 11 卷, 31 [39]; 32 [8];《扎拉图斯特拉如是说》,IV, 影子
③ [Pütz 版注] 上帝……"认识你自己!": 指德尔斐的阿波罗神庙门前镌刻的这一要求 (参见第二章 32 节注释"认识你自己!")。
④ [Pütz 版注] 苏格拉底: 参见序言注释"苏格拉底……罪有应得"。
⑤ [KSA 版注] 参见第 10 卷, 5 [11]; 12 [1] 138; 13 [8]
⑥ [KSA 版注] 参见第 10 卷, 3 [1] 44; 12 [1] 117; 22 [3]

83①

本能。——要是房子失火,人们连午饭都会忘到脑后。——诚然如此,不过事后会在灰烬上补吃。

84

女人在多大程度上荒疏了迷人的本领,就在多大程度上学会了仇恨。

85②

[89]同样的情感,在男人和女人身上却有不同的节奏:因此男人和女人总是不断相互误解。

86③

女人们拥有个人的虚荣,但同时始终表现出并非针对个人的蔑视——蔑视"女人"。

87

受缚之心灵,自由之精神。——人若紧紧束缚住自己的心灵,

---

① [KSA版注]参见第10卷,11 [11]
② [KSA版注]参见第10卷,1 [50. 111];3 [1] 23;22 [3]
③ [KSA版注]参见第10卷,1 [7];3 [1] 20

便可给予自己的精神更多自由。这话我以前曾说过。然而别人不信我的话,假如他们不是已经知道——

88①

绝顶聪明者不知所措时,便开始不为人信任。

89②

恐怖的经历令人想到,有此经历之人是否同样恐怖。

90③

沉重忧郁之人,使别人心情沉重,并恰恰通过这种爱与恨浮上表面,获得短暂的轻松。

91④

[90]这么冷,这么冰冻刺骨,碰到他,手指便火辣辣地痛!触摸他的手,都会吓得猛缩回来!——正因为此,有些人认为他是灼热的。

92⑤

谁不曾为了自己的好名声而一度——牺牲自己作为代

---

① [KSA版注]参见第10卷,3 [1] 393;12 [1] 109
② [KSA版注]参见第10卷,3 [1] 59;22 [3]
③ [KSA版注]参见第10卷,3 [1] 41;22 [3];第11卷,30 [9];31 [39]
④ [KSA版注]参见第10卷,3 [1] 11. 445
⑤ [KSA版注]参见第10卷,2 [44];3 [1] 61

价呢？——

93①

平易近人，这其中并没有对人的仇恨；但正因为此，这其中充满了对人的蔑视。

94②

男人的成熟：意味着重新寻回童年游戏时的那份认真。

95③

耻于自己的不道德：这是梯子上的一级，而在梯子的顶端，人们将耻于自己的道德。

96④

人们告别生活，应似奥德修斯告别瑙西卡⑤，——更多地怀有

---

① ［KSA版注］参见第10卷，3［1］429；22［3］
② 同上，313
③ 同上，229
④ 同上，327
⑤ ［Pütz版注］奥德修斯告别瑙西卡：奥德修斯，传说中的伊塔卡国王、拉厄尔忒斯和安提克勒亚的儿子；荷马史诗《伊利亚特》中的重要形象之一，《奥德赛》中的主人公。在他从特洛伊返乡的10年归程中，他在沉筏的境地里被救起，经阿尔喀努斯国王和阿瑞忒的女儿——瑙西卡的说情，在淮阿喀亚人的岛上受到友善的接纳。如果不是奥德修斯毅然回到妻子珀涅罗珀身边的决心，阿基诺国王本已想把自己的女儿许配给他。尼采这里暗指《奥德赛》中诡计多端的奥德修斯"愉悦大于恩爱"，在同爱他的瑙西卡分别的时候与其说多愁善感，不如说计谋　　（转下页）

祝福之心,而非爱意。

97①

什么？一位伟人？依我之见,只是一名表演其理想的艺人罢了。

98②

[91]我们训练自己的良心,它咬我们时,其实也是在吻我们。

99③

失望者说。——"我本想倾听回响,却只听到赞扬之声——"

100④

我们全都作天真朴实状,挡住真正的自己,这样我们能摆脱世

(接上页注⑤)于心："是的,瑙西卡,你,尊贵的阿尔基努斯的女儿！/是宙斯,赫拉女神如雷贯耳的夫君,/让我启程返乡,因为归期已至;/在那里我会永远崇拜你,如对神灵, / 永远记住这些日子,是你救了我的命,姑娘。"(荷马《奥德赛》VIII,页464ff, Übersetzung von Roland Hampe. Stuttgart 1986,页 129)文学接受了希腊神话,通过瑙西卡的爱情主题展示了悲剧冲突的可能性。尼采在他的早期著作《悲剧出于音乐精神的诞生》中就提到："……歌德在其计划写作的剧本《瑙西卡》中将难以使一个田园牧歌般的人物的自杀——第五幕的主题——表现出悲剧性的惨烈揪心。"歌德1787年在西西里岛上写了《瑙西卡》第一幕的三场,但未能完成整部创作。

① [KSA 版注]参见第 10 卷, 3 [1] 360.405
② [KSA 版注]参见第 10 卷, 3 [1] 138.335; 12 [1] 107; 13 [8]
③ [KSA 版注]参见第 10 卷, 3 [1] 243; 12 [1] 101; 13 [16] ; 16 [7] ; 23 [5] ; 第 11 卷, 31 [35.36] ; 32 [10]
④ [KSA 版注] 参见第 10 卷, 3 [1] 205

人的纷扰,得以休息。

101①

如今,认识者很容易觉得自己乃是上帝的兽化,所谓道成兽身。

102②

发现有爱作为回报,这本该使爱恋者对所爱的对象产生清醒的认识。"什么?这对象如此不讲究,竟然爱上了你?或者是如此不聪明?或者——或者——"

103③

福兮祸所伏。——"现在我万事如意,从此我爱一切命运:——谁有兴趣来充当我的命运呢?"

104④

并非因为他们爱人,而是因为他们无力爱人,今日的基督徒才没有把我们——烧死。

105⑤

[92]自由的精神,"认识的信徒"——对这样的人而言,虔诚的谎

---

① [KSA版注]参见第10卷,3[1]249;12[1]100;第11卷,31[54];32[8.9]
② [KSA版注]参见第10卷,3[1]244
③ [KSA版注]参见第10卷,2[9];3[1]307
④ [KSA版注]参见第10卷,3[1]335
⑤ 同上,378

言比邪恶的谎言①更不合口味(与其"笃信"不合)。因此,他对教会极不理解;他属于"自由精神"的类型,——而这正是他不自由的地方。

106②

由于音乐,激情得以享受自身。

107③

一旦作出了最终决定,即使再有力的反对理由也听而不闻:此乃坚强性格的标志。有时也是愚蠢的意志。

108④

并无什么道德现象,只有道德对现象的阐释。

109⑤

罪犯常常配不上他犯下的罪行;他贬低它,污蔑它。

110

为罪犯辩护的律师很少能像马戏艺人一样,将行为的美妙而

---

① [Pütz版注]虔诚的谎言……邪恶的谎言: pia fraus ... impia fraus(拉丁文),参见奥维德《变形记》IX,711。尼采以拉丁辞格影射喻宗教信仰中的荒谬。
② [KSA版注]参见第10卷, 3 [1] 369
③ 同上,370
④ 同上,374
⑤ [KSA版注]参见第10卷, 3 [1] 375;《扎拉图斯特拉如是说》,I,苍白的罪犯

恐怖之处朝着有利于行为者的方向扭转过来。

111①

[93]我们的自尊心受到伤害,正是在这时,我们的虚荣心最难伤害。

112②

谁若以为自己注定是来察验的,而不是来信仰的,那么对他而言,所有信徒都是吵闹不休、纠缠不休的:他必须抵抗才行。

113③

"你要让他对你有好感吗？那就在他面前作尴尬状吧——"

114④

性爱需要无尽的期待,而这期待中又充满羞怯,这些从一开始起就破坏了女人们的全部前景。

115

爱与恨若不掺杂其中,女人便表现平平。

---

① [KSA 版注]参见第 10 卷, 3 [1] 395
② 同上,394
③ 同上,382
④ [KSA 版注]参见第 10 卷, 1 [87] ; 1 [108] 4; 5 [1] 62; 12 [1] 194

116①

如果我们敢于将身上的邪恶重新命名,称之为至善,那么我们就处在自己人生的伟大阶段了。

117②

克服一种情感的意志,到终了不过是另外一种或多种情感的意志而已。

118③

[94]有一种赞赏的无辜:一个不晓得自己也可能受赞赏的人,就是如此无辜。

119④

脏污之物可能如此令人作呕,以至于我们不去自我清洁——不作自我"辩白"。

120⑤

肉欲往往会让爱情增长过速,导致扎根不牢,容易拔出。

---

① [KSA 版注]参见第 10 卷, 4 [26] ; 5 [1] 56
② [KSA 版注]参见第 10 卷, 5 [1] 58
③ [KSA 版注]参见第 10 卷, 5 [1] 112; 12 [1] 196
④ [KSA 版注]参见第 10 卷, 4 [37] 5 [1] 86
⑤ [KSA 版注]参见第 10 卷, 3 [1] 423

121①

真是一桩妙事:上帝想当作家,因此学习希腊语,——不过没能学好。

122②

受到夸奖而高兴,这对某些人来说,只是一种发自内心的礼貌——与精神的虚荣正相反。

123③

姘居,连这也被收买了:——通过婚姻。

124

一个人在柴堆上受火刑,却仍能欢呼雀跃,这并非因为[95]战胜了痛苦,而是由于没感到预期的痛苦。一种譬喻。

125④

倘若我们不得不转变对某人的看法,那么我们会跟他好好算帐,看他因此给我们带来了多大麻烦。

---

① [KSA版注]参见第10卷,3 [1] 445
② 同上,421
③ 同上,416
④ 同上,428

126①

一个民族是自然的迂回,为了走向六、七名伟人。——确实如此,不过然后是为了绕开他们。

127

凡是真正的女人,都认为科学在和羞耻感作对。她们觉得好象有人想借助科学,偷窥她们香肤之下——不,还要糟糕——偷窥她们霓裳华衣之下的东西。

128②

你要教人认识的真理越是抽象,你就越是必须设法让它吸引更多的感官。

129③

魔鬼看上帝,总是具有最广阔的视野,因此他总是躲得离上帝远远的:——魔鬼真是资格最老的知识之友。

130④

当某人的[96]才华衰减时,——当他不再显摆他能做什么,

---

① [KSA版注]参见第10卷,3 [1],433
② [KSA版注]参见第10卷,1 [45.109];5 [1] 50
③ [KSA版注]参见第10卷,1 [70];3 [1] 50;22 [3];第11卷,31 [38.46]
④ [KSA版注]参见第10卷,1 [93];3 [1] 3;12 [1] 121;22 [1]

他究竟是什么便真相大白了。才华也是一种华丽的装饰;而装饰便是掩饰。

131

两性之间彼此误会:这使得双方其实都只是在尊敬自己爱自己(或者说得好听些,是在爱自己的理想——)。于是男人希望女人温和,——而女人就其本质而言恰恰是不温和的,就像猫一样,尽管她能驾轻就熟地装出一副温和的模样。

132①

人最好因为他的美德而受到惩罚。

133②

较之无理想者,不知寻找通往其理想之路者的生活更轻浮、更放荡。

134

可信,良知,真理表象,这一切都首先源自感官。

---

① [KSA 版注]参见第10卷, 3 [1] 25; 4 [31];16 [88];18 [24];22 [1];第11卷, 29 [56];31 [35];《扎拉图斯特拉如是说》,I, 论市场的苍蝇
② [KSA 版注]参见第10卷, 1 [70];3 [1] 49;22 [3]

135①

法利赛主义②的伪善并非善人的变质:很大程度上倒不如说是一切善行的条件。

136③

[97]一个人为自己的思想寻找接生婆,另一个人则寻找需要帮助者以伸出援手:于是有了一段不错的谈话。

137④

人们在与学者和艺术家打交道时常常失算,误入歧途:在一位引人注目的学者背后,时而能发现一个平庸的人,而在一位平庸的艺术家背后,甚至经常能发现——一个十分引人注目的人。

---

① [KSA 版注]参见第 10 卷,3 [1] 31;4 [26]《扎拉图斯特拉如是说》,III,论新旧标牌
② [Pütz 版注]法利赛主义:法利赛人的学说(希伯莱语:"隔离派"),犹太教的一个宗教政治团体,始于公元前 2 世纪中叶。法利赛人主张口耳相传,支持独立于庙宇祭祀之外的当地礼拜,坚决与所有遵守神规不甚严格者保持距离。作为耶稣时代的文士,特别是在耶路撒冷被毁(70)之后,他们的律法学校对犹太民族产生了决定性的影响,成为了拉比犹太教的基础。《新约》将法利赛人描述为耶稣的敌人。对法利赛主义的批评主要针对他们吹嘘功绩的自欺欺人和在上帝面前的趾高气扬。他们的宗教学说和实践被重重地打上虚伪的烙印。
③ [KSA 版注]参见第 10 卷,1 [57];3 [1] 48
④ [KSA 版注]Vs (N VII 2) 中的初稿:人们在与学者和艺术家打交道时失算,误入歧途:期待在一位伟大的学者背后发现一个引人注目的人——失望了;期待在一个平庸的人背后发现一位平庸的艺术家——又失望了。

138①

醒时梦里,我们都如此:臆造和虚构与我们交往的人,随即忘到九霄云外。

139②

爱恨情仇中,女人比男人更野蛮。

140③

谜一般的建议。——"若要绳子不断,——你得先用牙咬。"

141④

自视为神殊非易事,原因在于有下半身。

142

[98]我听到过的最贞洁的一句话:"真爱中,灵魂包裹着

---

① [KSA 版注]参见第 10 卷, 3 [1] 24; 22 [3]
② [KSA 版注]在 Dm 中删去的标题:回归自然。— 参见第 10 卷, 3 [1] 24; 22 [3]
③ [KSA 版注]参见第 10 卷, 1 [97] 3 [1] 51; 12 [1] 72
④ [KSA 版注]参见第 10 卷, 12 [1] 116

肉体。"①

143②

我们的虚荣心要求我们做得最好,这也正是于我们而言最勉为其难的。论某些道德的起源。

144

女人若喜爱研究学问,在性的方面往往有些反常。不孕不育就使她的品味带有几分男性倾向;恕我直言,男人是"不孕不育的动物"。——

145

在总体上对比男女,就可以这样说:女人若没有甘居第二的本能,也就没有涂脂抹粉的天赋。

146

与怪物搏斗的人必须留神,谨防自己因此也变成怪物。你要是盯着深渊不放,深渊也会盯上你。

---

① [Pütz 版注]真爱中,灵魂包裹着肉体。: Dans le véritable amour c'est l'âme, qui enveloppe le corps(法语)。
② [KSA 版注]参见第 10 卷, 3 [1] 19; 4 [43]

147①

古老的翡冷翠传奇里如此说,况且这也是——生活的经验之谈:好女人和坏女人都要棍子伺候。萨凯蒂,86年11月。②

148③

[99]引诱周围人给予好评,然后对周围人的这种好评深信不疑:这种绝招,谁玩得过女人?——

149④

一个时代视为恶者,通常是以往时代视为善者的不合时宜的遗韵余波,——古老的理想还魂了。

150⑤

围绕英雄展开悲剧,围绕半人神展开羊人剧⑥;围绕上帝展开的一切嘛,——都是什么呢?也许是"尘世"?——

---

① [KSA版注]参见第11卷,26 [337]
② [Pütz版注]好女人和坏女人都要棍子伺候。萨凯蒂,86年11月:Buona femmina e mala femmina vuol bastone. Sacchetti Nov.86(意大利语),出自意大利作家萨凯蒂(Francesco Sacchetti,1355—1400)《故事三百篇》(现存233篇)第86篇;这句话在萨切丁时代流传甚广,也曾出现在薄伽丘《十日谈》的第九日第九个故事里。
③ [KSA版注]参见第10卷,1 [50.111];3 [1] 16
④ [KSA版注]参见第9卷,3 [66];参见第10卷,3 [1] 76
⑤ [KSA版注]参见第10卷,3 [1] 94;参见第12卷,[1] 192
⑥ [Pütz版注]羊人剧:参见第二章25节注释"一出羊人剧,一处压轴的闹剧"。

151①

有天赋是不够的:还必须蒙你们恩准,——朋友们,是这样吧?

152②

"有智慧树处即天堂":最古老的蛇和最晚近的蛇均如是说。③

153

只要出于爱而为之,便在善与恶的彼岸。

154④

[100]爱唱反调,红杏出墙,猜疑戏谑,甘之如饴,这些都是健康的标志:凡是无条件的、绝对的,都应该交给病理学去处理。

155⑤

悲剧感随着感官性上下沉浮。

---

① [KSA 版注]参见第 10 卷, 3 [1] 146; 5 [1] 167
② [Pütz 版注]智慧树……蛇均如是说:参见摩西五书之一,2 章 17 节及 3 章 1-24 节。
③ [KSA 版注]参见第 10 卷, 3 [1] 134
④ [KSA 版注]参见第 10 卷, 3 [1] 143; 5 [25];第 11 卷, 31 [53.64];33 [1];《扎拉图斯特拉如是说》,IV,论更高的人们
⑤ [KSA 版注]参见第 10 卷, 3 [1] 140

第四章　格言与插曲

156①

就个人而言,精神错乱甚为罕见,——但在群体、党派、民族、时代中,则是屡见不鲜的现象。

157②

自杀的念头是一种强效的安慰剂:人们靠它度过了多少个不眠夜。

158③

那无比强烈的本能冲动是主宰我们内心的暴君。不仅我们的理智,而且我们的良知也在它面前俯首称臣。

159④

有恩报恩,有仇报仇,必须如此:不过为何要针对有恩或有仇于我们的人呢?

160⑤

一旦将自己获得的认识传授给他人,对这些知识的爱就不如

---

① [KSA版注]参见第10卷,3 [1] 159
② 同上,174
③ 同上,176
④ 同上,185
⑤ [KSA版注]参见第10卷,2 [26];3 [1] 191.194;第11卷,31 [5]

以往了。

161①

[101]诗人无耻地对待自己的经历:竭尽榨取盘剥之能事。

162②

"我们最亲近的,不是邻人,而是邻人的邻人"——每个民族都这样想。

163③

爱,使爱恋者隐而不露的高尚品质得以显现,让别人看见他身上那些难得一见的例外。也正因为此,爱很容易让别人看不清他身上的常态。

164④

耶稣对其犹太子民说道:"法律是为奴仆存在的,——爱上帝,向我一样爱他,作为他的儿子爱他!道德与我们,与我们这些上帝之子,又有何干呢!"⑤——

---

① [KSA版注]参见第10卷,2 [27];3 [1] 193;第11卷,31 [5]
② [KSA版注]参见第10卷,3 [1] 202;12 [1] 204
③ [KSA版注]参见第10卷,2 [47];3 [1] 64.72;22 [3];《善恶的彼岸》79
④ [KSA版注]参见第10卷,3 [1] 68;4 [42]
⑤ [Pütz版注]法律是为奴仆……又有何干呢!:尼采在此对《约翰福音》15章9节略作修改。

第四章 格言与插曲

165①

面对任何党派。——牧人总是需要一只领头羊,——或者他自己必须有时变成阉羊。

166②

谎言出自口中,然而这时装腔作势的嘴,却也吐出了真理。

167③

[102]对硬汉来说,挚爱是一种羞耻——而且代价昂贵。

168④

基督教让爱神厄洛斯⑤饮下鸩汁:——他虽未因此一命呜呼,却堕落成为罪孽化身。

---

① [KSA版注]参见第10卷,3[1] 71;22[3]
② [KSA版注]参见第10卷,3[1] 422;12[1] 88;22[3]
③ [KSA版注]参见第10卷,3[1] 418
④ [KSA版注]参见第10卷,3[1] 417
⑤ [Pütz版注]厄洛斯:希腊爱神(罗马:爱摩尔即丘比特),他被视为一个双重体,一部分是自身产生的奇异的原始力,另一部分是阿瑞斯和阿弗洛狄忒的儿子。他经常以身披羽翼的弓射手形象和他母亲一同出现。作为厄洛斯的后代,小厄洛斯们自公元前5世纪以来就在希腊艺术中成为阿弗洛狄忒的长着翅膀的守护者。

169①

侈谈自我,也可能是一种隐匿自我的手段。

170②

赞美较之埋怨,更是强人所难。

171③

对有知识者而言,同情近于讪笑,宛如以柔指抚摸巨人④。

172⑤

出于仁爱,你有时会随意拥抱某个人(因为你不能拥抱所有人);然而,正是这点你不能让那个人知道。

---

① [KSA 版注]参见第 10 卷,3 [1] 349; 12 [1] 90; 13 [16];16 [7];第 11 卷,31 [36]。
② [KSA 版注]参见第 10 卷,3 [1] 141; 12 [1] 108;第 11 卷,31 [53];32 [9];《扎拉图斯特拉如是说》,I,论市场的苍蝇。
③ [KSA 版注]参见第 10 卷,3 [1] 410; 17 [13];22 [3]。
④ [Pütz 版注]巨人:希腊神话中额上长着独眼的巨人,其中以波吕菲摩最为著名。作为火神赫淮斯托斯的助手,他们为宙斯制造闪电。在此尼采指巨人其貌不扬,粗俗不堪,正如荷马在《奥德赛》中描绘的那样。他们建造不用灰浆的厚墙,即迈锡尼(梯林斯、迈锡尼)时代和艾特鲁斯克时代(中意大利)的"克里斯托多劳大墙"。作为这类大墙的建造者,他们的特点与"柔指"形成强烈反差。
⑤ [KSA 版注]参见第 10 卷,3 [1] 324。

173①

人不恨自己看不起的,只恨以为和自己差不多的或者比自己地位高的。

174②

[103]你们这些功利主义者③,你们爱功利,也不过是把它当作马车,用来装载你们喜欢的东西罢了,——你们其实也觉得它那些辘轳发出的噪声不堪忍受吧?

175④

人们最终喜爱的是自己的欲望,而不是欲望的目标。

176⑤

他人的虚荣令我们反胃,只是因为它有悖于我们的虚荣。

---

① [KSA版注]参见第10卷,3[1]318
② [KSA版注]参见第10卷,3[1]109;4[59];12[1]132;第11卷,31[52];32[10]
③ [Pütz版注]功利主义者:"功利主义"源自拉丁语utilis[有用的],这种学说不是从动机来判断,而是从结果的有用性来衡量人类行为的价值。按照功利主义的解释,功利是人间幸福的最大化,从而是道德的唯一原则;而群体幸福促进了个体幸福。这一尤其在盎格鲁撒克逊思想中传播甚广的学说的主要代表和奠基人是两位英国哲人:边沁(参见第七章228节注释"边沁")和穆勒(参见第八章253节注释"约翰·斯图亚特·穆勒")。
④ [KSA版注]参见第10卷,3[1]105
⑤ 同上,104

177

大概还从来没有谁在谈论"真诚"时足够真诚。

178①

人们不相信聪明人也会做傻事：真是侵犯人权！

179②

我们行为的后果紧抓着我们的小辫子不放，根本不理会我们现在已经"变好"了。

180③

谎言中也有一种无辜，它表明有人诚心诚意地相信某件事。

181④

[104] 在别人遭受诅咒时而祈福，是不合人性的。

---

① ［KSA 版注］参见第 10 卷，3［1］139；12［1］109；31［53］；32［9］
② ［KSA 版注］参见第 10 卷，3［1］86；12［1］113
③ ［KSA 版注］参见第 10 卷，3［1］82；22［3］
④ ［KSA 版注］参见第 10 卷，3［1］272；4［104］；《扎拉图斯特拉如是说》，I.论毒蛇的咬啮

182①

高高在上的人表示亲密只能招来怨恨,因为无以为报。——

183②

"使我震惊不已的并非你对我的欺骗,而是我对你的信任不复存在。"——

184③

善若狂妄自大,便显得与恶无异。

185④

"我讨厌他。"——为什么?——"我对付不了他。"——有谁这样回答过么?

---

① [KSA 版注]参见第 10 卷,3 [1] 339
② [KSA 版注]参见第 10 卷,3 [1] 347;5 [33.35];12 [1] 142
③ [KSA 版注]参见第 10 卷,3 [1] 195;5 [1] 127
④ [KSA 版注]参见第 10 卷,3 [1] 361

第五章　论道德的自然史

186[①]

[105]如今欧洲的道德感细腻微妙,处于晚期,花样繁多,相当敏感,充满机巧,然而与之相关的"道德学"却还十分年轻,刚刚起步,显得笨拙和迟钝:——这种颇有吸引力的对立,时不时会在一位道学家身上活生生地体现出来。其实就其所指而言,"道德学"这个词本身就过于狂妄自大,品味欠佳:好品味一向首先垂青那些较谦逊的词。人们应当十分严肃地承认,在此什么尚属长期必要,什么只是暂时占理:这就是说,要收集材料,要在概念上把握和整理一个由各种细腻的价值情感和价值差别组成的庞大帝国——这些情感和差异会存活、成长、繁衍、死亡——,也许还要尝试清楚地展示这活生生的结晶体的各种一再出现的常见形象——,从而为道德类型学做好前期准备。当然,迄今未止,人们并非如此谦逊。哲人们通通带着某种僵化得可笑的严肃态度,在把道德作为一门科学研究

[①] [KSA版注]尼采使用的Frauenstädt版的第136页(但更可能是第137页)

第五章 论道德的自然史

时,要求自己做出一些高尚、考究、庄严得多的事情来:他们企图论证道德①,——迄今为止,每位哲人都相信自己已经成功论证了道德;但道德却是[106]"既定的"。他们既笨拙又傲慢,怎可能胜任描述的任务:那描述的任务似乎毫不起眼,如同泥污尘土,但要完成它,却连最灵巧的双手、最敏锐的感官都心有余而力不足!也正是因为道德哲人们只是简单粗暴、断章取义地来认识道德事实,通过随意的节选或者偶然的缩写,当作与他们自己的环境、地位、宗教、时代精神、气候地理条件相关的道德观念,——正是因为他们对不同民族、不同时代、不同历史所知甚少,也无心向学,所以他们根本不可能看到道德的根本问题:——唯有比较多种道德②,道德的根本问题才会显露出来。虽然听起来可能十分惊人,但在迄今为止所有的"道德学"中,确实都缺少道德问题本身:没有人怀疑在这里出了问题。哲人们所说的"论证道德",他们要求自己做到的"论证道德",若以正确的眼光来看,只是对流行道德的坚定信仰采用了一种学术形式罢了,只是该道德的一种新的表达手段,是一种特定道德观念范围之内的事实情况,说到底甚至还是一种否认,否认这种道德可以被当作问题来理解:——反正绝不是对这种信仰进行检验、分解、质疑、剖析!举例来说,人们可能听说过,叔本华③是怎样带着一种近乎可敬的清白无辜提出自己的任务的,而人们藉此对一种"科学"的科学性得出结论,这种"科

---

① [Pütz 版注]论证道德:尼采在此批判西方哲学、尤其是近代哲学毫无批判精神的过分要求,即对"哪些行为是好的、因而是应该实施的"这个问题上,也要进行科学论证,进而总结出普遍和必要的原则。比如斯宾诺莎就试图用"几何学方式"构建伦理学(参见第一章 5 节注释"斯宾诺莎")。在尼采看来,这些道德哲学没有认识到道德规范和价值取向的历史局限性和可变性。

② [Pütz 版注]多种道德:道德的复数形式是对一种唯一的、普适的即不受历史条件制约的道德的修正。这表明,在尼采看来,道德价值只在一定的历史、文化条件下起作用,因而从头论证道德不啻为毫无意义的冒险举动。

③ [Pütz 版注]叔本华:参见第一章 16 节注释"叔本华",第三章 47 节注释"叔本华哲学"。尼采根据 Frauenstädt-Ausgabe 引用叔本华的话。

学"最后的大师讲起话来简直就和小孩子或老女人一样:——"原则,他说(《伦理学基本问题》第 137 页),基本定理,对其内容所有伦理学家其实意见一致:不要伤害任何人,尽已所能帮助所有人①——其实这就是一切伦理学家拼命想要证明的命题……伦理学的根本基础,千百年来人们寻找的那块智者之石。"——要[107]证明上述命题,当然极其困难——众所周知,就是叔本华也未能如愿以偿——;谁若深切地感受到,在这个本质为权力意志的世界上,上述命题是多么乏味、虚假和感情用事,谁就可能会想起,叔本华,虽然是个悲观主义者,其实——是在吹着笛子……每日饭后均是如此:关于这点,不妨去读一读他的传记②。顺带问一句:一个悲观主义者,一个否定上帝者与否定世界者,却在道德面前止步,——对道德,对不伤害任何人的道德表示首肯,吹起了笛子:怎么会这样呢? 这到底还是不是——一个悲观主义者?

187

撇开"我们心中有某种绝对命令"之类的断言有何价值不谈,我们还是可以发问:这种断言说出什么与说出这种断言者相关的内容? 有些道德会在别人面前为其创始者辩白,另一些道德则对其创始者进行安抚,使他对自己感到满意;他要以其他道德把自己钉上十字架,使自己受尽侮辱;他要以其他道德实施报

---

① [Pütz 版注]不要伤害任何人,尽已所能帮助所有人: neminem laede, immo omnes, quantum potes, juva(拉丁文)。
② [Pütz 版注]吹着笛子……传记:叔本华的年轻朋友、遗嘱执行者威廉·格温纳记录叔本华的生活习惯:"他在穿衣前通常先吹半小时笛子。1 点钟吃饭。"(Wilhelm Gwinner: Schopenhauers Leben. Zweite umgearbeitete und vielfach vermehrte Auflage der 1862 in Leipzig erschienenen Schrift: Arthur Schopenhauer, aus persönlichem Umgange dargestellt. Leipzig 1878,页 529。)

复,以其他道德隐蔽自己,以其他道德美化自己,志存高远;这一道德帮助其创始人忘却,那一道德帮助其创始人使自身或自身的一部分被人忘却;有一些道学家想对人类行使权力,发泄颇具独创性的情绪,另一些道学家,或许尤其是康德,则以其道德告诉人们:"我身上的可敬之处,就是我能顺从,——在你们身上,情况不应有别于我!"——长话短说,道德也不过就是情感的手势语罢了。

188

[108]与放任自流①正好相反,任何道德都是一种对"自然"的暴政,也是一种对"理智"的暴政;这倒不是反对道德的理由,因为你必须从某种道德出发才能宣布,无论何种暴政或非理性均在禁止之列。无论何种道德,其本质和难以估量性就在于,它是一种长期的束缚:若要理解廊下派②、波尔罗亚尔女隐修院③或清教主义④,也许就应该回想一下对语言的束缚,迄今为止的每种语言都

---

① [Pütz版注]放任自流:laisser aller(法语)。
② [Pütz版注]廊下派:廊下派意义上的思想道德态度,流传甚广的古希腊哲学派别,约公元前300年由芝诺(Zenon aus Kition,参见第一章9节注释"廊下派")创立。
③ [Pütz版注]波尔罗亚尔女隐修院:1204年在巴黎附近建立的西妥女隐修院,自1608年起经历了阿尔诺院长(Äbtissin Angelique Arnauld,1591-1661)发起的深入改革。在迪韦吉耶(Jean-Ambroise Duvergier de Hauranne,1581-1643)的影响下成为精神—宗教中心,极大地影响了法国的思想发展。在反教会的、虔诚信仰的詹森主义改革运动中,该隐修院起着主导作用,尽管教皇抨击其信仰学说(1653),仍然一度繁荣。隐修院接纳了隐士,其中有帕斯卡(参见第三章45节注释"帕斯卡"和48节注释"波尔罗亚尔女隐修院……仇恨耶稣会")。
④ [Pütz版注]清教主义:源自拉丁文purus[纯净的];约1570年起在英国展开的运动,在宪法、仪式和教义方面清除英国教会里的天主教元素。清教主义时至今日仍对英国人的精神生活产生重要影响,其特征除了严格的圣经主义和良知神学外,还有一贯坚持的周日神圣观。

在这种束缚下走向了强大和自由,——我指的是格律的束缚,韵脚和节奏的暴政。无论在哪个民族中,诗人和演说家都给自己弄出了多少麻烦!——如今那些写无韵散文的人也不例外,他们耳朵里老是盘踞着一个不依不饶的良知——"为了一种愚蠢",就像功利主义的傻瓜们说的那样,他们此语一出,便觉得自己是聪明人了;——"出于对专制法律的屈从",就像无政府主义者们①说的那样,他们此语一出,便以为自己"自由"了,甚至具有自由精神了。然而令人惊异的事实是,人世间曾有或现有的一切自由、精美、勇敢、舞蹈以及卓越信心,无论是存在于思想本身之中,还是存在于统治里,无论是存在于演说和游说里,还是存在于艺术或者美德之中,都是凭借"这种专制规则的暴政"才发展起来的;不开玩笑,它们很有可能恰恰就是"自然"或者"自然的"——而不是放任自由!每个艺术家都晓得,随心所欲的感觉和其"最自然的"状态天差地远,在"灵感"出现的一瞬间自由地安排、布置、运用、塑造,——恰恰为此他必须十分严格、一丝不苟地顺应千百种规则,这些规则恰恰因为自身的刚性和确定性,嘲讽一切借助概念的描述(与之相比,哪怕最确定的概念也含有某种漂移的、多样的、多义的东西——)。"天上地下"本质性的东西看来是——在此重申——方向一致的长久[109]顺从:如此久而久之,无论过去还是现在,都会出现一些东西,为此值得在大地上生活下去,比如美德、艺术、音

---

① [Pütz版注]无政府主义者们:无政府主义者(出自希腊语 anarchía [无统治、无法律的状态])奉行一种要清除一切国家统治和国家权力的学说。施蒂纳(Max Stirner,1806-1856)和蒲鲁东(Pierre Joseph Proudhon,1809-1865)是个人主义的无政府主义的代表,而巴枯宁(1814-1876)则创立一种集体主义、共产主义的无政府主义,他在《上帝与国家》(1871)中认为,如果国家强制制度消失了,人会自动组成超个体的群体,从而创建一个集体主义的无国家、无阶级的社会制度。对年轻的理查德·瓦格纳产生影响的巴枯宁,于1864年在意大利建立了第一个无政府主义者联盟,其目的与其说夺取政权,毋宁说是摧毁政权。为此他们认为可以采取恐怖手段。尼采在此指杜林(参见第六章 204 节注释"杜林")。

乐、舞蹈、理智、智慧，——某种美化的、精致的、出色的和神圣的东西。长期以来精神的不自由，思想的间接性及其不信任的束缚，思想者背负的纪律枷锁，迫得他们的思想顺从教会和宫廷的规定，遵守亚里士多德的前提①，还有由来已久的精神意志，要求按基督教模式解释一切发生的事情，在一切偶然的事件中不断发现基督教上帝并为之辩护，——这一切暴力的、专横的、强硬的、可怕的、反理智的东西都是某种手段，用来培育欧洲精神，使之强大、灵活，并具有肆无忌惮的好奇之心。诚然，不可避免地也有许多力量、许多精神遭到压死、窒息、腐坏的命运（因为在此和在别处一样，"自然"淋漓尽致地展现着它奢侈浪费、无动于衷的大气派，令人愤怒，却不无优雅）。千百年来，欧洲思想家只想着证明什么——今天倒转过来了，凡是"想证明什么"的思想家在我们看来都很可疑——，在他们那里，本来应该通过严格到极点的深思熟虑才产生的结论，却总是早就确定了，就像从前的亚洲占星学②，或是今天"为了上帝的尊荣"、"为了拯救灵魂"而对周围的个人事件作出的

---

① [Pütz版注]亚里士多德的前提：亚里士多德(前384-前322)，古希腊哲人。公元前367年起为柏拉图学院的成员(参见序言注释"柏拉图主义")。公元前355年，他在雅典成立了自己的学校，人称"吕克昂学园"或"逍遥学派"，被认为是脱胎于苏格拉底(参见序言注释"苏格拉底……罪有应得")的"苏格拉底学派"之一。亚里士多德的主要著作有《物理学》、《形而上学》(书名原为编者所加，指《物理学》之后的一本书)，还有逻辑学、伦理学、政治学、修辞学和诗学著作。他的思想基础是逻辑学(他称之为"分析学")和形而上学。在亚里士多德看来，人类对真理的认知，不是像柏拉图所说的那样基于超越经验条件的理念世界，而是基于事物自身包含的符合人类概念的形式。因此亚里士多德认为，对存在物及其最高形式的追问是哲学的首要问题("第一哲学")。在伦理学中，他把人类的生活目标定义为幸福。

② [Pütz版注]亚洲占星学：起源于巴比伦，占卜学(星象学)传播到东亚(参见序言注释"占星术……宏伟的建筑风格")。受到老子和孔子学说以及其中天下观的影响，尤其是中国的占卜学不是理性—客观地观察自然，不是寻找因果关系，而是寻求普遍的存在关联，并将人类和人类的研究也纳入其中。因此首先要在人类和宇宙相互作用甚至天人合一的基础上进行预言，从宇宙万象中推导地球和人类的发展。

无关紧要的基督教道德解释:——是这种暴政,这种专制,这种一本正经、冠冕堂皇的愚蠢,教育了精神。奴役,无论对其的理解是粗是细,看来也都是精神管教和精神训练的不可或缺的手段。任何道德都不妨如此来看:道德的"本质"是教人憎恨放任自由,憎恨过分自由,是培育对有限视阈和眼前[110]任务的需求,——是使眼界变窄,在某种意义上就是把愚蠢当作生活与成长的条件来传授。"你应顺从,无论对谁,持之以恒;不然你便将毁灭,失去对你自己最后的尊重"——在我看来,这便是自然的道德命令,不过这命令当然并非如老康德①要求的那样是"绝对"的(因此有了"不然"——),也不是针对个别人(自然对个别人不感兴趣!),但大抵是针对各个民族、种族、时代、阶层的,尤其是针对"人"这一动物的全部的,针对整个"人类"的。

189

对勤劳的种族而言,忍受懒惰殊非易事:英国人本能的一项杰作便是将星期日神圣化②,让星期日显得如此无聊乏味,以致于英国人不知不觉地对每周的工作日产生渴望:——将星期日视为某种聪明地发明、聪明地插入的斋期,类似现象在古代世界很常见(虽然在南方民族那里理所当然地并不与工作相关——)。肯定有多种多样的斋期;凡是强烈的冲动和习惯盛行的地方,立法者就得考虑插入一些闰日,以便在这些闰日约束冲动,使之重新学会忍

---

① [Pütz版注]老康德:康德年过五十后才开始撰写以批判为题的主要著作,这也表明了康德批判的审慎性、逻辑的系统性、高度的抽象性(参见第一章5节注释"康德")。
② [Pütz版注]英国人本能……将星期日神圣化:星期天禁止世俗享乐,禁止工作,甚至禁止儿童嬉戏,这一源于加尔文清教主义传统的"周日神圣化"举动在英国人生活中占有重要地位(参见本章188节注释"清教主义")。

受饥饿。若是登高远望,就能发现,所有辈分和时代,只要沾染上某种道德狂热,就都像是这种插入的克制期和斋戒期,冲动受到压抑,俯首帖耳,但也学会了自我净化和锐化;也有个别哲学派别(比如廊下派,他们身处古希腊文化①骄奢淫逸的空气之中,满身都是阿弗洛狄忒②的香气)[111]可以如此解释。——这也为搞清楚那个悖论提供了一项暗示,即为何正是在欧洲的基督教时期,恰恰在基督教价值判断的压力之下,性冲动得以升华成了爱(激情之爱③)。

190④

在柏拉图的道德中,有一些东西原本不属于柏拉图,⑤只是出现在其哲学中,可以说是违背其初衷地出现在其哲学中:这就是高贵的柏拉图其实看不上的苏格拉底思想。⑥"人人都不想受到损

---

① [Pütz版注]古希腊文化:自亚历山大大帝(前356-前323)以来由希腊主宰的世界文化,在他征服地中海地区和东方后,影响波及印度、巴勒斯坦、阿富汗和中亚。文化中心除了雅典(哲学学派)之外,主要是亚历山大城、佩加蒙、罗得岛。从美学角度来看,希腊文化以其博大、激情和伟岸见长(雄伟的城堡、恢宏的宫殿、高大的雕塑)。

② [Pütz版注]阿弗洛狄忒的香气:爱情的香味;指爱情的欢愉,也指病态的性亢奋,词源为希腊爱神阿弗洛狄忒。

③ [Pütz版注]激情之爱:amour-passion(法语)。在《爱情论》开篇(1册,1章,1822),司汤达(参见第二章39节注释"司汤达")就区分了四种不同层次的爱:激情之爱处于顶端,其次是趣味之爱(宫廷之爱),第三是情欲之爱,最后是虚荣之爱。

④ [KSA版注]Vs(M III 4)中的初稿:古代的道德愚昧。——人人都不想受到损害,因此一切恶者不是故意的。——因为恶人也损害了自己;但是他相信的正好相反。——前提:善,对我们有用的善

⑤ [KSA版注]我要称之为典型的苏格拉底式愚昧;因为它们原本不属于柏拉图,而只是出现在其哲学中 Rs

⑥ [Pütz版注]在柏拉图的道德中……苏格拉底思想:在此尼采尝试区分苏格拉底(参见序言注释"苏格拉底……罪有应得")学说和真正的柏拉图(参见序言注释"柏拉图主义")学说。众所周知,苏格拉底未曾留下任何文字;但他的 (转下页)

害,因此一切恶都不是故意的。因为恶人也损害了自己:他若是知道这事是恶的,他便不会做了。如此说来,恶人之恶,只是由于一个错误;若使恶人摆脱这个错误,恶人必定会——变好。"——这种推理方式散发着贱民的气味,他们只看到恶行有糟糕的下场,便判定"行恶是愚蠢的";而他们的"善"也不过等同于"有用和舒适"。无论那种道德功利主义,都可以猜想其源头在此,如此顺藤摸瓜,几乎不会出错。——柏拉图无所不用其极,就为了往他老师的话里塞进些精美优雅的东西当作诠释,尤其是把自己也塞了进去——他,要论大胆诠释无出其右,将整个苏格拉底当作流行话题或是街头民谣来处理,想将其改头换面成某种无穷无尽和无法想象的东西:即把自己的假面具和多样性套在苏格拉底身上。说句笑话,援引荷马:若不是"前是柏拉图,后是柏拉图,居中的却是山羊"①,那么柏拉图的苏格拉底会是怎么样呢?

191

[112]神学上"信"与"知"的古老问题,或者说得清楚些,是本能与理智的问题,是这样一个问题:在对事物的价值评判方面,本能是否比理性——理性按照理由,按照"为何",按照目的性与

(接上页注⑥)形象和学说通过色诺芬的《回忆苏格拉底》、尤其是他的弟子柏拉图的对话集流传下来。在那些对话中,苏格拉底常以主导者的面目出现,他认为知识不是一种拥有,而是一种寻求,是对自己无知的批判意识。只有这种意义上的知者才可能,也必然是品德高尚的。这一观点使得道德行为依附于理论认识,认为美德的匮乏归根结底是无知的一种表现。尼采在此作出了评价,他批评苏格拉底的这一美德学说其实只是代表了一种功利主义道德观(参见第四章格言174注释"功利主义者"),认为后来的柏拉图才为解释不涉及实用考虑的东西作出了努力。

① [Pütz 版注]前是柏拉图,后是柏拉图,居中的却是山羊:πρόσϑε[...]Χίμαιρα,尼采在此稍加变化地引用的是荷马(《伊里亚特》VI,181)对喷火怪兽的描述:"前是狮子,后是龙,中间是只山羊"(Johann Heinrich Voss 译本,1793)。

实用性来判断与行事——享有更大的权威？这仍是那个古老的道德问题,肇始于苏格拉底,在基督教问世之前很久便导致了思想家们的分裂。苏格拉底本人带着某种天才的品味——杰出雄辩家的品味①——首先站到了理智一边;事实上,他终其一生做了什么呢,除了嘲笑那些高贵的雅典人笨拙无能,他们与别的高贵者一样,都是受本能驱使的人,从来不能充分说明自己的行为动机？虽然如此,苏格拉底也在暗地里不出声地嘲笑自己:以其更为精致的良知和自省,他在自己身上也看到了同样的困难和无能,于是奉劝自己:既然如此,又何必与种种本能分道扬镳！必须帮助本能,也帮助理性获得权利,——人得听从本能,但也得说服理性,以有力的理由对本能进行辅导。此乃那位神秘的反讽大师的真正虚伪;他其实对道德判断中的非理性一目了然,却让自己良知以一种自欺方式获得满足。——柏拉图②在此类事情上相对无辜,他没有庶民的狡猾,只想使出浑身解数——以迄今为止哲人所能使出的最大力量——来向自己证明,理智与本能会自发地向着一个目标前行,向着善,向着"上帝";自柏拉图以来,所有神学家与哲人都沿着这条轨迹前行,——即是说,在道德方面,迄今为止取得胜利的是本能,基督徒把它叫作[113]"信仰",我则称它为"畜群"。笛卡尔大概可以除外,他是理性主义之父③(因此也就是革命之祖

---

① [Pütz版注]苏格拉底……杰出雄辩家的品味:苏格拉底(参见序言注释"苏格拉底……罪有应得")的雄辩术(辩证法,参见第一章5节注释"辩证法")就是以无知者的形象出现在自以为无所不知的谈话对象面前,从而促使他们承认自己的无知。这一谈话艺术的目标在主体间对知识的确认——即便只是关于无知的知识。尼采虽然疏远了相信理论和学术的苏格拉底,但对给思想带来有益的屈辱的"苏格拉底反讽"怀有敬意。
② [Pütz版注]柏拉图:参见序言注释"柏拉图主义"和本章190节注释"在柏拉图的道德中……苏格拉底思想",第一章14节注释"柏拉图式思维方式"。
③ [Pütz版注]笛卡尔……理性主义之父:参见第三章54节注释"笛卡尔"。笛卡尔试图在《正确思维和发现科学真理的方法论》中提出能解决一切问题的理性方法,它最终汇集为指导正确生活的学说。

父),他只承认理智唯一的权威;然而理智只是工具而已,在此笛卡尔未免浅薄。

192①

谁若追踪某一门科学的历史,便会在其发展中找到一条主线,藉此理解一切"知识与认识"的最古老、也最普遍的过程:无论在哪个领域,首先得以发展的都是仓促的假设,都是臆想,都是善良而愚蠢的"信仰"意志,都是怀疑与耐心的匮乏,——我们的感官学得很慢,甚至怎么学也永远成不了能够缜密、可靠、慎重地进行认识的器官。在某一给定场合观察时,我们的眼睛乐于炒冷饭,总是再现那些经常产生的图景,而不是在印象中捕捉变异和新颖:要做到后者,需要更多力量,更多"道德观念"。我们的耳朵既耻于也难于听见新东西;陌生的音乐听不清楚,我们在听别的语言时,会不由自主地试图将听到的声音切分成自己听来比较熟悉和习惯

---

① [KSA 版注] Vs (M III 1, 1881 年秋):科学史的状况能揭示认识的历史过程。假设、臆想、轻信,这些在此也是本原性的东西。忠实的"感知",比如眼睛的感知,则是很晚才出现的。在某一给定场合观察时,再现一幅经常产生的图景要容易得多(想象力用熟悉的机制进行构建,这种构建活动本身也喜欢采取习惯的方式)。看见和听见新的东西,这是尴尬和费力的;我们在听一门外语时,通常会根据只有我们熟悉的话语去处理听到的声音:比如以前德国人把 arcubalista 听成了 Armbrust。陌生的音乐我们听不清楚。新东西也敌视和讨厌我们。我们的感觉过程伴随着爱、仇、恐惧——这里也会有惰性情绪等。——活动和感受之间没有原因和作用,后者是自身力量的爆发,前者则是对此的触动——,没有可测量的关系。认识的历史是以虚构的历史开始的。可能过程现在就在我们的感官中发生,我们的感官将臆想带入了自然(颜色? 和谐?)。所有这些人,比如这些农民,是我们飞快地想象出来的,并没有看清。我们也没有仔细读了一页。大多数的意义是猜出来的,而且通常是猜错的(在快速阅读时)。真正说出周围或其中发生了什么,这只有少数人才能做到。[在这整页上还有字:]不是吗?—

的词语：比如以前德国人把 arcubalista① 弄成了 Armbrust，就是这么来的。而新东西也敌视和讨厌我们的感官，在"最简单"的感觉过程中，占统治地位的总是情绪，如恐惧、爱慕、仇恨，也包括消极的惰性情绪。——今天的读者不会从头至尾地读完一页上的所有词语（甚至所有音节），而是比如从二十个中随机挑出五个左右，"猜出"它们可能蕴含的意义；同样，我们看一棵树也不会那么仔细，那么完整，不会从叶片到枝干，[114]从颜色到形状全都不遗漏，相比之下，想象出树的大致模样要容易得多。即使对那些最罕见的经历，我们也是如此行事：我们臆造了其中大部分的内容，几乎不可能强迫我们不以"虚构者"的身份观察某个过程。这一切都说明：我们自古以来从骨子里就——惯于说谎。或者，说得道貌岸然、假仁假义一点，总之说得让人舒服一点：人比自己预料的更象艺术家。——在一些热烈的谈话中，我总是依据对方表达的或者我以为在他心中唤起的想法，如此清晰明确地感受到对方的脸部表情，清晰的程度远远超过了我视力所能：——即是说，对方肌肉运动与眼神表达如此精细，肯定应归功于我的臆想。很可能对方脸上是另外一种表情，或许根本就没有表情。

193

日光下发生的事情，黑夜里也令人不安②：不过也可能反之亦然。梦中的经历，倘若我们经常有这样的梦中经历，最终就会成为了我们整个心灵的一部分，就像"真正的"经历一样：由于这些经历，

---

① ［Pütz版注］弩：arcubalista，源自拉丁文 arcus［弯弓］和希腊拉丁文 ballista［弹射器］；指配有弓的发射器，弩。最初弩在罗马和中世纪时期是一个固定的或者通过轮子转动起来的发射台，用以投射石块。
② ［Pütz版注］日光下发生的事情，黑夜里也令人不安：Quidquid luce fuit, tenebris agit（拉丁文）。

我们变得更富有或更贫乏,或多或少地有所需求,最终会在光天化日之下,甚至在我们头脑很清醒、心里最明白的时刻,都不免会被我们梦中的习惯所左右。假设,某人时常在梦中飞翔,一做梦便觉得自己具备了飞翔的力量与技术,而且以为这是自己的特权,是自己固有的令人艳羡的幸福:他相信自己能轻而易举地飞出任何弧度和任何角度来,心存近乎上帝的轻率之情,"往上飞",不用挣扎不费劲,"往下飞",[115]不失风度不掉价——何重之有!——经历并习惯了如此梦境的人,怎么不会终于在清醒的日子里也使"幸福"一词染上别样色彩,获得别样界定!他又怎么不会对幸福提出另一种——要求?相对于那种"飞翔",诗人描绘的"腾身而起"对他而言无疑是太近尘土、太有血肉、太暴力、太"沉重"了。①

194②

人与人之不同,不仅在于他们手持的财富清单不一,即不仅在

---

① [KSA 版注] 我就时常在梦中飞翔,一做梦便觉得自己具备了飞翔的特权,是自己固有的令人艳羡的幸运。轻而易举地飞出任何弧度和任何角度来,俨然是飞行的几何学,心存近乎上帝的轻率之情,"往上飞",不用挣扎不费劲,"往下飞",不失风度不掉价——何重之有!——这种经历,怎么不会终于在我清醒的白天里也使"幸运"一词染上别样色彩,获得别样界定!我又怎么不会对幸运提出另一种——要求?不同于——别人的?相对于那种"飞翔",诗人描绘的"腾身而起"对我而言太有血肉、太暴力、太"沉重"了 Dm;参见第 9 卷,7 [37];15 [60]

② [KSA 版注]Vs(M III 1, 1881 年秋):人与人之间的差异与值得追求的财富相关,与他们认为是真正"占有"的东西相关。以女人这种财富为例,一些人认为,能在她身上获得性的享受就是已经完全"占有"她了;而另一些人想要得到如此的爱,女人为他放弃一切(这样她才算"被占有",ἔχεται)。还有第三种人,他们要的是,女人不是为了他的幻影放弃了一切,她对他的爱必须以一种完全的了解为前提——只有女人对他不抱有幻想,而且尽管如此还是属于他,他才算完全占有了她。这是三种等级。——一个人想要占有整个民族,为达此目的,任何欺骗的手段在他看来都不妨一试。另一个人也要如此,但他不愿意大众的头脑里有一种他的幻影——这并非"他自己",他的占有欲更精致,他不想欺骗,他自己想要占有:所以他必须了解自己(和让别人了解自己)。——只要我对某物抱有　　(转下页)

于他们对何种财富值得追求的看法不一,对公认财富的价值大小和等级高低意见不一,——这种差异还更多地表现在他们对于真正拥有和占有某种财富的定义上。以女人这种财富为例,支配她的肉体、获得性的享受,这对要求不高者而言,已经完全是占有她、拥有她的充分标志了;如果是更多疑、更讲究、占有欲更强烈的人,便要打个"问号",认为那种拥有不过是表象,他要细加检验,主要是想知道那女人除了对他以身相许之外,是否也愿意为他而放弃她所有的或者想要有的一切——:只有这样,才算"占有"。还有第三种人,其猜疑心与占有欲还不止于此,他问自己,那女人为他放弃了一切,但她是否会为他的幻影这么做呢?他要自己彻底地、极其彻底地被人了解,这样才能被人爱,为此他敢于让人对自己了如指掌——。只有心爱的女人对他不再抱有幻想,而是爱他的魔鬼行径和内心贪婪,一如爱他的[116]善良、耐心和智慧,他才会觉得完全占有了她。一个人想要占有整个民族,为达此目的,卡格里奥斯特罗和喀提林的所有高超艺术①在他看来都不妨一试。另

(接上页注②)幻想,我就没有占有它——思想家对自己这样说。正直的人说:我连自己都无法控制,除非我知道我是谁。——为他人而感情冲动,这是否有价值,取决于我是真正了解他人,还是只满足于某一幻影。乐于助人者为自己安排好受助人(似乎在急切地正在寻求他们帮助,深表感激,五体投地,如同财产)。人看到有人受苦,就会寻求获得财产(若有人在助人方面抢了他们的风头,他们便会妒火中烧)。——双亲不知不觉地将孩子塑造得与自己相似,让孩子服从自己的概念和价值观念,他们毫不怀疑自己拥有财产(罗马人——孩子,奴隶)。教师、牧师、王侯都在人身上看到了占有财富的良机。

① [Pütz版注]卡格里奥斯特罗和喀提林的所有高超艺术:卡格里奥斯特罗(Alessandro Graf von Cagliostro,原名 Giuseppe Balsamo,1743-1795),意大利冒险家和炼金术士;通过招魂术和偶尔的运气,他的病人得以奇迹般的痊愈,这使他在上流社会也名利双收。在罗马,他根据埃及礼俗建立了共济会"自由石工"分会。1789 年卡格里奥斯特罗被当作异教徒判处死刑,1791 年减为无期徒刑,后死于监狱。歌德和席勒曾在文学作品中塑造过以他为原型的人物形象。——喀提林(Lucius Sergius Catilina,约前 108-前 62 年),出生城市贵族的罗马政治家。他与对手西塞罗竞争执政官一职,后者于公元前 63 年揭发了"喀提林背叛"国家的罪行,迫使他离开罗马。喀提林的追随者被指控谋反,根据一项元老院决议被　(转下页)

一个人的占有欲更精致,他自语道:"若想要占有,便不应说谎"——,想到自己的面具会支配那个民族的心,他就激动不已,迫不及待:"所以我必须让人了解我,首先我必须有自知之明!"在乐于助人者和行善积德者中间,几乎经常可以发现那种拙劣的诡计:首先为自己安排好受助人,似乎此人"应该获得"帮助,正在寻求他们的帮助,对一切帮助都深表感激,对帮助者忠心耿耿、五体投地,——靠着这种幻觉,他们支配穷人如同支配财产,出于对财产的渴望,他们摇身一变成了大善人。若有人在助人方面抢了他们的风头,他们便会妒火中烧。双亲不知不觉地将孩子塑造得与自己相似——他们管这叫"教育"——,没有哪位母亲会怀疑自己生下孩子就是自己带来了一份财富,也没有哪位父亲会否认自己有权让孩子服从自己的概念和价值观念。是的,从前的父亲觉得自己可以随心所欲地决定新生儿的生死(在德国古时候便是如此)。和父亲一样,甚至如今的教师、有地位者、牧师、王侯都毫无疑虑地在每个新人身上看到了占有新财富的良机。由此可以推论……

195①

犹太人乃是"生来为奴"的民族,塔西陀②和整个古代世界如

(接上页注①)处以绞刑。喀提林本人则于公元前62年初战败阵亡。罗马史学家撒路斯提乌斯(Sallust,前86-前35)在《喀提林阴谋》中以文学手段处理了这一素材。俾斯麦在1862年9月30日提及"喀提林们",指那些背井离乡的反叛者。卡格里奥斯特罗和喀提林的艺术对尼采而言是蛊惑人心的艺术。在《瓦格纳事件》(1888)中,他认为"瓦格纳是现代艺术家的极致,是现代的卡格里奥斯特罗"。

① [KSA版注]Vs(W I 1)初稿:先知作为保民官:他们将"富有"、"无神"、"邪恶"、"暴力"熔为一体。犹太民族的意义就在于此,这是道德中的奴隶起义。(按照塔西陀的说法,犹太人和叙利亚人生来为奴。)"奢侈是罪"。"贫穷"之名(Ebion)与"神圣"、"上帝之友"同义;参见13卷11 [405](Renan)及相关注释116页29行:塔西佗]《历史》,V,8.

是说;犹太人系"所有民族中上帝的选民",犹太人自己如是说,并对此深信不疑。犹太人实现了颠倒一切价值的奇迹,[117]因此人世生活几千年一直保有某种新奇而危险的魅力:——他们的先知将"富有"、"无神"、"邪恶"、"暴力"、"肉欲"熔为一体,并且前所未有地将"尘世"一词铸成了耻辱。犹太民族的意义就在于这种颠倒价值(包括将"贫穷"等同于"神圣"与"友好"),道德中的奴隶起义①即从他们开始。

196

太阳之外,有无数黑暗的天体等待推断,——那些我们将永不得见的天体。私下里我们不妨说,这是一种比喻;在道德心理学家眼中,整张星图便是一种比喻语言和符号语言,此中许多事物,皆可缄默不语。——

197

人们彻底误解了食肉动物,彻底误解了奉行弱肉强食的人

(接上页,注②)[Pütz版注]犹太人……塔西陀:尽管尼采本人坚决拒绝反犹主义,但他有时也失于笼统,也难免落入偏见和定式的巢臼。他在此引用了塔西佗的《历史》,V,8.——塔西佗(Publius Cornelius Tacitus,55-116)是古罗马最后一位大史学家。除了政治生涯(执政官、元老、总督)之外,他还在多米提安皇帝(96)死后成为作家,起初写一些篇幅有限的作品(《阿格里可拉传》、《日耳曼尼亚志》以及《关于雄辩术的对话》),之后推出《历史》和《编年史》两部煌煌巨著。在这两部史书中,他尽管想"不带仇恨和派性"(sine ira et studio)地描述罗马帝国从奥古斯都驾崩至多米提安(14-96)被害的历史,实际上却勾勒了一条悲情澎湃的心路历程,以各位皇帝和由其决定的时局为例解读罗马君主制下政治和道德的衰落过程。

① [Pütz版注]道德中的奴隶起义:尼采认为,犹太民族经历了一次历史影响深远的价值重估,即以被统治者和被制服者的视角对立于有权势者、征服者的贵族标准,对立于"主子道德"(参见《道德的谱系——一篇檄文》,第1章)。

(比如恺撒·博尔吉亚①),"自然"也不例外,只要还在这些其实最健康的热带猛兽和莽林中寻找"病态",或者寻找对其而言与生俱来的"地狱",就像迄今为止几乎所有道学家所做的那样,人们就是误解了"自然"。看起来,道学家们对原始森林和热带雨林颇为憎恨?应当不惜一切代价诽谤"热带人",说他们是人类的病态和蜕化,或者说他们是自身的地狱,是自我的折磨?究竟为什么要这样?为了"温带"的利益?温和者的利益?"道学家"的利益?芸芸众生的利益?——这些话应收入"怯懦的道德"那一章。

198

[118]这一切道德面向个人,据说是为了他们的"幸福"。这一切道德并非别的,乃是根据个人生活中危险的程度而提出的行为建议:是针对其激情、良癖或恶癖的药方,只要他们还有权力意志②,还想充当主宰;或大或小的精明巧妙和装模作样,带着角落里的旧药气味和老女人的智慧;全都采取巴洛克式③的、非理智的形式——因为它们针对"全体",在不应普遍化的地方搞普遍

---

① [Pütz 版注]恺撒·博尔吉亚: Cesare Borgia(1475-1507),意大利枢机主教和大主教。他肆无忌惮地摧毁封建势力和城市势力,完成了宗教国家的重新布局。博尔吉亚不顾廉耻且权力欲旺盛,不惜通过暗杀实现自己的权力扩张。在马基雅维利(参见第二章 28 节注释"马基雅维利在其《君主论》中")的《君主论》(1532)中,他是优秀统治者的理想化身。
② [Pütz 版注]权力意志:参见《前言》,"生命"和"权力意志"及以下。
③ [Pütz 版注]巴洛克:源自葡萄牙语 barroco[不规则的、走样的珍珠,歪圆的,夸张的,扭曲的];1)矫饰的,繁缛的。直至 19 世纪仍然是贬义词(离奇的、夸张的,可笑的),在此亦然;2)和巴洛克有关的。巴洛克系 17 世纪至 18 世纪初流行的以雕梁画栋、蓬勃张扬见长的艺术风格。除了极富动感的造型,在整体中对细部的扬抑之外,巴洛克风格以极化的对立、强大的张力为特征:无论是普世主义、市民阶层意识、人生乐趣,还是民族主义、宫廷对体面的追求、尘世虚无的意识,都给这一时代打上了烙印。

化——,全都说绝对话,作绝对状,全都不只是以一粒盐花调味,而且会变得可以忍受,有时甚至极富诱惑力,即当放入了过多佐料,开始闻到危险气味,尤其是"另一个世界"的气味时:从理智上来衡量,这一切无甚价值,远非"科学",遑论"智慧",这一切是,再说第二遍,再说第三遍,是聪明、聪明、聪明,夹杂着愚蠢、愚蠢、愚蠢,——或是如廊下派推荐和倡导的那样,面对愚蠢的情感亢奋采取无所谓的态度,冷冰冰如同画柱;或是像斯宾诺莎那样从此勿喜勿悲,他幼稚地主张通过分解和剖析来摧毁情感;或是像亚里士多德式道德①那样,使情感降温到没有危险、但又可获得满足的中等程度;或者甚至将道德当作情感享受,但却是享受有意淡化和脱俗的情感,通过艺术的象征,比如音乐,比如爱上帝以及为了上帝而爱人——因为在宗教里,激情又获得了公民权,前提是——;最后甚至是那种对情感的迎合,有意献身于情感,就像哈菲兹和歌德②教导的那样,那样大胆地信马由缰,[119]一如古时候那些罕见的例外,即那些充溢着智慧的奇人和醉汉,他们精神上迷人的风

---

① [Pütz版注]亚里士多德式道德:亚里士多德在《尼各马可伦理学》中分析了风俗习惯,现行美德和与之相对的恶习,从而确定人类行为准则和促成人格完善和幸福感的因素(参见本章188节注释"亚里士多德的前提")。亚里士多德区分了伦理美德和理智美德。伦理的或者习俗的美德表现为灵魂的习惯性活动,作为一种选择习惯而不断激活,通过理性在两端之间寻求并保持中庸,就像一个聪明人习惯于追求合适的中点(参见《尼各马可伦理学》,卷二,第六章)。在活动的灵魂开始习惯于在感情和欲望的极端中间寻求适度时,它又得通过教导和经历最大程度地提升理智美德(智慧、理解力和机敏);因为后者能促成人类发挥自己最大能力,实现终极目的。

② [Pütz版注]哈菲兹和歌德:哈菲兹是波斯诗人沙姆思奥丁·穆罕默德(Schamsoddin Mohammed,约1325-1390)的笔名。哈菲兹非常熟悉伊斯兰神秘主义的概念世界,在其"嘎扎勒"(东方诗歌形式)中讴歌自然的美好,讴歌爱与酒的世俗欢愉。作为入世的神秘主义者,他同时也对虚伪和狭隘冷嘲热讽。他的诗歌作品在他死后汇编成《诗歌合集》,激发了歌德(参见第二章28节注释"歌德的散文……玩意儿")的灵感,后者写成了《西东合集》(1819)(参见 Katharina Mommsen: Goethe und die arabische Welt. Frankfurt am Main 1988)。

流放荡①"不再有多大危害"。这些话也应收入"怯懦的道德"那一章。

199

一切时代,只要有人,有人群(家族联盟、城镇、部落、民族、国家、教会),便总是大多数人服从,极少数人发号施令。——在服从和培养服从精神方面,迄今为止人类做得无可挑剔,而且持之以恒;考虑到这一点,我们完全有理由设想:一般而言,如今每个人都有一种天生的服从需求,作为一种形式的良知,它命令道:"你应当无条件地做某事,无条件地不做某事",简言之,"你应当"。这种需求希图饱足,寻找内容来填充其形式;它强壮、紧张、急不可耐、饥不择食,食不求精,伸手乱抓,听从一切命令者——父母、师长、法律、阶层偏见、公众舆论。人类发展受到罕见的限制,踌躇不前,费时费力,时常开倒车,原地打转,这些都是因为群居本能中的服从被完美地继承了下来,以命令艺术为巨大代价。设想这种本能一直走到它放荡的末日,那么发号施令者与独立自主者终于销声匿迹了;或者他们内心受着良心折磨,首先必须欺骗自己,然后才能发号施令:似乎他们也只是在服从。这种情况如今在欧洲确实存在,我把它叫作发号施令者的道德伪善。他们内疚,却不懂如何保护自己免受良心的啮咬,只能装作是在[120]执行(祖宗,宪法,公义,法律,甚至上帝的)那些年代较久远、层次较高级的命令,或者从群体的思维方式出发,借用群体的座右铭作为挡箭牌,说自己是"人民的头等公仆",或者是"公共福利的工具"。另一方面,如今群居的欧洲人装得好像他们是唯一获得许可存在的人,大

---

① [Pütz版注]风流放荡:licentia morum[习俗方面的无法无天],罗马塔西佗的史书中的核心概念(参见本章195节注释"犹太人……塔西陀")。

肆美化身上那些使自己变得温顺、好相处、对群体有益的特点,吹嘘成真正的人类美德:即团结、友善、体贴、勤奋、节制、谦逊、宽容、同情。有时人们认为没有带路人和领头羊不行,于是就再三尝试将群体成员聚集在一起,以此来取代发号施令者:比如说,代议制宪法皆源于此。尽管如此,出现了一个绝对的发号施令者,这对欧洲人这些群居动物而言,是何等的快慰,终于从难以忍受的压力下解脱出来了。拿破仑①的出现便造成了这种影响,他是最近的一个有力的证据:——拿破仑的影响史几乎便是幸福史,是一百年来最可敬的人物和最宝贵的时刻获得的更高等幸福的历史。②

---

① [Pütz 版注]拿破仑:Napoleon Bonaparte(1769-1821)。他在意大利实现了自己在法国革命军中的辉煌崛起之后,于 1799 年推翻了执政制,一手结束了革命。1804 年自行加冕为"法兰西皇帝",通过多次战争在 1812 年占领了除俄国和巴尔干半岛以外的整个欧洲大陆。他在俄国受到重创(1812),欧洲解放战争(1813-1815)爆发,他只得退位(1814),此后欧洲列强之间的力量均衡才在维也纳会议(1815)上得以重建。拿破仑集法国大革命(参见第二章 38 节注释"法国大革命")理念、专制统治者意志、欲壑难填的权力追求于一身,产生的影响极为深远。他高超的指挥艺术受朋友敬佩,也被敌人模仿。他的政策至今深深地影响着法国的行政、社会和法制。德国和意大利要感谢他带来的消除封建特权、终止国家分裂的现代国家观和民族观。在德国文人尤其是作家笔下,他被美化为革命的完成者,如在荷尔德林(Friedrich Hölderlin,1770-1843)的《波拿巴》(1798)、海涅(Heinrich Heine,1797-1856)的《两个掷弹兵》(1827)以及格拉贝(Christian Dietrich Grabbe,1801-1836)的《拿破仑的百日》(1831)中就是如此。不仅司汤达(参见第二章 39 节注释"司汤达")、歌德(参见第二章 28 节注释"歌德的散文……玩意儿")、黑格尔(参见第八章 244 节注释"黑格尔"),甚至尼采也在拿破仑崇拜者之列。
② [KSA 版注]尽管如此,出现了一个绝对的发号施令者,这对群居动物而言,是何等的快慰,终于从难以忍受的压力下解脱出来了。拿破仑的印象就是最近的一个有力的证据。从精致的方面来说,所有低等的认识者和探究者也有同样的需求,他们需要绝对的发号施令的哲人;这些哲人可能确定关于认识的价值表,几千年有效,比如柏拉图就是这样——因为基督教只是群氓的柏拉图主义而已——,又比如今天半个亚洲都在追随由佛陀通俗化了的数论体系 Vs(WⅠ6);参见《善恶的彼岸》序的变体,12 页 33-34 行

200

在分化时代,各种族杂处融合。这时代的人身上继承的遗产来源不一,五花八门,也就是说,继承了相互对立、而且往往不仅是对立而已的本能欲念和价值标准,它们彼此争斗,难得平静。——晚期文化犹如折射光,它孕育的这种人通常偏弱:他就是战争,但他最基本的需求便是终结这一战争;对他而言,幸福——[121]与使人安静的(比如伊壁鸠鲁式的或基督教式的)镇定药剂和思考方式①相一致——首先是休憩的幸福,是不受打扰,饱足无求,是最终的合一,用雄辩家圣奥古斯丁的话来说,就是"安息日之安息日"②,圣奥古斯丁也是这种人。——在这样的本性中,对立与战争若是作为生活中的刺激与兴奋起着更多的作用——,另一方面,他们强有力和不妥协的本能欲念,通过继承和培育又获得了真正高超和巧妙的与自我作战的能力,也就是克己和自欺的能力;于是就会产生那种魔术般难以置信的、

---

① [Pütz 版注]伊壁鸠鲁……思考方式:从尼采的生理学角度看,这两例都是生活的退化,这在对情绪的克制中已经表露出来。如果说在伊壁鸠鲁(参见第一章 7 节注释"伊壁鸠鲁")那里,幸福感植根于欲念的和谐和自足的生活,那么基督教则培养情绪,使之升华为对上帝的爱,从而得以贯彻自己的权力意志(参见《道德的谱系——一篇檄文》)。

② [Pütz 版注]安息日之安息日:由于上帝在造物六天后休息了,第七天因而神圣化(参见摩西五卷之一,2 章 2-3 节),十诫之三规定第一周里的第七天作为耶和华纪念日和庆祝日,要严守安息(参见摩西五卷之二,20 章 8-11 节)。作为上帝和以色列之间契约的象征,安息日指向神性的救赎秩序。犹太教的安息日对应的是基督教中作为耶稣复活纪念日的星期天。"安息日之安息日"这一表述有多重意义:它既指个体的寿终正寝,又指基督教相信会在耶稣再生时来临的"末日审判"的拯救,此外还指"耶和华日",在这一天,犹太教期待救赎理由充分,幸福再度实现。奥古斯丁在其《上帝之城》(413-426)中建立了一种历史哲学的模式,认为世界史并非如古典时期时认为的那样是一个永无尽头、周而复始的轮回,而是依次排序的六个救赎史阶段,紧接着的第七个阶段则是幸福圆满再现的时期,是永无止尽的安息日。

不可思议的东西,那些像谜一样的、注定为胜利与诱惑而生的人,表现得最为完美的是阿尔喀比亚德①和凯撒②(——出于我个人的品味,我还想在这两人之外再加上那位堪称第一位欧洲人的霍亨斯陶芬王朝腓特烈二世③),在艺术家当中或许是列奥纳多·达·芬奇④。他们恰好都出现在要求和平的弱者登台亮

---

① [Pütz版注]阿尔喀比亚德:Alcibiades(约前450—前404),雅典政治家和统帅,伯里克利的侄子,苏格拉底的忠实弟子(参见他在柏拉图《会饮》中的赞美词)。他在生前就被认为是无所顾忌的政治家,持一套诡辩的国家理论,只对个人权力感兴趣。作为激进的民主派和战略家,他起初为雅典而战,而后倒向斯巴达一边,与雅典为敌。在一连串的海战大捷后,他于公元前408年回到雅典。因执政不当,他被罢免官职,公元前404年逃离斯巴达人势力范围,投靠波斯人,最后在斯巴达人利桑德的鼓动下被处死。
② [Pütz版注]凯撒:Gaius Julius Caesar(前100—前44),罗马政治家,统帅和作家。在战场上捷报频传、治理省务建树颇丰之后,他成为"统帅"、"国父"和"独裁官",直至逝世。他取消了罗马的共和体制。公元前44年3月15日,他被布鲁图和卡修斯杀害。尼采直接挑明了自己的《扎拉图斯特拉如是说》与凯撒的关系:"扎拉图斯特拉痊愈时,凯撒站在了那儿,无情而善良。"(《1882—1884遗稿》,尼采《全集》,Kritische Studienausgabe in 15 Bänden. Herausgegeben von Giorgio Colli und Mazzino Montinari. München 1980,卷10,页526)尼采于1889年1月3日,即在他完全崩溃的前夕,在给克司马·瓦格纳的信中写道,在他最终成为"胜利的酒神"之前,凯撒是他本人的"化身"之一。
③ [Pütz版注]腓特烈二世:Friedrich II(1194—1250),红胡子腓特烈一世之孙,亨利六世之子。其父驾崩(1197)后,起初并不被认可为皇位继承人。1198年后成为西西里国王,1220年继承皇位后依然几乎只关心他的西西里世袭岛国。在这里,他缔造了一个极端中央集权、财政力量雄厚的公务员国家。在他死后,帝国复辟的中世纪理想彻底破灭。由于其不遵教条的思想,腓特烈二世被他的敌人、尤其是教皇格列高利九世视为自由精神和异端。他研究古希腊和阿拉伯的哲学以及数学、自然科学,也推动了艺术的发展。
④ [Pütz版注]达·芬奇:Lionardo da Vinci(1452—1519),意大利全能天才。作为画家、雕刻家、建筑师、艺术理论家、自然研究者和工程师,他的足迹遍布佛罗伦萨、米兰、罗马和法国。达·芬奇以其多方面的艺术才华成为文艺复兴时期"全才通人"(uomo universale)的化身。通过绘画,达芬奇既获得了认识的源泉也拥有了形象化表达科学知识的手段,从而促成了艺术与科学之间独一无二的互动。其最著名的画作也许是藏于巴黎卢浮宫的《蒙娜丽莎》(约1503—1506)。

相的时代,他们和这些弱者唇齿相依,一脉相传。①

201

只要道德价值判断中的实用性仅仅是群体的实用性,只要目光还是聚焦于族群的存活,只要不道德还完全定位于对族群生存有害的东西;那么,"爱邻人的道德"②就绝不可能存在。即便在此已能不断地看到几分体贴、同情、公道、宽厚、互助;即便在这种社会状况下,所有后来被冠以"美德"尊号,最后几乎与"道德"概念重合的本能都开始活动;然而在那个时代,它们都[122]还不属于道德价值判断的领域——它们还游离在道德之外。例如,同情行为在古罗马鼎盛时期③是无所谓善恶的,既非道德,也非不道德;即便受到赞扬,那么也会有某种不情愿的轻视,褒贬兼而有之,两者和谐相处,在将这一同情行为与某种有利于整体、有利于"公共事务"④的行为进行对比时就会如此。最后,"爱邻人"始终是次要的,相对于怕邻人而言,在某种程度上是传统的、随意而表面的行为。当社会结构似乎在整体上得以确立,看来能够抵御外来危险之后,是这种对邻人的恐惧再次创造了道德价值判断的新视角。

---

① [KSA版注]生来统治者,如凯撒、拿破仑。所以最强大的人出现在种族等级大融合的时代,即对畜群幸福有巨大需求的时代,如伯里克利的雅典,凯撒时代的罗马,拿〈破仑〉时代的欧洲。最后提到的这个时代还刚刚开始:对更远的时代而言,应该期待一种更高等的人出现,那时产生大规模的种族融合,同时精神和物质的权力手段变得极为强大 Vs(N VII I)
② [译注]出自《圣经》:要爱你的邻人,博爱。
③ [Pütz版注]古罗马鼎盛时期:尼采在此或许是指罗马共和国末期即凯撒统治时期。在他看来,凯撒同上文中提到的阿尔喀比亚德、腓特烈二世、列奥纳多·达·芬奇同为伟大人性的杰出典范。
④ [Pütz版注]公共事务: res publica(拉丁文),转义:依照希腊城邦(参见第九章262节注释"城邦")共和政体的群体、国家。也是西塞罗(参见第八章247节注释"西塞罗")最著名的国家理论著作的书名。

某些强烈和危险的本能,如野心勃勃、胆大过人、复仇心切、诡计多端、掠夺成性、贪图权势,迄今为止从公益角度来看不仅必须获得尊敬——当然还得公正地换上好听的名称,不能用以上措辞——,而且必须广而教之,积极培育(因为人在群体危险中,面对着群体敌人,就需要这些本能)。不过现在,人们加倍地体验到这些本能的危险性——因为现在没有发泄它们的渠道——,逐渐地给它们打上了不道德的烙印,使它们沦为诬蔑的靶子。现在,对立的欲念和嗜好获得了道德上的尊重,群畜本能逐步得出了自己的结论。有多少对公众和平等的危害存在于一种意见、一种状况与情感、一种意志、一种天赋之中,这在今天是道德视角的问题:恐惧在此再度成了道德之母。至于最高、最强的本能,一旦它们激情洋溢地爆发出来,使个人远远超越平均水平,跳出群体良知的低洼,那么社会的自我意识就会随之崩溃,[123]如同社会脊柱的自信心就会断裂;有鉴于此,上策当然是给这些本能打上烙印,加以中伤。拒绝依赖的高尚精神,特立独行的意志,伟大的理智,均会被视为危险;一切能使个人超越群体、使邻人产生恐惧的东西,从今以后都会被称作邪恶;得当、谦逊、顺从、安分的心态,适可而止的欲望,都获得了道德之名、道德之誉。最后,在极为祥和安宁的状况下,逐渐不再有机会和必要将人训练得铁石心肠;从此任何严厉,甚至包括公正性方面的严厉,都会构成对良知的干扰;态度强硬的高雅与自我责任感几乎会让人感到受辱,引起人的怀疑,"羔羊"尤其是"绵羊"越来越获得尊重。在社会历史中,病态的风化与软化达到某一程度,连社会也会站在损害社会者一边,站在罪犯一边,而且是严肃、真诚地这样做。在社会看来,惩罚似乎总有点儿不公平,——显然,一想到"惩罚"或"应受惩罚",社会就觉得痛苦,感到恐惧。"使他不能再为害,这还不够吗?为什么非要惩罚呢?惩罚本身就非常可怕!"——提出了这种问题,群体的道德,怯懦的道德,也就得出了它们最后的结论。倘若可以铲除危险,铲除导致恐惧的根源,那么也就可以铲除这种道德:它不再是必要的了,它也不会再认为自己是必要的!——谁若去考察今日欧洲人的良心,谁就能从上千条道德的褶皱中找到总是雷同的那条命令,那条群体怯懦的命令:"我们希望,有朝一日不再有什么可怕的东西!" 有朝一日——通往这"有朝一日"的意志与道路,今天在全欧都叫作"进步"。

202

[124]我们立刻再说一次,虽然已经说过千百次了:这是因为今天人们不太愿意倾听这类真理——我们的真理。我们非常清楚,不加掩饰地、连比喻形式都不用地带直接将人类归入兽类,这种做法是多么侮辱人;但恰恰在谈到具有"现代思想"的人类时,我们总是用"畜群"、"畜群本能"之类的表达方式,①这会被当作罪过算到我们头上。但这无济于事,因为我们别无它择:我们的新观点正在于此。我们发现,欧洲人在主要的道德判断上②取得了共识,那些受欧洲影响的国家也在此列。在欧洲,人们显然知道苏格拉底③自认不知的事情,知道那条古老而著名的蛇曾经许诺教给人的事情,——今天,人们"知道"何为善恶④。然而忠言逆耳,倘若我们总是如此反复强调,话就必然不怎好听:自诩知道的,以

---

① [译注]"畜群"、"畜群本能"即群体、群体本能。译文中多处"群体",德文均为 Herde(意为"畜群"、"兽群")。
② [KSA版注]我有一个发现,不过这个发现并不令人振奋:它与我们的自豪相悖。因为无论我们称自己如何自由,我们这些自由精神——因为我们是在"我们中间"自由——,如果有人不加掩饰地将人类归入兽类,我们心中会有一种被侮辱的感觉。我在谈论我们时总是说"畜群"、"畜群本能"之类的话,这几乎是一种罪过,是需要道歉的。然而,这正是我的发现,我发现欧洲人在所有道德判断上 Vs(W I 4)初稿
③ [Pütz版注]苏格拉底:参见序言注释"苏格拉底……罪有应得"。
④ [Pütz版注]古老而著名的蛇……善恶:参见摩西五卷之一,2章17节和3章1-24节。

对此的赞扬与指责自吹自擂的,自称为善的,其实只是人类作为群牲的本能:它开始并不断地脱颖而出,取得优势,跃居其他本能之上;这点相应于生理学上的日益接近和趋同,它本身即是其症状。今日欧洲的道德乃是群牲的道德:——按我们的理解,只是一种人类道德,在之前、之后、与之同时,还可能有或应当有多种其他道德,尤其是层次更高的道德。然而这种道德全力抵制这"可能"、这"应当":它决不让步,顽固地宣称"我便是道德,此外别无道德可言!"——确实,借助于一种对最微妙的群牲欲望竭尽迎合和谄媚之能事的宗教,我们甚至在各种政治机构和社会机构中也[125]发现了这种道德的日益明显的表现:民主运动继承了基督教的遗产。不过,其速度对迫不及待者,对患了上述本能病、得了上述本能瘾的人而言,仍然如同蜗行,慢得让人昏昏欲睡;这点的证明就是越来越疯狂的嚎叫声,像狗一样在欧洲文化的大街小巷里游荡的无政府主义者①就在这样龇牙咧嘴地狂吠。他们看起来与那些温和而勤劳的民主主义者和革命理论家相反,与呆头呆脑的半吊子哲学贩子②和兄弟情幻想家③更是截然相反。这些哲学匠和幻想者自称"社会主义者"、打算建设"自由的社会",但实际

---

① [Pütz 版注]像狗一样……无政府主义者:参见本章188节注释"无政府主义者们"。
② [Pütz 版注]半吊子哲学贩子:参见第一章10节注释"强调实在的半吊子哲学贩子"。
③ [Pütz 版注]兄弟情幻想家……"社会主义者":一种乌托邦式的早期社会主义,18世纪就已出现,主要在法国,始于对广大底层人民的贫困的抗议,受到普世进步的启蒙思想的影响,创始者有巴贝夫(François Babeuf,1760-1797)、圣西门(Claude-Henri de Saint-Simon,1760-1825)和傅立叶(Charles Fourier,1772-1837)。在19世纪,随着工业化和工人的无产阶级化,社会主义成为一场政治运动。与自由资本主义的经济和社会制度相对立,人们追求无阶级的、公有财产和公有经济构成的社会;全德工人联合会创始人、国家社会主义理论家拉萨尔(Ferdinand Lassalle,1825-1864)要求通过议会道路完成社会转变;相反,除巴枯宁(参见本章188节注释"无政府主义者们")外,马克思(Karl Marx,1818-1883)和恩格斯(Friedrich Engels,1820-1895)这两位共产主义的奠基人在其著作《共产党宣言》(1847)和《资本论》(1867)中代表了一种革命的方向。关于实现社会主义的正确道路的争论也决定了1869年成立于埃森纳赫的德国社会主义工人党的历史。

上却和上面那些人一样,同样对任何不同于自治畜群的社会形式本能地恨之入骨(除此之外,甚至还拒绝"主人"与"奴仆"的概念——有种社会主义公式就叫"既无上帝亦无主"①——);同样坚持反对任何特殊要求、特权和优先权(这就是说,从根本上反对一切权利:因为,既然众生平等,就没有人再需要"权利"了——);同样怀疑公正的惩罚(似乎这是对弱者的施暴、对一切早期社会必然结果的不公正——);但也同样信奉感同身受的宗教,对感觉、体验和忍受的一切都予以同情(下至禽兽,上至"上帝":——"同情上帝"这种妄为,乃是属于民主时代的——);同样全都大声叫喊着同情,迫不及待地同情,对痛苦恨得死去活来,几乎象女人那样不能对痛苦袖手旁观、听之任之;同样不由自主地变得忧郁和软弱,正因为受此摆布,欧洲看来面临一种新佛教的威胁;同样相信群体的同情这一道德,好象它就是道德本身,是高峰,是人类达到的高峰,是未来的唯一希望,[126]是现今的少许安慰,是以往一切罪孽的大解脱:——同样全都相信群体就是救世主,即相信畜群,相信"自己"……②

203③

我们,我们有另一种信仰,——在我们看来,民族运动不仅是政

---

① [Pütz 版注]既无上帝亦无主:ni dieu, ni maître,参见第一章 22 节注释"既无上帝亦无主"。

② [KSA 版]是基督教运动的一种延续。但是这样也不能充分满足同一本能的欲望和梦想,所有社会主义者的言论和未来之梦都证明了这一点,你只要侧耳细听就知道了。Vs(WI4)是基督教运动的一种延续。但是这样也不能充分满足上述本能的欲望和希望,所有社会主义者的哀嚎都证明了这一点。社会主义才是彻底的"畜群本能":"所有人的权利平等"的定理导致了"所有人的要求一样",所以"一个畜群无牧人","所有的羊群一样",所以"地上平安",所以"喜悦归于人"。Vs(WI6) 参见《路加福音》2, 14 以及《漫游者和他的影子》350

治组织的衰落,而且人类也随之变得衰落和渺小,意味着人类的平庸化和贬值:我们应该将希望寄托在什么上?——寄托在新型哲人身上,别无它择;寄托在精神强有力而原生态的人身上,他们能率先提出相反的价值判断,重估和颠倒"永恒的价值";寄托在先行者和未来人身上,他们如今编结缰绳,迫使千年来的意志进入新的轨道。要教会人类,人的未来便是他的意志,取决于人的意志,要有大勇气,全方位地尝试推广管教和培育,从而终结迄今被称作"历史"的那段荒唐和偶然的恐怖统治——"绝大多数人"的荒唐只是它最后的形式——;如要这样,那么迟早要有新型的哲人,要有新型的发号施令者,与他们的形象比较,这世上所有隐秘的、可怕的、友好的幽灵都显得苍白渺小,相形见绌。这类领袖的形象悬浮在我们眼前:——我是否可大声说,这就是你们自由的精神?状况,人们为自由精神的诞生而部分重新创造、部分加以利用的状况;途径与尝试,一个心灵通过这些可能的途径和尝试成长起来,获得必要的高度与力量,从而体会到这一任务的迫切性;价值的重估①,在重估价值这新的压力和[127]锤炼下,一种良知百炼成钢,一种心灵化为合金,能承受这样一种责任的重担;另一方面,这类领袖的必要性不

(接上页,注③)[KSA 版注]Vs(W I 4)初稿:前言——要促使人们作出左右人类全部未来的新决定,必须要有领袖,要有那些具有迄今为止也许未曾有过的思维方式的人。不断悬浮在我眼前的,就是这类领袖的形象。造就他们的手段,使他们能够坚持承担如此可怕重任的思想,——这些就是我的工作。——几乎没有什么比看到一个杰出人物出轨和蜕化更让人疼得揪心的了。但谁若是体会到那些在总体上决定各民族的命运和离合的巨大偶然性,就会遭受无与伦比的痛苦:使人鼓舞的幸福,在力量和动能如此积聚起来时能做到什么,在哪些可怜的小东西中会突然迸发出奇大无比的生成物□□□

① [Pütz 版注]价值的重估:在《道德的谱系》(1887,第三部分 27 节)中尼采宣布要发表《权力意志——重估一切价值的尝试》。此后的拓展、削减和放弃均不成功,说明了尼采这一计划过于大胆冒进。从批判性上看,尼采绝不满足于简单的价值转变,而是旨在对所有文化进行新的评估,因为这些使得生活屈从于不利于生活的、本身已然退化的道德原则、宗教原则以及——作为它们在近代的后继者的——科学原则。

啻一种可怕的危险,他们可能不如愿出现,或者可能会遭遇失败,蜕化变质——这才是我们心中真正的担忧和阴影,你们晓得么,你们这些自由的精神?这是沉重的思想与雷暴,掠过我们生活的天空。几乎没有什么比看到、猜到、感受到一个杰出人物出轨和蜕化更让人疼得揪心的了;但谁若是独具慧眼,能觉察这整体的危险,即"人类"本身的蜕化,谁与我们一样,认识到人类未来问题上的巨大偶然性,这种偶然性玩的把戏,别说人的手没玩过,连"上帝的手指"也没玩过!——谁若是意识到这个灾难,这个隐藏在"现代思想"愚昧无知和天真烂漫的轻信之中,更是隐藏在整个欧洲的基督教道德之中的灾难:那么他就会遭受到某种无与伦比的恐慌的折磨,——他一眼就看清了,在能有效地积聚力量、提升使命的情况下,还能通过教育从人身上发掘出些什么来;他从对自己良知的全部知识出发,知道人类最大的可能性尚未充分利用,知道人这一种类曾有多少次面对神秘的决定和全新的道路;——他还出于自己最为痛苦的回忆,更清楚地知道,一种最高等级的生成者迄今为止总是碰上哪些可怜的事情而崩溃、折断、沉没、变得可怜的。人类的整体蜕化,一直堕落到今天被那些愚蠢而浅薄的社会主义者理想化了的"未来的人"!——人类退化了,变得渺小,变作彻头彻尾的群牲(或者,如他们所说,变成了"自由社会"的人),[128]变成具有同样权利和要求的小动物,这是可能的,毫无疑问!谁若将对这种可能性的思考进行到底,谁就会感觉到另一种其他人没有感觉到的恶心,——也许也是一个新使命吧!——

第六章 吾辈学者

204

[129]道德说教一直就如巴尔扎克①所说的那样,是在勇敢地将伤口示人②——在此冒着这种危险,我想斗胆来反驳一种不得体且有害的等级偏移,如今科学和哲学之间的地位不知不觉地发生了改变,显得那么理所当然。我认为,人应该基于其经验——在我看来,经验总是糟糕的?——而有权参与关于如此重要的地位问题的讨论,以便不像瞎子那样侈谈色彩,不像女人和艺术家那样诋毁科学("哎,这该死的科学!"他们本能和羞愧地叹息道,"它最后总能让真相大白!")。科学家的独立宣言,科学家摆脱哲学后获得的解放,这是民主活动或曰民主暴动的较为积极的作用之

---

① [Pütz版注]巴尔扎克: Honoré de Balzac (1799-1850),法国作家,被认为是现代小说中社会现实主义的创始者。其主要作品《人间喜剧》由91部中、长篇小说组成,意在代表性地全面描述当时的社会百态,1829年后问世,1841年起扩充。文体特点为细致入微的社会环境描写和条分缕析的人物性格刻画。巴尔扎克认为不受拘束、具有破坏力的激情乃是对人的最大威胁,对人与社会的关系起着决定性的作用。

② [Pütz版注]将伤口示人: montrer ses plaies (法语)。

一:学者的自我美化和自我抬举在当下遍地开花,春风得意——但并不等于说,自夸在这种情况下就散发着诱人的芬芳。群氓的本能在此也想要"摆脱所有主子!"科学抗拒神学并获得了无比辉煌的战果,科学多少年来一直是神学的"婢女",现在却得意忘形、失去理智,[130]一心要为哲学定规矩,并自个儿扮一回"主子",也就是充当——我怎么说来着!——哲人。我的记忆——一位科学家的记忆,请允许我这么说!——中充斥着幼稚的高调,都是我从研究自然的年轻人和上了年纪的医生们那儿听到的关于哲学和哲人的言论(更不用说所有学者中最有学问、但也最目空一切的人,也就是那些搞语文学的和教书的了,两者皆因职业关系而荣登此榜)。时而是专门学问家和向隅而立者出于本能,对所有综合任务和综合技能都不以为然,拼命抵抗;时而是勤奋的工人从哲人的心灵生活中嗅到一种闲适①的气息,一种高贵而富足的气息,因而觉得自己吃了亏,被人看低了;时而是色盲的功利主义者认为哲学只是一连串被驳倒了的体系,只是挥霍无度的、而且谁也不能从中"得益"的浪费;时而又冒出了恐惧,开始害怕伪装的神秘主义,害怕对认识界限的修正;时而是对个别哲人的蔑视不知不觉地演变为对整个哲学的蔑视。最后我常常发现,这些年轻学者趾高气扬,对哲学不屑一顾,但在他们这一行为背后,其实是某位哲人自身造成的恶劣影响,尽管大家基本上决定不再对他言听计从,但却并未从他唾弃别的哲人这一怪圈中走出来:——结果就是对所有哲学的一概否定。(在我看来,比如叔本华对当今德国产生的影响②就

---

① [Pütz版注]闲适: otium [惬意、宁静、自由的时间],古典艺术观和生活观的核心概念。闲适的幸福不在于无所事事,而在于脱离(职业)责任。
② [Pütz版注]叔本华……的影响: 叔本华参见第一章16节注释"叔本华"。在叔本华的时代,盛行从历史和遗传的角度把握世界的本质;对此叔本华展开了批判和论战。在他看来,人和历史只是不可转变的意志的"客观化",世界的现状只是理念的偶然现象形式。

是如此。——他把一股无名火发在黑格尔头上①,使得近来整整一代德国人与德国文化完全决裂,而这种文化是殚精竭虑修炼而成的,具有历史意义的高度和前瞻之美②;但叔本华自己[131]正是在这点上如此贫乏,如此缺少接受能力,如此违背德意志精神,令人叹为观止。)从大的方面来看,或许主要是人性的、太人性的③东西,简而言之是新一代哲人自身的贫乏,最彻底地破坏了对哲学的敬畏,为群氓的本能打开了大门。不得不承认,我们的现代世界在何等程度上背离了包括赫拉克利特④、柏拉图⑤、恩培多克

---

① [Pütz版注]一股无名火发在黑格尔头上:叔本华(参见第一章16节注释"叔本华")反对从费希特(参见第一章11节注释"德意志哲学")到黑格尔(参见第八章244节注释"黑格尔")的唯心主义运动,尤其对黑格尔竭尽侮辱之能事。1819年他向柏林大学申请执教资格,1820年获得授课机会时,展开了与黑格尔的直接竞争。他狂妄地将自己的上课时间和黑格尔的上课时间放在一起,不料等着他的是空无一人的教室,而黑格尔的课堂却被挤得水泄不通。叔本华对黑格尔的反复攻击除了辱骂还是辱骂,不可理喻的指责无以复加:他将黑格尔的哲学贬为"毒害头脑的黑格尔把戏",称之为"文字垃圾"(参见《作为意志和表象的世界》Ⅱ,1,4)。当丹麦科学院间接地以他针对黑格尔的论战为由,拒绝把奖授予他的《关于道德基础的有奖征文》时,他立即指责该学院缺乏正常人的健康理智(参见《伦理学的两大基本问题》,1版前言)。

② [Pütz版注]历史意义的……前瞻之美:前瞻一词源自拉丁文 divinatorius [先见的,预知的],历史意识是指人鉴于所处的历史关系实施有目的行为的天生能力。人可以本能地做到前世不忘,后世之师,重读历史,预知未来。

③ [Pütz版注]人性的,太人性的:暗指《人性的,太人性的》(参见第九章271节注释"人性、太人性的污秽"),尼采在书中批判形而上学,认为它是人类需求的受历史局限的表达,因而是堕落的表现。

④ [Pütz版注]赫拉克利特:Heraklit(公元前544-483),来自爱菲斯的古希腊自然哲人和政治家,因思想深奥难解被称为"晦涩哲人"。当时第一批自然哲人主张静止的存在论,寻求一成不变的原物质。赫拉克利特则不同,他认为火是一切存在物的理性原则,是事物不断变化的表现。水、土、气由火发展而来。他关于对立生成的哲学将事物的流动(panta rhei,希腊语,意为"万物皆流")视为世界特征,其核心话语成了几乎人尽皆知的谚语,如"战争是万物之父","人不能两次走进同一条河流"。尼采在谈到德国音乐、尤其是瓦格纳的音乐时,对赫拉克利特予以高度赞扬(可参见《不合时宜的观察》):"瓦格纳的音乐从整体上是一个世界的反映,正如那位伟大的爱菲斯哲人理解的那样,是来自争执的和谐,是正义和敌意的统一。"又如《悲剧出于音乐精神的诞生》中:"因为恰恰　　(转下页)

勒①在内的所有庄严辉煌的精神隐士的行为方式；鉴于哲学的代表人物如今按照时尚上下沉浮——在德国的例子是柏林双狮：无政府主义者欧根·杜林②以及调和主义者爱德华·冯·哈特曼③——，一个老实的科学家又怎么能理直气壮地感到自己拥有更高贵的风格和出身。特别是看到那些自诩为"现实哲人"或"实证主义者"的杂交型哲人，雄心勃勃的年轻学者的心里会产生怎

（接上页注④）德国音乐是我们所有文化中唯一纯净、澄澈的火之精魂，始之于火，归之于火，一如伟大的来自爱菲斯的赫拉克利特所言：所有事物都在双重轨道上运行。"

（接上页，注⑤）[Pütz版注]柏拉图：参见序言注释"柏拉图主义"和第五章190节注释"在柏拉图的遗著中……苏格拉底思想"，第一章14节注释"柏拉图式思维方式"。

① [Pütz版注]恩培多克勒：Empedokles（约前495-前435），来自阿克拉噶斯的古希腊自然哲人、医生。他来自前苏格拉底学派，曾拒绝了为他准备的王冠。他的宗教思想旨在灵魂的转世轮回。据传他自己跳进了埃特纳火山口。荷尔德林（Friedrich Hölderlin, 1770-1843）曾写过戏剧《恩培多克勒之死》，展现了这位和不信神的民众疏远了的哲人和诗人先知的内心冲突。

② [Pütz版注]杜林：Eugen Karl Dühring（1833-1921），哲人和国民经济学家，其哲学受实证主义影响，带有机械论特征。他从目的论的角度，即从预设目的出发，解释从有机物到道德直至精神的所有现象。他用以反对达尔文物竞天择说（参见第一章14节注释"达尔文主义者"）的理念是"一个真正自由的社会"，即一个消除了所有压迫和统治的社会。恩格斯（1820-1895）在《奥格·杜林先生对科学的颠覆》(1878)，即所谓的《反杜林论》中抨击了他的这种理念。杜林的主要著作有《英雄人生观意义上的生活价值》(1865)，《哲学批判史》(1869)，《机械论普遍原则的批判史》(1873)，《国民经济和社会主义批判史》(1871)《逻辑与科学理论》(1878)。在自传《事物、生活和敌人》中，他自称是反犹主义真正的创始人（关于无政府主义参见第五章188节注释"无政府主义者们"）。

③ [Pütz版注]爱德华·冯·哈特曼：Eduard von Hartmann（1843-1906），德国哲人。在其动态形而上学理论中，他试图吸收谢林（参见第一章11节注释"谢林"）无意识概念以及莱布尼茨（参见本章207节注释"莱布尼茨"）的个体性学说，借助现代自然科学和历史学的经验-归纳法，将黑格尔（参见第八章244节注释"黑格尔"）的"绝对精神"和叔本华（参见第一章16节注释"叔本华"）意志概念结合起来。尼采以"调和主义者"一词（源自amalgamieren，"融合"）影射各种不同哲学元素的混合。尼采在《不合时宜的观察》第二部分（《历史对人生的利弊》，1874）中以讽刺的口吻声讨哈特曼和他过分强调历史性的做法。

样一种危险的怀疑：这些人最多自己也是学者专家，这点再明显不过了！——所有这些人都被征服了，重新回到了科学的统治之下，这些人有时想从自己身上发掘"更多的东西"，却全无拥有这个"更多的东西"的权利和责任——这些人现在表面上受人尊重，实则怒火中烧，伺机报复，以各种言行对哲学的主人使命和统治地位表示怀疑。到头来：除了这样还能怎样！在今天，科学蒸蒸日上，脸上写满了问心无愧的良知；与之相比，现代哲学整体上江河日下，今天残留的那一部分不说引起讥讽和同情，那也至少是令人怀疑和不悦了。只剩下"认识论"的哲学①，确确实实沦为一种怯懦的存疑论和放弃说②：[132]一种不跨出门槛半步，尴尬地拒绝进入的哲学——这是苟延残喘的哲学，意味着终点和痛苦，只能让人怜惜。这样一种哲学怎么能——实行统治！

205

事实上，今天哲人的成长之路上险象环生，以至于要对这颗果子能否成熟打上大大的问号。科学的范围和架构大大扩展了，几近无限，于是很有可能哲人在学习过程中就厌倦了，或者

---

① [Pütz版注]只剩下"认识论"的哲学：转向认识论，这是近代哲学的特征，一定程度上意味着局限或简约，因为它通过对主体认识形式和条件的反思发现：就上帝、世界、不朽和灵魂这些形而上学经典主题获得确实的理论知识，这其实远远超出了人类认识的可能性。在这一意义上，康德在《纯粹理性批判》中对认识进行批判时说，其"功用"未尝不在于压缩和限制对理性的运用（参见《纯粹理性批判》，1787年2版，24页）。

② [Pütz版注]存疑论和放弃说："存疑论"一词源自希腊语 Epéchein［拖延、迟疑］；从中引申出 epoché［怀疑、放弃］。爱利斯的皮浪（Pyrrhon aus Elis，前360–前270）认为，人要放弃所有判断，因为事物是我们无法认识的。在这个含义上，这个词首先主要见于克吕西波（Chrysippos，前281/78–前208/05）、爱比克泰德（Epiktet，约50–138）、普鲁塔克（Plutarch，45–120，参见《道德小品》，1124）。在尼采看来，当代哲学陷入了对自身的怀疑，而不是确立尊重。

在某处钻了牛角尖,"专攻此术"起来;这样一来,他就再也到达不到应有的高度,再也达不到会登临绝顶、一览众山小的境界了。要么等他到达时垂垂老矣,心力交瘁,热血不再;要么他已饱经沧桑、陈腐蜕化,因而他的视野、他的整体价值判断已经无足轻重。恰恰是他知识分子细腻的良知让他也许在中途徘徊不前;他担心禁不住诱惑,会成为半瓶子醋、千足虫,会长出千只触角;他太清楚了,如果一个人不再敬畏自己,那么他再明察秋毫也无法继续发令,继续导航:除非他立志做个表演大师,成为哲学上的卡格里奥斯特罗①和精神的捕鼠者②,简而言之就是引诱者。这说到底是一个品味问题:假如它本身不是个良心问题的话。为了表现哲人面临的重重困境,还要指出的一点是,他要求自己做出的判断并非科学上的对错,而是关乎生活以及生活意义的是非——这样他就很不情愿去相信自己有权、甚至有义务做出这一判断,只得从包罗万象的——也许是最恼人、最具毁灭性的——经历出发,往往带着犹豫、怀疑与[133]沉默去探路,寻找那份权利和信仰。事实上,大众长期以来对哲人产生了混淆和误解,不是把他们奉为科学家和理想的学者,就是把他们看作是具备高尚的宗教情操、没有七情六欲、"不食人间烟火"的幻想家和醉汉;今天如果听到赞扬某人过着"智慧"或是"哲人"的生活,那意思几乎就只是"聪明和另类"。智慧,这对群氓来说简直就是一种诅咒,是从一场险恶的游戏中安然脱身的手段和绝招;但是真正的哲人——至少对我们来说,我的朋友们,不是吗?——活得既不"哲学"也不"智慧",尤其是不聪明,感受到

---

① [Pütz 版注]卡格里奥斯特罗:参见第五章 194 节注释"卡格里奥斯特罗和喀提林的所有高超艺术"。
② [译注]"捕鼠者"源自德国民间故事,1284 年,哈默尔恩村来了一个捕鼠能手,村民答应他若能除去鼠患便有重酬。他吹起笛子,鼠群闻声随行,被诱至河中淹死。村民却食言。后来捕鼠者吹起笛子,孩子们闻声随行,被诱至一个山洞内困死。

生活中上百种尝试和诱惑的重负和职责：——他不断冒险，以身试法，玩那险恶的游戏……

206

天才要么生产（zeugen），要么孕育（gebären），这两个词的外延在此达到了极致；——与这样的天才相比，学者，一般的科学家，总有点像老处女：因为他和老处女一样不擅长这两项人类最富价值的工作。事实上，作为一种补偿，人们也承认学者和老处女这两种人值得尊敬——在这种情况下强调的是尊敬——，但与之而来的还有因为这种强制性的承认而产生的厌恶。我们来仔细看一下：科学家是什么人？首先他是一种不高贵的人，拥有一个不高贵的人的美德，也就是说，他是一种不占据统治地位的，非权威的而且永不知足的人：他很勤奋，有耐心参与论资排辈，在能力和需求上追求均衡和适度，对同类人[134]及其需求有一种本能的感应，比如那种对工余休息时必须有的独立性和绿草地的需求，那种对荣誉和认可的要求（这首先、主要以认识和可认识性为前提），那种好名声的光环，那种对其价值及效益的不断肯定，以此来不断克服内在的怀疑，克服所有不独立的人和群居动物心底里的怀疑。当然，学者也有其不高贵的病态畸形的一面：他时常有点妒火攻心，对自己无法企及的人物的缺点目光如炬。他容易相信人，但只是作为允许自己缓行、不让自己奔流的人时才这样；越是面对如大江奔流者，他就越是显得冷漠和自闭，——这时他的眼睛就像一汪平静的死水，里面不再泛起丁点儿愉悦和共鸣。一个学者所能做到的最糟糕、最危险的事情，来自于他这类人平庸的本能：来自于平庸的耶稣会教义①，这种教义本能地致力于扼杀与众不同者，试

---

① ［Pütz版注］耶稣会教义：参见序言注释"耶稣会"。

图折断或者——这样更好——放松所有紧绷的弓弦。放松就是体谅,当然是伸出呵护之手,带着容易相信人的同情心使其放松:这是耶稣会真正的艺术,它向来懂得以宣扬同情的宗教化身潜入人心。

207

不管人们带着怎样的感激之情迎合客观精神——谁没有过对一切主观及其该死的自我迷恋①厌恶透顶的时候呢!——,到头来人们却得学会小心把持这份感激,抑制夸大的倾向,[135]不能像最近那样过甚其词地把精神的去主体化和去个性化当作目的本身,当作解脱和神化来庆祝。特别是悲观主义者内部就经常如此庆祝,他们完全有理由在自己那儿为"无动于衷的认识"加冕。客观之人不再像悲观主义者那样诅咒谩骂,理想学者的科学本能在跌了上千次大小跟头后终于开花结果,这样的客观之人和理想学者当然是无比宝贵的工具之一,但他应该在一个更强大者的掌握之中,他只是一把工具,不妨说,是一面镜子,——他不是"目的本身"。事实上,客观的人就是一面镜子,主要是习惯了对想要认识的事物俯首称臣,除了认识即"反映"之外再无别的乐趣,——他守株待兔,然后如此小心地靠近,以至于任何飞鸿泥爪和蜻蜓点水都会在他的镜面和体表上留下痕迹。他身上所剩无几的"个人"元素在他看来是偶然的,通常是随意的,更多的情况下是令人不安的;他已经完全沦为外来人物和事件的通道和反光。他费力地回想"自己",却总是错误的;他易于将自己和别人混淆起来,他在自己的生活必需方面常常搞得一团糟,就是在这点上有欠精细,粗枝大叶。也许是健康状况或女人和朋友的小家子气折磨着他,或者

---

① [Pütz 版注] 自我迷恋:Ipsissimosität,源自拉丁文 ipse[自己]。

他受苦是因为少有志同道合者、疏于社交,——是的,他逼着自己反思这种痛苦,但纯属徒劳!他的思绪早已游走至更为普遍的情形,到次日他就像昨天一样不明白如何帮助自己。他不再严肃地对待自己,也不再为自己浪费时间:他快活轻松,不是因为万事无忧,而是因为无力克服自己的困境。他的习惯是,对万事万物笑脸相迎;他如此好客,灿烂洒脱地接受所有来者;[136]他毫不顾忌地表示亲善,他不无危险地不置可否:呜呼,他不得不牺牲自己这些美德的情况确乎不少!——作为一个人来说,他太容易成为这些美德离去后留下的骷髅①。要从他那儿得到爱和恨,我指的是上帝、女人和畜牲所理解的爱与恨——:他会竭尽所能,倾其所有。但如果爱不深、恨有限的话也不应该感到奇怪,——他正是在这时显出自己虚假、脆弱、可疑和腐朽的一面。他的爱是做作的,恨也是假装的,更多地是在耍一把"壮举"②,有点儿卖弄和夸张。他只有在可以客观的时候才是真实的:只有在他欢快的整体性追求③中他才展示"本性",才是"自然"的。他那反映客观的、永远心如止水的灵魂不再懂得肯定和否定;他不发号施令,也不摧毁什么。"我几乎不轻视任何东西"④——他的话和莱布尼茨⑤如出一辙。可不要忽视和小看这里的"几乎"二字!他也不是人中楷模;他不领先于人也不落人之后;他远远地站在一边,没必要在善恶之间表明立场。人们一直把他与哲人混为一谈,把他当作凯撒式的文化培育

---

① [Pütz版注]骷髅:Caput mortuum(拉丁文)。
② [Pütz版注]壮举:un tour de force(法语)。
③ [Pütz版注]整体性追求:源自中世纪拉丁文 totalis[完整的,全部范围]。
④ [Pütz版注]我几乎不轻视任何东西:Je ne méprise presque rien(法语)。
⑤ [Pütz版注]莱布尼茨:Gottfried Wilhelm Leibniz(1646-1716),德国哲人、数学家、物理学家和外交家。他的哲学试图结合中世纪神学和现代自然科学思想。主要著作除了《单子论》(1718;参见第一章12节注释"视为原子,视为单子"),还有《神正论》(1710)。在《神正论》中,莱布尼茨试图反驳对上帝作为万能者竟然允许邪恶存在的指责,认为上帝创造了"一切可能的世界中最好的世界",因为肉体上的丑恶只是其必然有限性的结果,而道德上的邪恶却源自人类有限生命中被赋予的自由。

者和文化强人①,这可正是太抬举他了,忽略了他身上最本质的一点,——他是一把工具,一介奴仆,尽管确是最高雅的奴仆;他本身什么都不是——几乎一无所是②!客观的人是一种工具,是一种价格不菲、易碎易污的测量仪和艺术镜,理应保护和尊敬:但他不是目的,不是出口和通往出口的阶梯,不是一个与其余存在形成互补、其余存在能以此自我辩护的人,不是终点,更不是开端、创造和首因;他不像想当主子者那样粗鲁、强势、以自我为中心,相反,他只是一只柔软、空心、精致的活动模具,必须等来实质性内容才能用于"塑造",——通常是一个[137]没有实质性内容的人,一个"无我"的人。当然对女人也没有吸引力,顺带说一句③——

208④

如果今天一位哲人暗示他不是怀疑论者,——我希望,从以上

---

① [Pütz 版注]凯撒式的文化培育者和文化强人:尼采以这一措辞将把人类文化和历史与达尔文(参见第一章 14 节注释"达尔文主义者")的进化论进行类比。进化论认为物竞天择,适者生存,通过在所谓选种过程中种族优良个体的结合进行繁衍。站在史学之镜面前,"客观的人"试图理解一切,将一切简约为客观性和相对性的整齐划一,从而成为促进各种生命力量之间稳定平衡的一员。他并不强行设置高标准,以符合种族培育的要求,后者在尼采看来是一个哲人应该做的。
② [译注]原文 presque rien (法语),参见前相关注 Je ne méprise presque rien [我几乎不轻视任何东西]。
③ [Pütz 版注]顺带说一句:in parenthesi [在括号中,附注],出自希腊语 parenthesis [附加的东西,附注]。语言文体学上指独立于真正句子结构之外的部分。
④ [KSA 版注]参见第 11 卷 34 [67] Vs (W I 6) 初稿:我们的十九世纪在高度和深度上都显得是一个怀疑的世纪,即是一个延长和稀释了的十八世纪。几乎所有上点档次的学者和艺术家都是怀疑论者,不管他们是否乐意对自己和他人承认这一点。当然,作为一个说不的思维方式,悲观主义是个例外,人们可以将它归因于贪图安逸,而这是任何民主时代的特点。如果怀疑论者蜕化了,也就是变懒了,他就会成为悲观主义者。但是,一个头脑清醒的、懂得为自己保留一份知识和良知自由的人,在今天不会说"不",而是会说"我不敢冒犯此地",或者"这里的大门开着,为什么急着要进去?为什么匆忙提出这些假设?为什么要把曲　　(转下页)

第六章 吾辈学者

对客观精神的描述中,诸位已经听出端倪了吧?——那么全世界都会听得不乐意;人们会带着几分羞怯地仰望他,脑海里冒出一连串的问题……是的,在如今遍地都是的胆小听众眼里,他从此就是个危险人物。对他们来说,听到他拒绝怀疑,就仿佛听到从远方传来不祥的轰隆声,似乎某个地方在试验一种新炸药,一种精神炸药,也许是一种新近发现的俄国虚无派①,一种善良意志的悲观主义②,即不仅说不,想要说不,而且——想来真可怕!——还将这"不"字付诸实施。对这种"善良意志",对这种真正以行为统一生活的意志,如今大家都公认没有什么比怀疑更有效的安眠药和镇

(接上页注④)木弄圆?为什么要用些粗麻絮把洞眼填满?还是让我们稍等片刻吧:悬而未决者也有其魅力所在,连斯芬克斯也是个迷人的女妖塞壬"。怀疑论者就这么自我安慰。说真的,他也确实需要些许安慰,因为怀疑乃是某种复杂生理状态的表现,这种状态在种族或阶层大规模和突然相交之时形成。继承的来源不同的价值取向相互斗争,相互打扰对方的生长和变强,灵肉身心之间失去平衡,缺少重心,垂直稳定性没有保障。自然这些混血尝试中分化和弱化最厉害的是意志;做决定的独立性和本原性不复存在。谁也不再能为自己担保。所以都像怕鬼似地对大大小小的责任怀有恐惧,所以都酷爱把自己的脑袋和良知塞进某个群体中去。但是,今天谁要是继承了一种发号施令的、无所畏惧的意志——这种例外偶尔也会发生——,谁就有比以前更大的希望获得统治地位。大多数人觉得心中没底,而这种状态正要求和呼唤着绝对的发号施令者。

① [Pütz版注]虚无派:Nihilin,源自拉丁文 nihil[虚无]。暗指俄国无政府主义者的社会革命运动(其最重要的鼓吹者是巴枯宁,参见第五章 188 节注释"无政府主义者们")。他们通过把欧洲虚无主义——这在俄罗斯作家屠格涅夫(1813-1883)那里,尤其在其长篇小说《父与子》里非常明显——批判传统价值和传统等级的倾向转换为社会政治行动,试图用暴力强行推翻现有社会秩序。虚无是一种否定的手段。

② [Pütz版注]善良意志的悲观主义:Pessimismus bonae voluntatis(拉丁文)。悲观主义(源自拉丁文 pessimum[最差的])是一种与乐观主义(源自拉丁文 optimum[最好的])相反的哲学理论,注目于万物的消极方面。悲观主义是许多宗教的组成部分,比如基督教和佛教(参见第三章 56 节注释"佛陀")。在哲学中,悲观主义主要以叔本华为代表(参见第一章 16 节注释"叔本华")。"善良意志的悲观主义"这句话是对天使赞美的反讽,天使曾向田野里的牧羊人宣告救世主的诞生(参见拉丁文圣经译本《路加福音》2 章 14 节):Gloria in altissimis Deo, et in terra pax hominibus bonae vlountatis[天上的上帝尊荣高贵,地上的人们和平安宁,他们有善良意志]。

定剂了,怀疑就是柔和、可爱、催人入睡、麻痹神经的罂粟;甚至哈姆雷特①自己也会被时下的医生当作治疗"精神"及其地底下的喧闹声的良药。"难道人们耳边的嘈杂声还不够多么?"怀疑论者这么问道,他们是喜欢安静的朋友,差不多就成了保安警察:"这种从地底下冒出来的'不'声太可怕了!可以闭嘴了,你们这些悲观的鼹鼠②!"怀疑论者这个娇儿太容易吓着,其良心受到的训练使得他一听到"不"字,甚至一听到斩钉截铁的"是"字就会哆嗦,仿佛被咬了一口似的。是!不!这二字在他看来有悖于道德;反过来说,他喜欢以高贵的内敛来彰显他的美德,比如他会用蒙田③的

---

① [Pütz版注]哈姆雷特:约1600年诞生的悲剧《丹麦王子哈姆雷特的悲剧》中的主人公,作者莎士比亚(William Shakespeare,1565-1616)。悲剧的中心是主人公内心的矛盾境况,他要担负被谋害的先父魂灵交给的复仇任务。尽管他立下誓言,但在关键时刻却犹豫了,深受道德顾虑的折磨。他的意识被怀疑左右,举棋不定,一方面是以对超验正义的信仰、以传统行动准则(报血仇)为支撑的生活方式,另一方面是批判的、解放的、要求个人为——腐朽透顶——的世界负责的生活态度。在这伦理行为的两难境地——如何消除邪恶,同时又不造成新的不公?——,在触手可及的死亡面前询问生命的意义,而且受困于对自我思考的怀疑,这使得哈姆雷特不可能有任何自发行动。

② [Pütz版注]鼹鼠:尼采指其《朝霞》前言:"在这本书中能够找到一位'地下工作者',一个钻洞者、挖掘者和掩埋者。"(前言,1节)尼采在这里把自己比作一只"鼹鼠",对哲学的起源刨根问底,"调查和挖动那古老的信任——我们哲人数千年来习惯了在这一信任的基础上,好比在坚实的地基上建造楼房,而且不厌其烦,尽管迄今为止建起的房子全都倒塌了;我开始掩埋我们对道德的信任。"(前言,2节)

③ [Pütz版注]蒙田:Michel Eyquem de Montaigne(1533-1592),法国哲人、作家;他主要以"随笔"(《试笔》,1580年两卷,1588年三卷)著称,该作品被认为是法国后期人文主义最重要的例证,尤因其主观—反思,心理—自我分析的特征而产生巨大影响。蒙田沉思并非旨在得出某种结论,而是对思考过程本身极感兴趣,尝试通过不断变换的视角全方位地把握对象。道德哲学和生命哲学的主题与其说是教育人,不如说是启迪人,更多的进行诠释而不是分析。因而在蒙田"随笔"中思考的对象一直是作为认识主体"我"的人,而这必须在摸索中,在以不同对象考验自身思考力的过程中才能展现出来。此外,用提问来获取知识,也要以提问反观自身,从而探究知识的可能性和价值。蒙田的书名不仅暗示了自我观察的方法,而且也暗示了这一举动要求不高,"随笔"只是小心的尝试罢了。直到后来这个词才被用来称作为一种文学体裁的散文,它以一种强烈的主观色彩,高要求的艺术手法和简明的表现形式区别于严格意义上的学术论文。

口吻说:"我知道什么?"或者像苏格拉底①那样:"我知道我一无所知。"或者"我不敢冒犯此地,这里没有大门向我敞开。"或者:[138]"即便大门一直开着,又何必急着要进去?"或者:"一切匆忙提出的假设有什么用呢?不作任何假设,这倒可能说明品味高尚。你们就非得立马把曲木扳直么?每个洞眼都得马上用粗麻絮塞满?就这么没时间么?难道不是时有其时?噢,你们这些好汉,就一点也等不及么?悬而未决者也有其魅力所在,连斯芬克斯也是个迷人的女妖塞壬②,而迷人的女妖塞壬也曾是哲人。"——怀疑论者就这么自我安慰;说真的,他也确实需要些许安慰,因为怀疑乃是某种复杂生理状态——人们通称为神经衰弱和病态——的最具精神性的表现;它总是出现在长期分离的种族或阶层突然和断然相交之时。新一代人的血液,仿佛继承了不同的标准和价值;他们身上的一切,都处于躁动、纷扰、怀疑和尝试之中:各种力量中的列强相互遏制,连各种美德也都竭力阻止对方成长和变强,灵肉身心之间失去平衡,缺少重心,垂直③稳定性没有保障。然而,这些混血儿身上病得最沉重、蜕化得最厉害的地方,却是他们的意志:他们再也不能独立自主地做决定,再也不会享受意欲如何时大无畏的快感,——他们怀疑"意志的自由",即使在梦境中也是如此。我们今日的欧洲正在上演一场突如其来的闹剧,成了尝试

---

① [Pütz版注]苏格拉底……一无所知:苏格拉底在其自我辩护中解释自己被称为智者的原因时说道,只有他知道,自己一无所知,而其他所有他问过的人都表示自己知道,但却并不比他更知道的多:"我好像就是在这点上稍微聪明一点……对不知道的东西,我不会假装知道。"(柏拉图《申辩》,21d)

② [Pütz版注]连斯芬克斯也是个迷人的女妖塞壬:斯芬克斯(参见第一章1节注释"斯芬克斯")和塞壬在此指几乎不可战胜的神怪形象,也许是指一种艺术家类型:在尼采看来,此类艺术家只是在物质方面要求不高,但在艺术中并通过其艺术追求神奇诱人的力量。塞壬系古希腊神话中的诱人的女巫,即使足智多谋的奥德修斯(参见第四章96节注释"奥德修斯告别瑙西卡")也为其所惑。奥德修斯的同伴也被她变成了猪(参见荷马《奥德赛》X,页299及以下)。

③ [Pütz版注]垂直:源自拉丁文 perpendiculum [铅垂],处于垂直状态的。

将各阶层、从而将各种族混合在一起的舞台,因此起伏跌宕间充斥着怀疑。欧洲时而伴随着身手敏捷的怀疑,后者急躁而贪婪地从这根树丫跳到那根树丫;时而又脸色阴沉,宛如一朵满载问号的乌云,——常常对自己的意志厌烦得要死!意志瘫痪:今天哪儿见不到叫这名字的瘸子呀!而且经常穿戴打扮得漂漂亮亮的!漂亮得让人心旌摇荡!这种病有不少最漂亮奢华的谎言外套,[139]今天招摇过市的"客观性"、"学术性"、"为艺术而艺术"①、"纯粹的无意志的认识",其中绝大多数不过是梳妆打扮起来的怀疑和意志瘫痪罢了,——我愿意为对这种欧洲病做出的诊断负责。——这种意志病在欧洲分布不均:在文化早已扎根的地方,这病就最严重,症状最多样;而当"野蛮人"仍然——或者再度——在西方教化松松垮垮的大袍下据理力争时它就开始消失,争得越厉害,消失得越快。如此说来,今日法国的意志病最重,这一点理解起来易如反掌;法国善于将自己精神中灾难性的转折颠倒为有魅力的、蛊惑人心的东西,在这方面也一向以灵活机敏著称,今天作为一切怀疑魔术的培训机构和表演场所,确实证明了法国在欧洲文化中的压倒性地位。意志的力量,确切地说是持久要求自己有意志的意志,在德国已经抬头了,在德国北部比在德国中部更强一些;而在英国、西班牙、科西加岛则要强得多,在彼是迟钝的黏液,在此是顽固的脑壳,——更不要说意大利,它太年轻了,还不知道自己的意志何在,还先得证明自己能要求有意志——,但最强大、最惊人却是在那个其大无比的中间国,即欧洲仿佛向亚洲回流的地方:俄罗

---

① [Pütz版注]为艺术而艺术:l'art pour l'art,后来成为流行语,源自法国哲人、政治家库辛(Victor Cousin, 1792-1867)1819年的哲学演讲集(1838年在巴黎出版)。作家戈蒂叶(Théophile Gautier, 1811-1872)在其长篇小说《莫班小姐》(1838)的预言中要求一种无目的、不受外在(政治、道德、宗教)动机影响、需要理解、遵循本身规律的艺术,它本身即目的,完全产生于美的理念。这种要求主要在文学作品(如在波德莱尔、福楼拜、王尔德、格奥尔格等的作品)中得以贯彻和发展,后来由于过分强调经常导致纯粹玩弄技艺的形式主义。

斯。在那儿,意志的力量被束之高阁,长期积聚;意志——不知是否定的意志还是肯定的意志——在那儿虎视眈眈地等待着,等着——借用一下今日物理学家的口头禅——释放。欧洲要脱离它最大的威胁,不能仅仅靠印度战争和卷入亚洲纠纷,而且还要靠内在的政权颠覆,帝国的四分五裂,尤其是引入那种荒唐的议会制,加上[140]每个人早餐时必须读报的义务。我这么说决非希望事实如此:发生相反的情况倒是更合我意,——我的意思是俄国的威胁与日俱增,欧洲必须决定也变得具有威胁,即获得一种意志,借助一个新的主宰全欧的框架,形成一种持之以恒、令人生畏的自身意志,可以跨越千年矢志不渝:——从而使欧洲长期以来小国割据各自为政的滑稽剧,使欧洲既要王权又要民主的四不像意志,获得最终的了结。小政治的时代已经过去:下个世纪就会带来围绕全球统治权的争斗,——大政治①势在必然。

209

这个新的战争时代——显然我们欧洲人已经迈入其中——可能会在多大程度上对另一种更为强烈的怀疑精神的发展起到推波助澜的作用,这一点我想暂时通过一个比喻加以表述,熟悉德国历

---

① [Pütz版注]大政治:在后期著作,尤其在八十年代的遗著中,"大政治"成了尼采的纲领,用来反击为他所不齿的"欧洲诸王朝的利益政治"。这种利益政治将"敌对诸国的自私自利"和"自高自大"视为原则甚至义务。对此,尼采奉行的原则是:"大政治要让生理学主宰所有其他问题",也就是说,大政治要以"生命"是否充满了健康的力量来衡量所有思想和行动的等级高低(参见尼采 Sämtliche Werke. Kritische Studienausgabe in 15 Bänden, herausgegeben von Giorgio Colli und Mazzino Montinari, München 1980, 页637)。与此形成惊人和鲜明反差的是另一种"大政治"的界定,使人想起柏拉图(在《王制》中)关于哲人王国的理念:"新型的哲人只能在与统治阶层的联系中诞生,作为统治阶层的最高精神化。"(同上,卷11,页533)唯心论和生理学的概念性的互通,是尼采后期著作的思维方式和表述方式的突出特征。

史的人一听便懂。普鲁士国王,这位理所当然地对英俊魁梧的掷弹兵①情有独钟的君主,为一位军事天才和怀疑天才——其实也是为新型的、正在成功赶超上来的德国人——的横空出世创造了条件。在一点上,腓特烈大帝的那位可疑而乖戾的父亲②自己就具有天才的把握运气的能力:他知道德国当时缺什么,知道哪种缺陷比在教育和社会形态等方面的缺陷更让人揪心,更急需弥补,——他对儿子的反感出自一种深刻的本能的恐惧。缺少男人;他烦恼极了,总觉得儿子的男子汉气概不够。其实,[141]他弄错了;不过,在他这位子上,谁不会弄错呢?他看到儿子沉湎于充满睿智的法国人的无神论、"精神"③和无忧无虑享受生活的态度:——他在背景上看到了大吸血鬼,看到了"怀疑"这只蜘蛛,他感到一种无法缓解的痛苦,这痛苦属于一颗优柔寡断、无力行善也无力作恶的心,属于一种支离破碎的、不再发号施令也不能再发号施令的意志。但是现在,一种新的、更危险、更强硬的怀疑在他儿子心中油然而生——谁知道,这在多大程度上恰恰受惠于父亲的恨,受惠于一种被孤立的意志所

---

① [Pütz 版注]魁梧的掷弹兵:普鲁士国王弗里德里希·威廉一世喜欢挑选"大个子"当兵,伪装的招募者有时在邻国逼迫"大个子"服役。
② [Pütz 版注]腓特烈大帝的……父亲:弗里德里希·威廉一世(1688-1740),普鲁士国王,以酷爱军队闻名,因而人称"士兵王"。他认识到,普鲁士必须要有一支强大的军队,才能在列强面前站稳脚跟,因此,在他统治下的普鲁士国家呈现出一面倒的尚武倾向。他的义务意识受虔敬主义影响,他敦促军官和官吏无保留地履行义务,无条件地忠于国王,(有责任感、不问政治的)"普鲁士官吏"这种类型就这样诞生了。他主要在内政方面有所作为,采取了一系列措施(政府组织集权化,以总理事务院为最高行政机构(1723);废除等级特权,解放农民,推行重商主义的经济政策),为普鲁士崛起,成为欧洲强国创造了前提条件。
③ [Pütz 版注]睿智的法国人的"精神":esprit [精神,机智]。弗里德里希二世或称腓特烈大帝,弗里德里希一世之子,有音乐天赋,对启蒙思想持开明态度,在精神层面上一生亲法。父亲对他的教育极为严厉,他不堪其苦,1730 年出逃未成。帮助他出逃的卡特(Hans Hermann von Katte)被处决,他自己也被囚禁在城堡里,最后不得不屈服。在当王储的最后几年(1736-1740),他在莱茵斯贝格宫和志同道合者一起从事自己感兴趣的活动,他和伏尔泰友谊也在这里开始了。1740 年 5 月 31 日执政后不久,他就把伏尔泰和其他法国启蒙运动著名代表人物请进了普鲁士科学院。

产生的凄凉的忧郁？——，这是一种充满男子汉大无畏气概的怀疑，与战争天才和占领天才息息相关，体现在伟大的腓特烈身上，成功地迈出征服德国的第一步。这种怀疑藐视一切，却又掠取一切；它埋葬一切，却又占为己有；它没有信仰，却又不因此丧失自我；它将危险的自由赋予了精神，却又一丝不苟地守护着心灵；这是德意志形式的怀疑，它作为一种继续发展的、上升到精神层次的腓特烈主义①，使欧洲在好长一段时间内臣服于德意志精神及其批判性、历史性的怀疑。伟大的德国语文学家以及历史批判家（若准确地细察，这些人也是从事破坏和瓦解的艺术家）具有刚强坚韧、不可战胜的男子汉品质，这使得德国在音乐和哲学领域尽管带有罗曼蒂克色彩，但逐渐确立了一个新的德国精神概念，其中男子汉的怀疑占据了主导地位：例如毫无惧色的目光，披荆斩棘时伸出的勇敢而强悍的双手，抑或是面对危险的发现之旅、在荒凉可怕的天空下进行精神化的北极探险时表现出的钢铁般的意志。一个温血的、肤浅的人性论者在这种精神面前划十字也许是情有可原的：[142]米什莱②不无战栗地将这种精神称作"宿命的、反讽的、靡菲斯特般的精神"③。但如果人们愿意感同身受一下，这种对德意志精神中"男子

---

① [Pütz版注]腓特烈主义：开明专制的重要代表之一弗里德里希二世的基本思想立场。弗里德里希虽然坚持自己的乾纲独断、毫无限制的统治权力，却觉得自己作为"国家的第一位仆人"对民众福利负有责任，并在这一意义上进行祛除社会弊端的改革，取消了刑讯，开始向法制国家的方向努力，改善了农民的处境，建立了国立教育事业。他对各种教派的态度也体现出启蒙运动的宽容原则，完全放弃了君权神授的传统。他的立场介于人道理想主义和国家利益考量两者之间，但其作为君主的责任感却日益与一种往往玩世不恭的政治上的现实主义和怀疑主义联系在一起。

② [Pütz版注]米什莱：Jules Michelet(1798—1874)，法国历史学家，法兰西学院历史教授。他热情拥护民主制度，具有强烈的爱国精神，反对教会权力，其历史著述带有倾向性，刻意追求效果的努力使他成为国内最受欢迎的历史学家。1850年因积极参与政治被解除教授职位，1852年又因拒绝宣誓忠于宪法失去了国家档案馆历史部主任的职位。

③ [Pütz版注]宿命的、反讽的、靡菲斯特般的精神：cet esprit fataliste, ironique, méphistophélique，具体出处不详。

汉气概"的敬畏是多么无与伦比,是这一气概将欧洲从"教条的沉睡"①中唤醒过来,那么人们就有可能回想起以前的概念,即那当初必须由这一气概克服的概念,——就如同前不久,一个男性化的女人②可以肆无忌惮地把德国人当作软弱的、好心肠的、意志力匮乏的、具有诗人气质的傻瓜,推荐给感兴趣的欧洲。现在倒可以彻底理解拿破仑见到歌德时的惊讶之情了:他一语道出了数百年来人们对"德意志精神"的看法:"你们看哪,这才是个人!③"——这话的意思是:"这真是一个男人啊! 而我原以为只是见个德国人!"④

---

① [Pütz版注]教条的沉睡:影射康德在致加尔弗(Christian Garve,1742-1798)的信中的语句。信中谈到,批判哲学的出发点不是研究上帝存在、灵魂不死等问题,而是纯粹理性的二律背反(参见1798年9月21日致Garve的信,Akademie-Ausgabe,卷12,页254及以下)。

② [Pütz版注]男性化的女人:影射人称"斯塔尔夫人"的法国女作家(Anne Louise Germaine Baronne de Staël-Holstein,1766-1817)。她于1803/1804年和1807年漫游德国,结识了歌德、席勒、维兰特、施莱格尔兄弟。这些接触给了她写作《论德意志》(1810年第1版被拿破仑下令销毁,后来有伦敦1813年版,德语译本1814年版)的灵感,她在书中认为,只有受基督教影响的北欧诸国有能力创造一种进步的新文学,因为它们从自己的历史(而不是从古希腊古罗马)获取文学素材。她关于诗的定义对法国浪漫主义的发展产生了巨大的影响,她的描述展现了一幅在法国一直被认可的德国理想景象,画面上全是沉浸在梦幻中的诗人和与尘世隔绝的思想家。在一些自传小说中,她——先于乔治桑(参见第七章233节注释"乔治桑'先生'")——主张妇女婚外情的权利(《黛尔菲娜》,1807),主张承认女性的精神创作(《柯丽娜》,1801))。

③ [Pütz版注]你们看哪,这才是个人!:Voilà un homme!;参见歌德《生平细节》,与拿破仑的谈话,1808年10月2日随笔:"他聚精会神地看着我,然后说:'您才是个人!'我鞠了一躬。"(Weimarer Ausgabe [1]36: Goethes Werke. Herausgegeben im Auftrag der Großherzogin Sophie von Sachsen,页271)拿破仑的名言可能影射彼拉多说耶稣的话:"你们看这个人!"(《约翰福音》19章5节)尼采在其同名著作《瞧这个人》中以这句话指自己。

④ [KSA版注]他搞错了,关于怀疑的成见欺骗了他:作为像农夫(或者士兵)一样有局限性的人,他不知道有两种截然相反的怀疑,一是软弱的怀疑,二是勇敢乃至自负的怀疑。他发现儿子热衷于法国人的无神论、"精神"和对审美的讲究时,想到的就是前一种怀疑,——或许,向这一方面翻转的危险确实不小。但是,后一种怀疑在此与迈出征服德国第一步的战争天才和占领天才息息相关,是一种新型的大无畏的男子汉气概,这种气概说到底要比强壮的四肢、魁梧的身材以及只是掷弹兵男子气概的一切意味着更多。属于这种勇敢的怀疑的,是德国此后 (转下页)

210①

倘若在未来哲人的形象中有某一特征让人这样猜想,他们是否必定是——方才暗示的意义上的——怀疑者,那么这也只是对

(接上页注④)在造就精神领袖和冒险家方面做出的上佳成绩;德国的主要影响,德国要归功于其批判家、语文学家和历史学家的主要影响,离不开那些并非毫无危险的要素,即勇敢的怀疑的要素以及某种精神"军国主义"、"腓特烈主义"的要素。莱辛、赫尔德、康德、弗里德里希·奥古斯特·沃尔夫、尼布尔这些美好的大无畏一族,还有其它的勇敢者,属于[原文如此!]一种正在醒来的德国男子汉气概和男子汉风范的标志,这种气概和风范的生理学序幕是由腓特烈大帝的士兵们上演的;是的,这是逐渐生长壮大的新的一族的标志。后来,较老的德国人这种软弱和萎缩的类型(这种类型现在还有)继续存在下来,时不时还能占会儿上风(尤其是作为德意志浪漫派和德意志音乐);其它国家经常不知所措,不知道该用哪把标尺来衡量"德国人"(——现在德国获得突如其来的成功,[或许]在很大程度上要归功于这种不知所措和犹豫不决)。比如,几百年来国外对德国学者和"诗人"的想法——完全有道理的想法——,由见到歌德时不胜惊讶的拿破仑一语道破——对此人们的理解仍然不够深刻:"你们看哪,这才是个人!"——这话的意思是:"这真是一个男人啊!一个真正的男人!而我原以为只是见个德国诗人!"(Rs W I 5)初稿

① [KSA版注]Vs(W I 6):将我们自己称为这样一群新的批评家和分析家,他们在最广义上运用实验的方法——这也许是一种可允许的虚伪,有些人可能试图说服我们去这样。我们认为,我们这样的人的前提条件之一是具有这样一些特性,这些特性本身也许就能造就强大的批评家:[无畏]既圆滑又勇敢,特立独行而且敢于为自己负责,喜欢说不,喜欢解剖,运刀自如,"即使心口在滴血"。我们和批评家一样,都会很快作呕:尤其是面对那些心醉神迷的、理想主义的、女性主义的、赫尔墨芙罗狄托斯的令人作呕之处;如果谁能尾随我们进入我们心灵的密室,就会发现我们并无意让基督教的情感和古希罗的趣味甚至现代的议会精相互和解(如同在我们这个极为动荡、因而也极富修好意识的世纪,所谓哲人之间也可能相互和解)。批判的规矩[如同上述,是我们注重的东西,是]在精神领域保持[一种]纯粹和严谨——对此,我们自己还在用另外的方式和糟糕的话语进行谈论——,尽管如此,我们认为,如果我们说"哲学本身就是科学和批判而已",这并不是要让哲学蒙受奇耻大辱。当然,这种评价如今在德国和法国的所有实证主义者、现实哲人以及"科学的哲人"那里都极为盛行,没准连康德听到这一评价,也会感到心情舒畅、滋味可口呢。这些赞同批判和科学的人正是批评家和科学家,但本身不是哲人:即使柯尼斯堡的那个伟大的中国人,也只不过是个伟大的批评家。

他们身上的某一点进行了描述——而不是对他们本身。他们同样有权称自己为批评家,而且肯定也能成为实验家。在我斗胆为他们起的这个名字中,已经明确地强调了尝试的活动和尝试的乐趣:我这么做,是因为他们作为全身心投入的批评家,喜欢在一种全新的、或许更广泛、或许更危险的意义上从事实验吗?他们非得怀着认知的激情,继续进行大胆和痛苦的尝试,超出一个民主世纪的娇柔趣味所能认可的程度?——毫无疑问:这些后来者不能没有那些严肃的、并非无虑的性格特点,正是这些性格特点使得批评家[143]有别于怀疑者,我指的是:对价值衡量抱有自信,有意识地运用成套方法,既圆滑又勇敢,特立独行而且敢于为自己负责!是的,他们承认自己喜欢说不,喜欢解剖,他们承认自己具备某种深思熟虑的残忍,懂得如何运刀自如,即使心口在滴血。他们会变得比讲究人道者所希望的更为强硬严酷(也许不总是仅对自己),他们不会与"真理"纠缠不休,从而以之"取悦"自己,或者以之"提升"和"激励"自己,——相反,他们不怎么相信恰恰真理能使人感受到这些快乐。这些严厉的人会笑,如果有人在他们面前说:"那种思想让我得到升华,它怎么可能不是真的呢?"或者:"那部作品让我身心愉悦:它怎么可能不是美的呢?"或者:"那位艺术家让我心胸开阔,他怎么可能不是伟大的呢?"——听到这类心醉神迷的、理想主义的、女性主义的、赫尔墨芙罗狄托斯①的赞美,他们也许不仅想笑,而且还真要作呕;如果谁能尾随他们进入心灵的密室,就会发现他们并无意让"基督教的情感"和"古希腊罗马的趣味"甚至"现代的议会制"相互和解(如同在我们这个极为动荡、因而也极富修好意识的时代,哲人之间也出现的相互和解)。这些未来的哲人不仅会要求自己懂得批判的规矩,习惯于在精神领域

---

① [Pütz版注]赫尔墨芙罗狄托斯:Hermaphroditos,赫尔墨斯和阿弗洛狄忒的儿子,后来变成了雌雄同体;在转义上,赫尔墨芙罗狄托斯指阴阳人,两性人,首见于古希腊哲人泰奥弗拉斯特(Theophrast,前372-前288)的《性格》。

保持纯粹和严谨,而且还可以如同展示自己特有的佩饰一样,将这些规矩和习惯公之于众,——尽管如此,他们还是不愿因而称自己为批评家。对他们来说简直是哲学蒙受的奇耻大辱,如今常有人宣布:"哲学本身就是批判和批判的科学——如此而已,岂有他哉!"这种对哲学的评价,或许[144]能获得法国和德国所有实证主义者的掌声(——没准连康德听到这一评价,也会感到心情舒畅、滋味可口呢:你只要想一想他主要著作的标题①);但尽管如此,我们新的哲人仍然会说:批评家是哲人的工具,也正因为如此,他们作为工具还远远不是哲人!柯尼斯堡的那个伟大的中国人②也只不过是个伟大的批评家。——

211

我坚持认为,把哲学工作者乃至所有搞科学的人同哲人混为一谈的事应该不再发生了,——恰恰是这里应严格奉行"各得其份"的原则,而不是给一些人太多,另一些人太少。也许教育一个人成为真正的哲人,就有必要让他自己站上这层层阶梯,那里是他的仆人即从事哲学这项科学工作的人止步不前、也必须止步不前的地方。他本身必须曾是批评家、怀疑者、教条主义者、历史学家,此外还曾是诗人、收藏家、旅行者、猜谜者、道德家、先知者、"自由的精神",几乎经历过一切,以便完成人性价值乃至价值感受的循环,动用各种各样的目光和良知,拥有从高处眺望四处的远方、从低处仰望每一个高峰、从一角环视广阔无

---

① [Pütz版注]康德……主要著作的标题:参见第一章5节注释"康德"。
② [Pütz版注]柯尼斯堡的那个伟大的中国人:在尼采的语言里,"中国作风"和"中国人"指中庸和常人即自我贬低、为人谦虚的普通人。尼采认为"伟大的批判家"康德就是这样的人。与康德直接联系的还有《敌基督者》11章,其中谈到"柯尼斯堡的中国作风",认为这代表了"生命衰亡,生命最终丧失了力量"。

垠的世界的能力。而这一切还只是完成他的任务的先决条件：这一任务本身有别的要求，它要求这个人创造价值。那些以康德和黑格尔为高尚典范①的哲学工作者们，必须确定某种重大的价值判断的事实构成——也就是以前的价值确立、价值创造，后来这些占据了统治地位，一度被称为"真理"——，并言简意赅地以公式表达，或是在逻辑、政治（道德）领域、[145]或是在艺术领域。这些研究者的使命在于，使迄今为止发生的和珍视的一切变得一目了然、易于反思、看得见、摸得着，对所有冗长的，甚至是"时间"本身进行压缩并且克服整个过去；这真是一项浩瀚而美妙的工程，在施工过程中每种崇高的骄傲和坚韧的意志一定都能得到满足。然而，真正的哲人却是发令者和立法者：他们说"应该如此这般"，是他们确定人类走向何方，目的何在。与此同时，他们拥有所有哲学工作者和所有克服历史者所做的前期劳动的成果，——他们将创造的双手伸向未来，而所有现在发生的、过去发生的则是他们的手段，他们的工具，他们的锤子。他们的"认知"即创造，而这种创造就是立法，就是他们走向真理的意志——权力意志②。——今天有这种哲人么？过去有这种哲人么？难道不是必须要有这种哲人吗？……

212

我愈发感觉到，哲人作为明天和后天不可或缺的人物无时无刻不与他的今天发生着矛盾和冲撞，他必定是处在这种状态

---

① [Pütz版注]以康德和黑格尔为高尚典范：尼采指的是这两位哲人对体系性的诉求：建立一座封闭的思想大厦，在概念上涵盖全部现实领域（关于康德见第一章5节注释"康德"，关于黑格尔参见第八章244节注释"黑格尔"）。

② [Pütz版注]走向真理的意志——权力意志：参见第一章1节注释"求真意志"以及《前言》，"生命"和"权力意志"及以下。

中:他的敌人每次都是今日的理想。迄今为止,所有这些人类杰出的推进者,这些被称为哲人的人,很少认为自己与智慧为友,更多的觉得自己是烦人的傻子和危险的问号,认识到他们的任务,他们艰巨的、不得已的、挥之不去的任务,最终也认识他们这一任务的伟大之处,就在于成为他们时代的内疚的良知。正因为他们把刀了插入时代美德的胸口进行解剖,他们泄露了自己的秘密:[146]了解人类能够达到的新的伟大程度,开辟一条新的、人类从未走过的通往这种伟大的道路。每一次他们都揭露了多少虚伪、懒散、自我放纵、自暴自弃,多少谎言隐藏在同时代最受追捧的道德楷模之中,多少美德已然过时;每次他们都说:"我们必须到那儿去,到你们现在感到最不舒服的地方去"。"现代理念"的世界想把每个人都拘禁在某个墙角里和某个"专业"中,有鉴于此,一个哲人,如果今天还有哲人的话,就会被迫将人类的伟大以及"伟大"这个概念确定为广博和多样,确定为多样中的整体性:他甚至会据此来确定价值和等级,确定一个人能承担和接受多大和多少责任,确定一个人的责任能撑起多宽的一片天空。今天,时代的品味和美德削弱和淡化了意志,最合时宜的莫过于意志的薄弱了:也就是说,在哲人的理想中,正是意志的刚强,正是做出长期决定的果断和能力,必须成为"伟大"这一概念的一部分,这是理所当然的,正如在相反的时代里,相反的学说和愚蠢的、舍弃的、屈从的、无我的人性理想是理所当然的一样,比如16世纪①就是这样的相反的时代,它因其郁积已

---

① [Pütz 版注] 比如 16 世纪:通过 16 世纪盛行的人文主义和文艺复兴思想,可以建立苏格拉底时代和 16 世纪之间的联系。人文主义和文艺复兴思想意味着对过去的古罗马和古希腊进行思考。对文艺复兴和人文主义而言,古希腊是将一种博雅、道德、精神的文化教育和人道主义联系起来的生活的典范。古希腊的艺术、文学、哲学对欧洲文艺复兴的文化(约 1350 年至 16 世纪)产生了决定性的影响。

久的意志能量导致自我中心主义最疯狂的山洪暴发而深受其苦。在苏格拉底①的时代，那些全都本能衰退的人，那些保守的古雅典人，全都在自我放纵——听其言，貌似"为了幸福"；观其行，实是为了享受——，他们嘴边依旧挂着冠冕堂皇的老话，但其生活早就使他们失去了说这些话的资格，也许反讽②对心灵的伟大是必要的，那位老郎中兼老贱民的自信带着苏格拉底式的恶意，毫不留情地割伤自己的肉，也割伤"高贵者"的灵与肉，其眼神不言自明：[147]"你们别在我面前装蒜！在这里——我们是一样的！"今天颠倒了过来，在欧洲，只要像畜群一样随波逐流的，就可以获得和分配荣誉。如此一来，"权利的平等"可能很容易变为不公的平等，我想这样说：变为一种共同宣战，矛头直指所有稀有者、另类者、有特权者，矛头直指所有更高等的人、更高尚的心灵、更崇高的义务和责任，矛头直指创造性的雄壮力量和王者风范。如今，做一个高贵的人，希望为自己而活，能够与众不同，特立独行以及立志自力更生，这些都属于"伟大"这一概念的范畴；哲人在下面这段话里多少透露出了自己的理想："如果谁能成为最寂寞、最内敛、最避世的人，成为置身于善恶彼岸的人，成为自己美德的主宰，成为意志的富豪，那么他就是最伟大的人；这一切本身就叫做伟大：既多样又完整、既宽广又饱满。"还想再问一句：在今天——有可能伟大吗？

---

① [Pütz版注] 苏格拉底：参见序言注释"苏格拉底……罪有应得"。
② [Pütz版注] 反讽：源自希腊文 eironeia [假装、托辞]；尤指可以回溯至苏格拉底的哲学立场。"苏格拉底的反讽"就是：知者佯装无知，所言非所思，似乎处于劣势，却通过提问使确实无知、但又不承认自己无知的人最后承认自己的无知，以此为构建可靠的知识打下基础。尼采一方面与相信理论和科学的苏格拉底保持距离，另一方面又——如同在此可以看出的那样——对思维中的这种有益的屈辱表示赞赏。苏格拉底（柏拉图）的所谓"助产术"旨在构建可靠的知识——即使只是知其无知。

213①

一个哲人是什么呢?这点很难学到手,因为没法教给你:你得去"知道",从经验中"知道"——或者你要有"不知道"的底气。如今谁都在侈谈连自己都不可能有经验的事情,这点在以哲人和哲学状况为题时,表现得最为充分,尤其糟糕:——了解和可以了解哲人和哲学状况的人寥若晨星,而且与此相关的流行说法全都是错误的。比如,说什么有一种真正哲学意义上的并列现象:一边是大胆放纵的精神,像快板一样飞奔;一边是辩证推理的严谨和必然,行进中绝不失足,对大多数思想家和学者来说甚为陌生,因为这不在他们的经验范畴之内,所以,一旦有人想在他们面前就此发表意见,他们就觉得难以相信。[148]他们把任何必然性都想象成一种困境,想象成令人难堪的必须服从和迫不得已;而思考本身对他们来说则是漫长、犹豫的过程,几乎就是苦役,通常被认为是"值得高贵者流汗的"——而绝不是轻盈的、神性的,与翩翩起舞、放浪形骸搭不上一点边!"思考",对一件事"认真对待"和"慎重考虑"——这两者对他们来说才是珠联璧合的:他们就只是这样"体验"的。艺术家对此可能有更敏锐的触角:他们太了解了,正是在他们不再"随心所欲"、将一切视为必然时,他们对自由、精美、全能的感觉,对创造性的确立、支配、塑造的感觉,才会达到巅峰,——简言之,必然性和"意志自由"就会在他们那儿融为一体。最后,心灵状态有等级之分,与之相应的是问题等级之分;最高级

---

① [KSA版注]Vs(W I 2)初稿:有些问题具有贵族性,会把许多人从自己身边赶走。这使得它们和一些高等的、非常的、只有少数人才享有的状态相联系。无论是八面玲珑的世故头脑(如爱德华·冯·哈特曼)还是不那么玲珑的、老实巴交的经验论者(如欧根·杜林)来和这些问题打交道,其实都无所谓,他们的天性不许入内:大门紧闭,或者——人们会发笑。

的问题会毫不留情地把所有胆敢靠近者打发回去,倘若他们不是先天具备解决这些问题所必需的精神高度和精神力量的话。如果八面玲珑的世故头脑、老实巴交的机械师和经验论者,就像今天流行的那样,怀揣群氓的雄心硬往它身边挪,好像要冲进这座"宫中之宫",那么这完全是徒劳之举!粗鄙的双脚还是永远不要踏上这样的地毯:对此,万物的原始法则早有安排;在这些急于入内的人面前,大门永远紧闭,哪怕他们撞得头破血流!要进入每个崇高的领域都必须要有天生的资格;说得明白点,必须是特意为此培育的种子:从事哲学的权利——从广义来看——只因出身才会拥有,祖先、"血统"在此至关重要。一个哲人的产生一定有很多前辈作了铺垫;他的诸多美德中的任何一种都必定经过单独的获取、呵护、遗传、吸收的过程,并且不仅是他思想中大胆、轻盈、柔和的步态和走势,[149]更重要的是承担重任的意愿以及君临天下的俯视,遗世独立,区分自己与芸芸众生的义务及德行,态度平和地保护和捍卫被误解者和遭诽谤者,无论是上帝还是魔鬼——醉心于伟大的正义并加以实践,具备命令的艺术和意志的广度,双眸缓慢移动,很少艳羡,很少仰望,很少爱……

第七章 吾辈美德

214

[151]吾辈美德？——很可能我们也还有自己的美德,尽管它们理所当然地不会成为真诚正直、底子深厚的美德。因为这些美德,我们对祖辈敬而远之,非常尊重,但也保持一定的距离。我们这些后天的欧洲人,我们这些20世纪的处女作——带着我们所有危险的好奇心,我们多样化的伪装艺术,我们的精神和感官中烂熟的、仿佛加了糖的冷酷,——我们将有可能,如果我们应该有美德的话,只拥有这样一些美德:它们学会了和我们最隐密、最热诚的癖好和睦相处,和我们最热切的渴望和睦相处。好吧,在我们的迷宫中去寻找这些美德吧！——众所周知,在我们的迷宫①里,有些东西正在丧失,有些东西丧失殆尽了。还有比寻找自己的美德更美的差事吗？这不几乎就等于是相信自己的美德吗？但是,"相信自己的美德"——这其实不就是以前的所谓"问心无愧"吗？不就是我们祖先拖在脑后、也经常拖在理解力之后的那条令人肃

---

① [Pütz版注]迷宫:参见第二章29节注释"迷宫……洞穴里的米诺陶诺斯"。

然起敬的、长尾巴似的概念辫子吗？因此，无论我们觉得自己在其他方面多么新潮时尚，不像祖父们那样令人尊敬，在一点上我们仍然是[152]这些祖父们合格的孙子，我们这些最后的问心无愧的欧洲人：我们也还留着他们的辫子。——啊！如果你们知道，有多快，很快——就要全变样了！——

215

正如星辰的帝国里有时会有两个太阳，共同决定一颗行星的轨道；正如有时会有色彩各异的太阳照亮一颗唯一的行星，一会儿红光，一会儿绿光①，然后红绿光同时落在行星上，把它浇灌得色彩斑斓；我们现代人——由于我们的"星空"复杂的运行原理——也是由不同道德决定；我们的行为折射出变幻多端的色彩，很少是单一明确的，——我们的行为色彩斑斓，这种情况不胜枚举。

216

爱自己的敌人？我想，人们已经深谙此道：大大小小类似的事，今天到处都在发生；甚至发生了更崇高、更微妙的事——我们学会在爱的时候蔑视，而且恰恰是在爱得最深的时候：——但这一切是潜意识的，没有喧嚣和绚丽，而是带着羞愧，掩饰着善意，庄严隆重的词藻和美德的陈词滥调说不出口。道德作为一种态度——这对今天的我们来说令人反胃。这也是一种进步，如同我们父辈的进步：他们当年终于觉得作为一种态度的宗教令人反胃，包括对

---

① [Pütz版注]两个太阳……绿光：在此尼采可能暗示幻日现象。这是太阳两侧上的光斑，由阳光折射在大气层冰晶体上形成，光谱分解后通常呈彩色，其中红色部分朝向太阳。

宗教的敌意,包括伏尔泰对宗教的仇视①(以及所有当时属于自由精神的肢体语言)。这是我们良知的音乐,是我们精神的舞蹈,所有清教徒式的唠叨、所有道德说教以及市侩风都与之格格不入。

217

[153]小心这些人,他们非常重视一点,那就是别人相信他们在道德上举止得体,在辨别道德差异时目光敏锐:如果他们在我们面前(甚至对我们)行为失当,那么他们永远也不会饶恕我们,——他们出于本能,不可避免地会污蔑和伤害我们,即便他们仍然是我们的"朋友"。——健忘者是有福的:因为他们连自己的愚蠢也会"了结"②。

218

法国的心理学家——此外今天哪里还有心理学家呢?——尖刻地、多方面地享受着资产阶级的愚蠢③,但是仍然意犹为尽,似乎……——算了,不说了,他们这样已经透露出了些什么。比如福楼拜④这个正派的鲁昂市民,他最终没有看到、听到、尝到任何别

---

① [Pütz版注]伏尔泰对宗教的仇视:伏尔泰认为不可能有超验知识(如关于灵魂不死的知识),尤其反对信奉教条主义的教会(参见第二章26节注释"伏尔泰")。

② [Pütz版注]健忘者……"了结":戏拟耶稣山上宝训中的祝福,参见《马太福音》5章3-12节以及《路加福音》6章20-26节。

③ [Pütz版注]资产阶级的愚蠢:bêtise bourgeoise。

④ [Pütz版注]福楼拜:Gustave Flaubert(1821-1880),法国作家,生于卢昂,在巴黎攻读法学(1840-1843),毕业后隐居在(卢昂附近的)克罗瓦塞。福楼拜长篇小说艺术以一种反映现实、情节描写细致入微的风格为特征,这样他就使得长篇小说成为一种精确观察的工具,能满足科学方法的需要,同时能适应最高的形式诉求。在其最著名的长篇小说《包法利夫人》中,福楼拜以一种不妥协的求实精神,分析了资产阶级多愁善感的内心世界以及思想的浅薄和语言的贫乏。 (转下页)

的东西——这就是他的自我折磨的方式,他的更为雅致的残酷的方式。为了换换口味,现在我推荐——因为变得有点无聊了——另一种让人开心的东西:这就是无意识的狡猾,所有善良、肥胖、规矩的平庸者对待高尚者及其使命时都带着这种无意识的狡猾。这种精致的、复杂的、耶稣会式的狡猾,比这中产阶级在鼎盛时期的理智和品味还要好上千百倍——甚至超过其牺牲品的理智——:这再一次证明了,在迄今发现的所有智力中,"本能"之智,无出其右。总之,你们这些心理学家,快去研究在和"特例"斗争的"常规"哲学吧:你们有好戏看了,这戏好得足以展示神灵和神性的恶毒!或者说得更明白点:把解剖刀对准"好人",对准有善良意志的人①……对准你们自己吧!

219②

[154]道德判断和道德谴责,这是智力偏下者对智力较高者惯用的报复,也是一种对自己先天禀赋不足的补偿,终于有了机会获得精神、变得细腻起来:——邪恶得以精神化了。从根本上来说,他们从心底里感到舒畅,因为有这么一个尺度存在,他们可以和那些精神富足、得天独厚的人平起平坐了:——他们为"上帝面前人人平等"而奋斗,因而几乎已经需要信仰上帝。他们中有无神论最坚决的反对者。谁要是对他们说,"崇高的精神是一个仅有道德的人身上任何正直和可敬的品质所无法企及的",他们准

(接上页注④) 他这样做的目的不在于认识现实的基本规律,更不在于提出改革社会的要求,而是要尽可能客观地表现当时资产阶级道德和世界观的特征。福楼拜极其努力,如同自虐,不畏艰难地对平淡无奇的素材进行文学处理,力求每个词、每句话都要符合整体构思。

① [Pütz版注]有善良意志的人: homo bonae voluntatis,参见《路加福音》2章14节,另参见第六章208节注释"善良意志的悲观意志"。
② [KSA版注]参见第9卷,3 [69];第11卷,25 [492]

会暴跳如雷:——我会小心避免这么去说。相反,我会用我的一番道理奉承他们:崇高的精神本身只不过是道德品质的最终产物;崇高的精神综合了据说"只有道德的人"身上具有的某些状态,某些通过长期训练或者家族世代相传——获得的状态;崇高的精神就是正义的精神化,是严厉的精神化,这里所谓的严厉乃是一种善良之严,他知道自己的使命在于维护这个世界的等级秩序,而且不仅在万物之间,不仅在世人之间。①

220

在大家都对"不感兴趣者"大肆赞扬的当儿,我们必须——虽然这样做要风险自负——弄明白,大众的兴趣何在,普通人彻底和深切地关注的事物究竟是什么。这里说的普通人,也包括受过良好教育的人,甚至是学者,如果没搞错的话,几乎[155]还有哲人。我们会发现这样一个事实:口味高雅而挑剔的人、每个上等人感兴趣和着迷的东西,往往是那些个平平之辈完全"不感兴趣"的,——尽管如此,如果后者还能察觉到前者的投入,就会用法语称这种投入"兴趣索然",并且感到惊奇,怎么能"不感兴趣"地去做事。曾有过一些哲人,他们以神秘超然的诱人方式表达了大众的这种惊奇(——或许是因为他们没有直接和更高等的人打交道的经验?)——,而不是指出一个赤裸裸的、再简单不过的事实:所谓"不感兴趣"的行为是一种非常有趣的、使人感兴趣的行为,前提是……——"那么爱情呢?"——什么!甚至连出于爱的行为也是"无私"的?哦,你们这些傻瓜——!"那么对献身者的赞扬呢?"——可是,谁要是真的作出了牺牲,谁就知道他想得到并得

---

① [KSA版注]——我会小心避免这么去说。我要说的道理是,任何崇高的精神只不过是道〈德〉品质的最终产物;崇高的精神综合了那些据说道德的人具有的状态,这样才能发挥作用。Rs

到些什么——也许是用自己的一些东西换自己的另一些东西——,他在这里投入甚多,为了在那边得到丰收,也许就是为了更富足或者感觉到一个"更富足"的自我。但这是一个问答的王国,是挑剔考究的精神不愿久留的地方:在这里,真理不得不做出回答时,也得先把哈欠硬压下去。说到底,真理是个女人:不能对她施暴。

221

会有这种情况,一个迂腐死板、拘泥细节的道学家说,我景仰并赞美一个不利己的人,但不是因为他不图私利,而是因为我觉得他似乎有权慷慨解囊,牺牲自己以利他人。够了,但问题始终是:谁是他,谁是他人。比如,对一个注定是发号施令的人而言,[156]自我否定和与世无争并非美德,而是糟蹋美德:至少我是这么认为的。任何一种无私的道德,如果认定自己是无条件的,是针对每个人的,那就不仅只是亵渎品味,而且是在鼓励玩忽职守,更是一种隐藏在博爱面具背后的诱惑——而且恰恰是对上等、稀有、优越的人的一种引诱和伤害。我们必须迫使各种道德首先臣服于等级秩序,必须让各种道德因自己的狂妄而感到良心不安,——直到它们彼此间形成共识,也就是终于明白了,说出下面这句话来是不道德的:"对这个人是合适的事,对那个人也是恰当的"。——我的道德学究和好好先生①:他在这样告诫各种道德要有道德时,是不是应该遭到嘲笑?若要把嘲笑者争取到自己一边,其实也不必占尽道理:有点儿芝麻绿豆的错误,反而也算是品位高尚呢。

---

① [Pütz 版注]好好先生:bonhomme。

222

如今凡在宣扬同情的地方——如果你侧耳细听,就会发现今天已经没人再宣扬其他宗教了——,心理学家都应该竖起耳朵,这样他就能从这些宣扬者、布道者(所有布道者都一个德性)特有的一切虚荣和喧闹中,听出一种沙哑的、呻吟的、真正的自贱之声。这种声音至少属于欧洲百年来与日俱增的阴暗化和丑陋化(关于其最初的症状,在加里亚尼写给德毕内夫人的一封充满反思的信①中就有记录),如果说它不是这两种倾向的根源的话!具备"现代理念"的人,这只傲慢的猴子,总是抑制不住对自己的极度不满,这一点确凿无疑。他在受苦,而他的虚荣心却要他只是"陪着别人受苦"②——

223

[157]欧洲的混血儿——一介粗人,相貌马马虎虎。不管怎么说,他实在要有一套化装服饰。他需要历史作为藏衣柜。当然他发现没有一套合身,——于是他换了一套又一套。看看19世纪吧,喜新厌旧,时尚更替犹如化装舞会,还有那绝望的眼神,仿佛在说"没有一套我们穿着合适"。——什么都不管用,无论是以浪漫的、古典的、基督教的、佛罗伦萨的、巴洛克的还是以"民族主义的"的打扮出场,它就是"不合身",道德上和艺术上③都不合适!然而,"精神",尤其是"历史的精神"在这种绝望中看到了自己的优势:人们不断地尝试远古的和异国的新款式,穿了脱,脱了穿,再

---

① [Pütz版注]加里亚尼……信:参见第二章26节注释"加里尼亚神父"。
② [译注]原文为 mit leidet,与上文的"同情"(Mitleiden)相似。
③ [Pütz版注]道德上和艺术上:in moribus et artibus。

脱下来包好，关键是还对之进行了研究：——我们是第一个在"化装服饰"方面获得研究的时代，所谓"化装服饰"是指道德、信条、艺术品味、宗教派别，这些一应俱全，堪称史无前例，全都备妥了，为了举办嘉年华盛会，为了在最具精神气质的狂欢节上纵情喧闹、放声大笑，为了使无出其右的愚蠢以及阿里斯托芬式的讽世①达到超验的高度。也许，我们还能找到我们发明的国度，在那里我们还可以保持特色，例如担任戏仿世界历史的演员，充当上帝的弄臣，——也许，未来恰恰属于我们的欢笑，即便今天的时代除此之外了无希望！

224②

历史意识（或者说一种敏锐地对民族、社会、个人作为生活依据的价值判断的等级秩序进行识别的能力，一种对这些价值判断之间的关系以及价值权威与效力权威之间关系的"预见③本能"），[158]我们欧洲人宣称这种历史意识是我们的特权。民主使各阶层、各种族混杂在一起，欧洲因而坠入一种迷人而癫

---

① [Pütz 版注]阿里斯托芬式的讽世：古希腊喜剧家阿里斯托芬在其保留下来的作品中毫不留情地对政治和社会状况冷嘲热讽，内外战争使当时一度稳固的政治和宗教制度开始分崩离析。在《云》中，甚至苏格拉底也成了"阿里斯托芬式的讽世"的靶子。《云》的合唱队象征着新的精神世界，与大诡辩家正好相反，后者在其"思维小屋"中巧舌如簧地把可怜的弟子引入了一种怪诞学问的神秘世界。

② [KSA 版注]Vs（W I 1）初稿：我们的历史意识是我们半野蛮性的结果，而后者是通过我们有教养等级的群氓特征体现的。这样，我们对往昔的绝大部分就能有所体会了，因为往昔几乎总是半野蛮的过程：我们的至高无上者是荷马和莎士比亚（他集西班牙人、摩尔人、撒克逊人之大成）。但是，我们却始终不能接受最成功的作品和人，比如高乃依、拉辛、索福克勒斯等——这些真正高贵的作品和人，在那里，伟大的力量面对所有无节制时停住了脚步，享受着抑制和颤抖中伫立带来美妙的快感，如同往前打着响鼻的骏马上的骑士。

③ [Pütz 版注]预见：参见第六章 204 节注释"历史意义的……前瞻之美"。

第七章　吾辈美德

狂的半野蛮状态,这种历史意识也随之出现在我们身上了。——到了19世纪,人们才知道什么是历史意识,把这种历史感作为自己的第六感。每种形态和生活方式,各种曾经紧密相邻、上下重叠的文化,它们的过去都因为上述混合而一股脑儿地涌入了我们的"现代灵魂",如今我们的本能到处在回流,我们自身就是一团混乱——:最终,如上所述,"精神"认识到自己的优势所在。通过我们肉体里和欲望里的半野蛮状态,我们拥有高贵时代永不具备的秘密通道,四通八达,主要是通往那些未竟文化的迷宫,通往曾在大地上出现过的各种半野蛮状态;只要迄今人类文化中的绝大部分仍处于半野蛮状态,"历史意识"也就几乎意味着对一切事物的意识和本能,对一切事物的品鉴和玩味:这样一来,它就立刻表明自己是一种"不高雅"的意识。比如我们又开始欣赏荷马①:或许我们最得意的进步就是懂得体味荷马了,这是一个拥有高贵文化的人们(比如17世纪的法国人,曾经对荷马的博学广识②大为不满的圣埃弗雷芒③,甚至是他们的殿军伏尔泰)不那么容易懂得、也不曾懂得去学会的,——欣赏荷马对他们来说几乎是无从谈起的。他们的味蕾明确地表明可否,他们动不动就觉得恶心,他们对一切陌生事物

---

① [Pütz版注]荷马:西方最早的史诗作家(公元前8世纪),在古希腊人那里被视为《伊利亚特》和《奥德赛》的作者,是一位几千年来始终拥有读者和获得赞赏的诗人。古希腊人认为,荷马第一个真正塑造了他们的人类形象和神灵世界。尼采在与此相似的意义上认为,荷马是古希腊人的代表,自18世纪以来一直在德国受到尊敬。尤其莱辛、赫尔德、歌德对荷马天才的独创性大加赞赏。福斯(Johann Heinrich Voß,1751-1826)的《奥德赛》译本使荷马的作品广为人知。

② [Pütz版注]博学广识:esprit vaste,具体出处不详。

③ [Pütz版注]圣埃弗雷芒:Charles de Marguentel de Saint-Denis, Seigneur de Saint-Evremond(约1610-1703),法国作家。他是放荡不羁的博学者,持伊壁鸠鲁派立场,代表一种指向启蒙运动的充满怀疑精神的相对论。这种相对论决定了他在政治、宗教、道德、文学、历史问题上的观点:在宗教问题上,他主张宽容;作为文学批评家,他认为当今比古代进步,从而表达了一种审美相对论的观点。他也从事历史哲学的研究,是历史主义思想的先驱。

都显得那么犹豫和谨慎,他们害怕好奇心旺盛可能导致的品味低下,总之,像每种高贵和自满的文化一样,不怎么愿承认新的渴望,不怎么愿承认对自己的不满,不怎么愿承认对陌生事物的欣赏:所有这一切,让他们即使[159]对世界上最美好的事物也感到厌恶,只要这些事物不可能成为他们的财产或战利品,——对这些人来说,最不能理解的莫过于历史意识及其低声下气的群氓好奇心。莎士比亚的情况也是这样,他令人震惊地把西班牙人、摩尔人、撒克逊人的口味混合在一起①,这种集大成的状况要是被来自埃斯库罗斯②朋友圈子的一位古雅典人看到,他会笑个半死或者怒发冲冠:但是我们——却以含而不露的信任和热诚接受了这种狂野的斑斓,其中混杂了最柔软、最粗犷、最矫揉造作的东西;我们享受他的作品,当成专为我们保留的艺术精华来欣赏,莎氏的艺术和趣味被英国平民及其喷出的呛人烟雾包围着,我们在欣赏时却尽量避免受到这种氛围的干扰,如同

---

① [Pütz版注]把西班牙人……混合在一起:莎士比亚有一个众所周知的特点,不假思索地从各国文学中取用素材,对西班牙文学(如蒙特马约尔,George Montemayor,1520-1561)和英国文学(如马洛,Christopher Marlowe,1564-1593)也是如此随意。此外,他早期的悲剧作品显然与在英国诗人托马斯·基德(Thomas Kyd,1558-1594)的《西班牙悲剧》(约1568/1592)中初露端倪的伊丽莎白时代复仇悲剧有关。莎士比亚特点是能以五花八门的语言手段——从市井小民结结巴巴的大白话到政治强人充满激情的无韵诗——来描绘各种各样的体验、经历、情感、幻想,能在处理素材时表现出几乎无限丰富多彩的人物和立场,如同典型的西班牙戏剧擅长的那样。莎士比亚的作品中多有针锋相对的形象,形成反差的情节,喜剧性和悲剧性兼而有之,粗俗、伤感、激情、怪诞、讽刺相互融和,这说明作者是在多视角地描绘世界,充分体现出生活、人世、社会的广阔性和层次性。

② [Pütz版注]埃斯库罗斯:雅典戏剧家(前525-456),曾参加希波战争。他创作的约90部悲剧只有7部完整地流传下来,其中有《波斯人》,《七将攻忒拜》,四部曲《额瑞斯忒斯》和《被缚的普罗米修斯》。尼采大加赞赏的埃斯库罗斯是作为文艺形式的(阿提卡)悲剧的真正创立者。他仍然相信正义诸神的全能,通过引入第二位演员,使得情节和对话相对于合唱队得到了加强。

第七章 吾辈美德

在那不勒斯的基亚亚①,尽管那儿平民区的阴沟散发出阵阵恶臭,我们仍全神贯注,如中魔咒,心甘情愿地走我们的路。作为具备"历史意识"②的人,我们拥有自己的美德,这一点不可否认,——我们不挑剔,不自私,谦虚、勇敢,善于克己,勇于奉献,知恩图报,极具耐心,热诚待人;——尽管有这一切,我们或许仍然不是很"有品味"。最终我们还是承认吧:那些我们这些有"历史意识"的人来说最难理解、感受、回味、再爱的东西,那些觉得我们其实有成见和几乎有敌意的东西,正是每种文化和艺术的完美无缺、最终成熟的瑰宝,是作品中和人身上真正的高贵之处,是其遥望海上风平浪静,海尔赛妮般自足③之时,是所有已臻完满的事物展现的金色和冷峻。也许,我们历史意识的崇高美德必定对立于良好品味,至少对立于最佳品味;恰恰对人类生活中那些短暂细微但至高无上的幸福,[160]那些此地彼处灵光乍现的美好,我们只能笨拙、犹疑和被迫地在心中重新勾画:那些时刻和奇迹,比如一种巨大的力量面对无分寸和无节制时自愿停住了脚步,在依然颤抖的大地上享受着这种突然抑制、石化、伫立和定格带来的汹涌的快感。我们承认,这个度对我们来说是陌生的;我们心里渴望的恰恰是无边无垠、无尽无休。如同往前打着响鼻的骏马上的骑士,我们面对着无限性松开了手中的缰绳;我们,我们这些现代人,半野蛮人——往往只有在濒于绝境时,才会感受到我们的极乐。

---

① [Pütz版注]那不勒斯的基亚亚:Riviera di Chiaia,意大利那不勒斯市海滨大道。
② [Pütz版注]历史意识:参见第六章204节注释"历史意义的……前瞻之美"。
③ [Pütz版注]海尔赛妮般自足:在古希腊神话中,海尔赛妮(Alkyon, Halkyon)是俄塔山附近的特剌喀斯国王刻宇克斯的妻子。丈夫在海上遇难后,她极为哀痛,和丈夫一起双双被变成了翠鸟(希腊文:Alkyon)。在产卵孵化期,宙斯让风全部停息下来,以免鸟蛋被海浪卷走。因此有"海尔赛妮的日子"之说,指安宁幸福的日子。

225

　　无论是享乐主义①、悲观主义②、功利主义③还是幸福论④,所有这些思维方式都是根据苦与乐,即伴随状态和次要因素来衡量事物的价值的。这些思维方式肤浅而天真,在每个意识到塑造的力量以及艺术家良知的人那里会遭到半讽半怜的鄙视。同情你们!这当然不是你们所指的同情:这不是对"世间疾苦",对"社会"及其中的体弱多病和命运多舛者的同情,对匍匐于我们周围遭的本性好恶、意志涣散者的怜悯;这更不是对那些怨气冲天、饱受压迫、群情激愤、渴望获得统治权即所谓"自由"的奴隶阶层的同情。我们怀抱的是一种更为高瞻远瞩的同情:——我们看到人是怎么妄自菲薄的,还有你们是如何贬低人的!——有时候,我们忧心忡忡地注视着你们的同情,[161]抗拒这种同情,——觉得你们在此表现出的严肃比任何轻浮举动都更危险。你们也许想——没有比这"也许"更绝的了——消除痛苦;那我们呢?——好像我们想让这痛苦变得比以往任何时候都更沉重、更强烈一样!幸福安康,你们理解的幸福安康——这不是什么目标,在我们看来这就是完结!这种状态里,人立刻会变得可笑而可憎,导致了希望人灭亡的想法!痛苦的磨练,巨大苦难的磨练——你们不知道么,是这

---

① [Pütz版注]享乐主义:古希腊哲人、昔勒尼的亚里斯提卜(Aristippos,前435-前355)创立的学说。与亦师亦友的苏格拉底不同,他认为享乐(希腊文:hedoné)并非行善的伴随现象,而是行善的动机。真正的享乐和德行是对自制地享受感性的情绪冲动。
② [Pütz版注]悲观主义:参见第六章208节注释"善良意志的悲观主义"。
③ [Pütz版注]功利主义:参见第四章箴言174注释"功利主义者"。
④ [Pütz版注]幸福论:一种在古希腊哲学中形成的伦理学,认为并主张幸福乃是一切追求的动机和目的。对这种伦理学而言,人只有在不受限制地同时发展其智力和体力时,才是既幸福又道德的。其在古典时期最重要的代表之一是伊壁鸠鲁。

种磨练造就了人类迄今为止的一切升华？心灵陷入不幸时的张力，造就了它的坚强；目睹大毁灭时，心灵在颤栗；在承担、忍受、解释、利用不幸的过程中，心灵表现出机智和勇敢；此外还有不幸赠予心灵的那种深刻、神秘、伪装、精神、诡计和伟大；——这些不正是痛苦赠予的，经过巨大痛苦的磨练而获得的礼物么？在人身上，既能看到材料、碎片、冗余、粘土、粪便、瞎折腾、一团糟；又能看到创造者、雕塑家、铁锤般的硬朗、观望者的神性以及第七日①——你们理解这种对立吗？你们的同情指向"人作为造物的一面"？指向那必定要被捏造、折裂、捶打、撕扯、焚烧、烘烤、提炼的一面——也就是必须且应当受苦的一面？而我们的同情——你们难道不明白，我们截然相反的同情是指向谁的么，如果它抵制你们的同情，即抵制所有溺爱和软弱中最蹩脚的那一种？——不妨说这是同情与同情分庭抗礼！——不过必须重申，还有比各种有关快乐、苦难和同情的问题更高级的问题，而任何只针对前一类问题的哲学都是幼稚无知的哲学。——

226

[162]我们这些非道德主义者！②——这个与我们相关的世界里有我们的爱与恐惧，这个几近无形无声的世界里充斥着完美的命令与臣服，这个世界无论从哪方面看都"几近"纠结、棘手、尖锐、敏感的世界；是的，这个世界防备甚严，不让笨拙的观众和要套近乎的好奇心有机可乘！我们缠入了牢度极高的责任之网，套上了责任之衫无法脱身——，在里面我们是"负有责任的人"，连我们也是！有时候，这是事实，我们戴着自己的"脚

---

① [Pütz版注]第七日：参见第五章200节注释"安息日之安息日"。
② [Pütz版注]我们这些无道德主义者！：参见第二章32节注释"非道德主义者"。

镣"跳舞,行走于我们的"刀剑"之间;但在更多的时候,这也是事实,我们对此气得咬牙切齿,为自己命运中这一切暗藏的艰难困苦而焦躁不安。但是无论我们想怎么做,那些傻瓜和表象会说我们"是些不负责任的人!"——总有些傻瓜和表象和我们过不去!

227①

正直——假定是我们的美德的话,我们已经无法摆脱它,我们这些自由的精神——现在,我们想带着全部的恶与爱培育它,且孜孜不倦,使我们在这唯我们独有的美德之中"臻于至善":让它的光芒有朝一日如同镀金的、蓝色的、嘲弄的夜光依附在这逐渐老去的文化及其迟钝暗淡的肃穆之上吧!如果我们的正直有一天仍会倦怠起来,叹着气伸着懒腰觉得我们太强硬了,而想过得更好、更轻松、更加柔情脉脉,如同一种惬意的恶习;那就让我们执守这份强硬,我们是最后的廊下派人!让我们把自己身上所有魔鬼般的东西都用于援助这一美德——用我们对一切失于粗鄙和有欠精确者的厌恶,我们"追求禁果"②的立场,我们冒险的勇气,我们精明和挑剔的好奇心,我们最精致、最隐蔽、最有灵性的权力意志和征服世界的意志,[163]它如此迫不及待对一切未来的王国浮想联翩,赞不绝口,——让我们带着身上所有的"魔鬼"来拯救我们的"上帝"!很有可能,人们会认错和混淆我们:那又有什么关系!

---

① [KSA 版注] Vs (N VII 2) 初稿:
我们要改善和提升我们的正直,让它像金色的塔尖一样凌驾在整个迟钝暗淡的时代之上。如果我们的正直变得虚弱、显得犹豫了,我们就要将我们的好奇心、我们冒险的勇气、我们的残酷、我们"追求禁果"的立场以及我们所有的魔性都用于援助这一美德:人们或许将这些援助和美德[-]混淆起来,那又有什么关系!
② [Pütz 注] 追求禁果: nitimur in vetitum (拉丁文)引自古罗马作家奥维德(前 43-后 18)《爱情诗集》III 4,17:"我们总是追求被禁的,希望被拒的。"

人们会说:"你们的'正直'——就是你们身上那魔鬼般的东西,如此而已,岂有他哉!"——那又有什么关系!即使他们真的有理,那也无妨!难道迄今为止这些神灵不都是神圣化了的改名换姓的魔鬼么?说到底,我们对自己又究竟了解多少呢?而那个引领我们的幽灵该叫什么名字呢(这只是个称谓问题)?我们藏匿了多少幽灵呢?我们的正直、我们这些自由的幽灵,自由的精神——我们得当心,别让我们的正直成为我们的虚荣、我们的装饰和奢靡,我们的局限和我们的愚蠢!每一种美德都近乎愚昧,每一种愚昧都近乎美德:俄国人常说"愚昧得如此神圣"——我们得留心,别让正直最后成了一种神圣而无聊的东西!难道我们的生命不是太短暂了吗,延长百倍也不能让我们在其中感到无聊?你必须相信生命永恒,才有可能——

228

请恕我直言,我发现迄今所有道德—哲学均无聊透顶,催人入眠——依我之见,不是别的,正是倡导"美德"者身上的这种乏味,使得"美德"遭受了最大的伤害;我这么说,并不想抹杀它对众生的好处。关键是,对道德进行深思的人要越少越好,——从而引出至为关键的一点,即道德不要哪天成为了热议的焦点!不过何必担心!一如既往,我在欧洲至今没见到谁对思考道德的危险性、棘手度、诱惑力,——对大难有可能已在其中这一点具有(或给予)清晰的认识![164]比如去看那些不知疲倦、避之不及的英国功利主义者①,看他们如何笨拙地、可敬地循着边沁②的足迹四处晃

---

① [Pütz版注]功利主义者:参见第四章箴言174注释"功利主义者"。
② [Pütz版注]边沁:Jeremy Bentham(1748-1832),英国法学家、哲人。作为功利主义的创立者,他将道德和立法定义为一门艺术;管理人类行为,以使尽可能多的人得到尽可能大的幸福。

悠(荷马的比喻①对此说得更清楚),正如边沁自己也曾步可敬的爱尔维修的后尘(不,用加里亚尼的话来说,爱尔维修这位不管部长②并不是什么危险人物——)。没有新思想,也未对旧思想进行灵活的变通和阐发,甚至都不是真正记载了前人的思想:总体而言,简直是一些让人受不了的文字,如果人们不懂得带点儿恶意地把它腌制起来的话。这些道德家(如果非得读他们的话,必须多长个心眼)身上也悄悄染上了英国人由来已久的恶习,该恶习唤做"言不由衷"③,就是一种塔尔丢夫式的道貌岸然④,不过这次披上了新科学的外袍;这里也不乏良心谴责的秘密反抗,过去是清教徒的那一拨人在对道德问题进行科学探讨时理所当然地会于心有愧。(难道道德家不是清教徒的对立面么?也即作为一个思想者,对道德提出质疑,打上问号,总之就是认为道德有问题?道德化不正是——不道德的么?)最后,他们所有人都希望英国的道德观念能被证实无误,从而尽善尽美

---

① [Pütz 版注]荷马的比喻:两部被认为是荷马创作的伟大史诗《伊利亚特》和《奥德赛》中有大量形象的比喻,涉及人和神的行为、自然现象、植物界和动物界。(尼采在此暗示的与某一特定比喻的联系无从考察。)

② [Pütz 版注]爱尔维修这位不管部长:Helvétius, ce sénateur Pococurante(法语)。尼采在此引用了加里亚尼(参见第二章 26 节注释"加里尼亚神父")的话:"……同样我也见到了不管部长爱尔维修"(1771 年 3 月 9 日致 Madame d'Épinay,见 L'Abbé Ferdinand Galiani: Correspondance avec Madame d'Épinay. Nouvelle Edition, herausgegeben von Lucien Perey et Caston Maugras, Paris 1881,卷 1,Brief-Nr. XCIX,页 265)。爱尔维修(Claude Adrien Helvétius, 1715–1777),法国哲人,法国唯物主义最重要的代表之一,受洛克影响,代表了一种始终以享乐为指向的感觉论(参见第一章 11 节注释"感觉论"):他把人看作机器,可以由自己的感觉推动而做出行为。因为一切活动的动机都是对自己的爱,所以提出道德要求是无济于事的。在理想的公共秩序中,私人利益和公共利益之间再无鸿沟。巴黎议会认为其主要著作《论精神》对国家和宗教有害,下令焚毁。

③ [Pütz 版注]言不由衷:cant 在此为文字游戏,一方面这个英语和法语的概念有"言不由衷"、"伪善的空话"的意思,另一方面也影射康德的名字:拼写为 Cant,是因为康德家来自库尔兰,直至康德的父亲一直沿用。

④ [Pütz 版注]塔尔丢夫式的道貌岸然:参见第一章 5 节注释"塔尔丢夫式"。

地为人类,或者说为"公众利益",或者说为"大多数人的利益",不,是为英国的福祉服务;他们使出浑身解数,力图向自己证明:追求英国的幸福,我指的是追求舒适和时尚①(还有,幸福的顶端,即对议会席位的追求),也就走上了美德的正道,是的,如果说世界上迄今为止有许多美德,那么美德正是存在于这样的一种追求之中。这些迟钝的、良心不安的群畜(这些人把自我中心的事业当作共同福祉的事业并为之奋斗——)中没有一个想知道或嗅出:[165]所谓"共同福祉"不是什么理想,不是什么目标,不是什么能以某种方式把握的概念,而只是一剂呕药;——对一个人是合理的,绝不意味着对另一个人也能是公道的;要求一种适合所有人的普世道德,这恰恰是对高等人的摧残,一言以蔽之,在人与人之间存在等级,因而道德与道德之间也存在高下。这些崇尚功利的英国人是一种谦卑的、就其本质而言平庸的人,如上所述,只要他们乏味无聊,那么就不可能低估他们的功利性。人们不应当再激励他们,就像以下韵诗在某种程度上尝试的那样:

> 为你们喝彩,好样的独轮车夫,
> 总是"推得越久,越是不亦乐乎",
> 僵了头脑,硬了双膝,
> 没了兴致,少了乐子,
> 经打耐摔,平庸无奇,
> 既无天分,也无才智!②

---

① [Pütz版注]舒适和时尚:comfort and fashion(英语)。
② [Pütz版注]既无天分,也无才智!:Sans génie et sans esprit!,此句疑为尼采自己所写。

229①

在那些以人性而自豪的晚近时代总会留下那么多恐惧,那么迷信对"残忍野兽"的恐惧。主宰这种野兽,正是那些较为人性的时代引为自豪的,以至于几百年来,人们仿佛约定了似的,甚至对确凿无疑的真相都避而不谈,因为这些真相看上去像是要帮助那种好不容易被消灭的野兽起死回生。倘若我竟然胆敢让这样一种真理溜了出来,那么其他人或许会再把它抓回来,给它喂足"虔诚思想的牛奶"②,直到它安静地躺在原来的角落里,被人遗忘。——人们应该重新认识这种残忍,睁大眼睛;人们应该赶快学

---

① [KSA 版注] Rs(W I 6)初稿:谁作为认识者而认识到:在所有生长之中和之旁,衰亡的法则也在起作用;无情地消解和毁灭,这对于创造而言是必要的;谁就必须学会在看到这一点时保持快乐,以便能够忍受——不然的话,他就不再适合去认识了。也就是说,他必须要有一种精致化了的残忍,必须下定决心使自己掌握这种残忍。如果在力量等级中,他的力量还占有较高的地位,如果他本人是创造者之一,而不只是一个旁观者,那么,他在目睹苦难、蜕化、消亡时能够残忍,这还不够,一个这样的人必须能够带着享受创造阵痛,必须用双手和行动,而不是只用精神的眼睛来认识残忍。道德的伪善不会说:任何高等文化,都在很大程度上以残忍的形成和精神化为基础;悲剧中最痛切的快感就属于残忍,如同享受斗牛、柴堆上的火刑、角斗士在竞技场上的搏击一样;今天在所谓悲剧式同情中令人愉快地起效的一切之所以甜蜜,是因为掺入了残忍的添加剂。残忍是在目睹了他人的苦难后才产生的,这是一种愚蠢的观念;其实,人们也从自身痛苦和"自作自受"中获得了很大乃至极大的享受,比如在所有要求自我、痛悔、禁欲、良心折磨或者只是优雅地牺牲理性的宗教中那样,这些宗教通过以自己为敌的残忍中迷人的奥秘和战栗,劝人们去做这一切。最后人们要考虑的是:每个认知者都迫使自己的精神违背本身的精神取向,也大都违背本身的内心愿望,即在自己想肯定、崇拜的时候说不;追根究底本身是一种矛盾,一种对精神的基本意志——它要不断地表露和浮现出来——的残忍;也就是说,即便在在最富于精神性的领域,人也是残忍的艺术家。

② [Pütz 版注] 虔诚思想的牛奶:引自席勒《威廉·退尔》:Die Milch der frommen Denkungsart(第四幕,第三场,第 2574 句)。尼采以此影射诗情画意的自然状态中热爱和平者的天真。

会不耐烦,[166]不再让此类趾高气扬、大腹便便的错误道貌岸然、恬不知耻地四处闲逛,比如在新老哲人的悲剧中,它们被喂饱了之后便是如此。几乎所有我们称为"高等文化"的东西,都以这种残忍的精神化和深化为基础——这就是我的定理;那只"野兽"根本没被杀死,它依然活着,生龙活虎,只不过把自己——神化了。悲剧中最痛切的快感就是由残忍构成的。在所谓悲剧式同情中,其实是在一切高贵中,包括在形而上学所带来的至高无上、无比精制的战栗中,那些让人倍感舒适的东西之所以甜蜜,也完全只是因为掺入了残忍的添加剂。就像竞技场上的罗马人,沉迷十字架的基督徒,火刑柴堆边或是斗牛场上的西班牙人,今天对悲剧趋之若鹜的日本人,巴黎郊外惦记着血腥革命的工人,不加掩饰地表示自己乐意"容忍"《特里斯坦和伊索尔德》①悲剧的女瓦格纳迷②——所有这些人享受的、带着内心神秘的狂恋打算一饮而尽的东西,就

---

① [Pütz版注]《特里斯坦和伊索尔德》:瓦格纳的歌剧,1859年首演,根据哥特夫利德·封·斯特拉斯堡(Gottfried von Straßburg,1200前后)的同名宫廷小说改编。剧中特里斯坦请求叔叔英王马克把爱尔兰公主伊索尔德嫁给他。在春药作用下,特里斯坦和伊索尔德陷入了爱河,这种违反宫廷惯例的爱导致了悲剧和死亡。瓦格纳首次突破了传统的调性,开创了音乐上的现代派,歌剧的构思产生于他对叔本华哲学的首次深入探讨。

② [Pütz版注]女瓦格纳迷:狂热地崇拜理查德·瓦格纳的女人。对女人在瓦格纳面前表现出来的欣喜若狂,尼采嗤之以鼻,这也表现在后来的一段文字中:"看看我们那些'瓦格纳化'的女人吧!她们真是'意志不自由'!黯淡的眼神中透露出这样的宿命论!完全是一种任其发生、逆来顺受的态度!她们也许预感到,自己在这种'卸下'了意志的状态下,对某些男人更有魅力?这更是一种对她们的卡格里奥斯特罗奇男子五体投地的理由了!可以毫不迟疑地得出这样的结论:那些真正的'疯婆子'对瓦格纳的崇拜,简直就是一种歇斯底里,是一种病;她们在性的方面有点儿不正常了,或者是没有孩子,或者是——在最能让人接受的情况下——没有男人。"(遗著残篇,1985年8-9月,见Friedrich Nietzsche: Sämtliche Werke. Kritische Studienausgabe in 15 Bänden. Herausgegeben von Giorgio Colli und Mazzino Montinari. München 1980. 卷11,页674)关于女瓦格纳迷和《特里斯坦》之间的联系,了解以下情况就不言自明了:尼采在《瞧这个人》中还说自己是在看了《特里斯坦》之后成了瓦格纳的信徒,但却认为瓦格纳后来的所有作品都大不如前了。

是伟大的女巫①"残忍"的调味酒。在此,当然得把之前愚蠢的心理学赶到一边去,它只会教导我们说,残忍是在目睹了他人的苦难后才产生的;其实,人们也从自身痛苦和"自作自受"中获得了很大乃至极大的享受。——一旦人们听从规劝,甘心在宗教意义上自我否定,或者像腓尼基人②或是苦行僧那样自残,或者完全变为无欲、无肉、痛悔的人,像清教徒一样抽搐着痛悔,接受良心的解剖,像帕斯卡那样牺牲理性③,那么人们就会暗中受到引诱和催逼,受到自己的残忍的引诱和催逼,受到与自己为敌的残忍带来的那种危险战栗的引诱和催逼。最后人们要考虑的是:[167]即便认知者在认知过程中迫使自己违背本身的精神取向,也经常违背本身的内心愿望——即在自己想肯定、爱恋、崇拜的时候说不——,从而成为残忍的艺术家和美化者,但是任何追根究底都是一种强暴,都是对精神的基本意志——它要不断地表露和浮现出来——的一种蓄意伤害。在任何认知意愿中都包含着一丝残忍。

230④

也许人们还无法马上理解我这儿说的"精神的基本意志"为

---

① [Pütz版注]女巫:即塞壬(Circe),参见第六章208节注释"连斯芬克斯也是个迷人的女妖塞壬"。
② [Pütz版注]腓尼基人:叙利亚海岸的闪族人,其最重要的神是天气之神巴尔(Baal),以不同形象受到崇拜(天上的巴尔或当地的巴尔)。腓尼基人宗教生活的基本要素是献祭仪式和以儿童为祭品(参见第三章46节注释"宗教的腓尼基主义")。
③ [Pütz版注]帕斯卡那样牺牲理性:Plaise Pascal(参见第三章45节注释"帕斯卡")代表一种自然科学的数学化理想,但也批判笛卡尔主义者的神学唯理论。在他看来,数学和唯理论的局限性在于不能回答关于人在宇宙中的地位的问题以及关于心灵安宁的问题,在《思想录》中,理性认识到自己无力克服人性在困窘和伟大之间的充满张力的对立性。在存在的悖谬和逻辑的矛盾中,理性觉察到超越自己的、寓于基督教之中的更高真理的标志。

何物,请允许我略作解释。——这个发号施令的东西,即大众所说的"精神",想要成为自己和环境的主人,想要觉得自己在主宰一切:它具有多元合一、删繁就简的意志,一种约束、掌控、渴望主宰和确实主宰的意志。它的需求和能力在此就是生理学家们认为一切存活、生长、繁衍的东西都有的需求和能力。获取陌生事物的精神力量,体现在一种强烈的癖好中:化新为旧,化繁为简,忽略甚至排斥一切完全矛盾的东西;同样,它随心所欲地强调、凸现、歪曲外来事物上的和"外部世界"任一部分中的特定性质和特定轮廓。它这样做的目的在于吞噬新的"经验",将新事物纳入旧秩序,——也就是旨在增长,更确切的说,是要获得增长的感觉,获得一种力量增强的感觉。为这种意志服务的,是一种看似相反的精神驱动,是一种突如其来要使自己无知、随意闭门关窗的决心,[168]是一种对周遭事物的由衷反感,是一种不让他人靠近的戒心,是一种对诸多可知事物的防备,是一种对黑暗环境和封闭视野的满足感,一种对无知的肯定和赞许;所有这一切的必要程度,根据它的获取能力而定,形象地说就是根据它的"消化能力"而定——"精神"确实与胃最相类似。属于此类的还有一种偶尔出现的精神意志,即听任自己受骗上当,也许是故意使自己有种预感:觉得事情有点不对劲,不过最终还是认可了;还有一种对所有不确定性和多义性的喜好,对居于一隅的带有随意性的狭隘和隐

(接上页,注④)[KSA版注] Vs(N VII 1)初稿:把人类还原为自然状态——人的虚荣在"人"这自然文本之上和旁边乱涂乱画了大量错误的阐释和附加意义——,成为掌控这些阐释和附加意义的主人;力求使人站在人面前如同站在自然面前,对诱惑的声音听而不闻,那些声音在说:"你更伟大!你更高贵!你的出身非同一般!"——这是一项艰难、几乎称得上是残酷的任务。谁试图完成这一项任务,谁也就是在和自己作对,也在与别人为敌。他为什么要尝试实现这一意图呢?而且他也不可以说出"爱真理"、"诚实"、"为认识而牺牲"之类美妙的话,他已经指出了这些其实都是虚荣的玩意和摆设,总之,他过于虚荣了,以至于不能允许自己的虚荣心只获得如此少量的满足:——为什么?一个这样的人是一个问题。

秘,对近在咫尺的、位于前台的的事物,对放大、缩小、移位、美化了的东西,都会大加赞美,自我陶醉,一种对所有这些放肆不羁的权力宣言的自我陶醉。最后,在此还得加上精神的那种令人不无忧虑的意愿,即欺骗其他精神,在它们面前伪装自己,一种对创新的、塑造的、变幻多端的力量的不断施压和催逼:精神在其中享受着自己的多变面具和诡计多端,也享受着身处其中的安全感——正是通过它的普鲁吐斯艺术①,它获得了最好的保卫和掩护!——这种酷爱假象、简化、面具、外衣、总而言之酷爱表面——因为每个表面都是一件外衣——的意志,是与认知者的崇高倾向背道而驰的,后者是在和想要深刻地、多方面地、彻底地处理事物,此乃作为知识分子良知和品味的一种残忍性,每位勇敢的思想者都会予以承认,前提是他长期来合乎情理地为自己练就了锐利的双眼,习惯了严格的规矩和严厉的话语。他会说"我的精神倾向里有些残酷的东西":——但愿道德高尚者和和蔼可亲者能劝他放弃这些东西!确实,[169]如果别人不说我们残忍,而是说我们"正直得没有节制",以诸如此类的措辞在我们背后窃窃私语或赞赏有加,那听上去就要顺耳些了,——我们这些自由的、极其自由的精神——也许哪天这真的会成为我们的身后美名?暂且——因为真这样还有待时日——我们还是少用这类道德的挂件和流苏来装饰自己:我们迄今为止的所有工作恰恰使我们对这种趣味,对这种过于活跃和泛滥的趣味产生了厌恶。这是些漂亮、闪亮、叮当作响的喜庆词儿:正直、对真理的热爱、对智慧的热爱、为了认识而献身、诚实的英雄主义,——这些话着实能让人飘飘欲仙。不过,我们这些隐居者和土拨鼠,我们早就在自己隐士的良心深处说服了自己,认定这种冠冕

---

① [Pütz版注]普鲁吐斯艺术:普鲁吐斯是古希腊神话中的海神,为波塞冬看护海豹的老仆。他能未卜先知,随意变化,甚至能变成海水。"普鲁吐斯艺术"在转义上指变化多端、反复无常的人。关于理查德·瓦格纳"退化了的普鲁吐斯特征在此显形为艺术和艺术家",参见《瓦格纳事件》(Goldmann Klassiker 7650,页20)。

堂皇的绚丽词藻也是不自觉的人类虚荣之中的陈旧谎言的涂层、破烂和金粉,在浓墨重彩、精雕细刻的一派溢美之词背后还是必定能辨认出那可怕的自然人①的底色。把人类还原为自然状态;自然人的永恒底色上迄今为止被乱涂乱画上了大量的阐释和附加意义,而我们要成为掌控这些阐释和附加意义的主人;力求使人今后站在人面前,正如今天在科学训练中变得强硬起来的人站在另一种自然本性面前,带着俄狄浦斯无畏的双眸②,带着奥德修斯封闭的两耳③,对形而上学捕鸟人④引诱的笛声听而不闻,后者已在他耳边念叨很久了:"你更伟大!你更高贵!你的出身非同一般!"——这可能是一项奇特而美妙的任务,但这是一项任务——谁会否认这一点呢!为什么我们偏偏选择了这项美差呢?或者换言之:"我们为什么非要认识呢?"——谁都会这么向我们发问。我们被如此步步紧逼,我们自己也曾千百次地扪心自问,[170]却到目前为止还没有找到一个更好的答案……

231⑤

学习改变了我们,正如一切养料一样,其功能不仅仅是"保存"——心理学家对此非常清楚。然而在我们内心深处,在"那下

---

① [Pütz版注]自然人: homo natura。
② [Pütz版注]俄狄浦斯……双眸:参见第一章1节注释"斯芬克斯"、"俄狄浦斯"。
③ [Pütz版注]奥德修斯封闭的两耳:在荷马《奥德赛》(XII, 39页起)描述的一次历险中,奥德修斯的同伴用蜡封住耳朵,为了不被住在海边的半人半妖的塞壬迷人的歌声所惑而陷入不幸。奥德修斯没有封住耳朵,抗拒着这些怪物歌声的诱惑,不过他被绑在了船桅上。而听不见歌声的同伴们驾船避开了赛壬带来的危险。
④ [Pütz版注]形而上学捕鸟人:"形而上学",参见第一章2节注释"形而上学家们"。"捕鸟人"疑指莫扎特歌剧《魔笛》中的捕鸟人巴巴基诺,后者以笛声引诱自然造物,以此方式控制自然。
⑤ [KSA版注] Rs(W I 8)中的标题:"女人本身"。

面",必定有某种冥顽不化的东西,必定有一块花岗岩,这就是精神的命运,是对天意甄选出的问题作出命中注定的决断和回答。在每一个重大问题上,都能听到一个始终不渝的声音:"我就是这样"。比如在两性问题上,一个思想者不可能通过学习转变思想,而只可能通过学习加深了解,——直到最后发现,在他那里什么是"恒久成立"的。有时人们发现了解决问题的某些方法,这恰恰使我们产生了强烈的信任,或许今后会称之为"信仰"。以后——人们发现信仰不过是自我认识的足迹,是通往问题即我们自身的路标,——更确切的说,通往天大的愚蠢即我们自己,通往我们精神的命运,直至在"那下面"的冥顽不化的东西。——在我对自己大大恭维了一番之后,我也许可以获准说出一些关于"女人本身"的真理,只是希望诸位从一开始就明白,这其实只是——我自己的真理罢了。

232①

女人想要独立:于是开始就"女人自身"的问题对男人进行启蒙——这种现象,属于欧洲普遍丑陋化进程中最糟糕的步骤。因为这些关于女性研究和自我暴露的拙劣尝试[171]会抖落出来些

---

① [KSA版注] Rs(WⅠ5)初稿:不可能把女人想得过高,但也不必因此将女人想错了:在此必须非常小心。她们不太会有能力对男人进行关于"永恒女性"的启蒙;要做到这点,她们似乎离自己本身太近了。况且,启蒙至少迄今为止一直是男人的事情,是男人的天赋。终于可以对女人写女人的所有东西抱有足够的怀疑了:一个写作的女人是否在完全无意中做到了与所希望的"启蒙"背道而驰的事情——给自己化妆?给自己化妆不是永恒女性的最可靠的状态么?有谁承认过女人思想深刻?或者承认女人心怀公正?没有深度和公正——那么女人评判女人有什么用?难道这不几乎否定了女性的本能,不几乎是一种蜕化?就女人问题进行"启蒙"的意志,不几乎成了对男人而言失望的意志、祛魅的意志,使得女人贬值的意志?尽管有些女人有充分的理由,不让男人爱她们和夸她们,但是总体而言,我觉得对"女人"的轻视大都来自女人——而绝不是来自男人!为了照顾女人,教会下令"女人莫谈神学"!拿破仑下令"女人莫谈政治",是对女人有利的——为了挽救女人的某种魅力,我建议:女人莫谈女人!

什么啊！女人有太多的理由感到羞耻：女人暗地里是那么吹毛求疵，浮于表面，好为人师，是那么蛮横、放荡、傲慢而又充满了小家子气——只要仔细观察她是如何对待孩子的，就不难看清楚这些！——这些隐藏在女人身上的特点，因为对男人的畏惧，事实上至今一直受到极度压制和约束。一旦"女人身上永恒而乏味的东西"①——这方面内容可丰富啦！——突围而出，那就有祸了；一旦她开始彻底地并在原则上舍弃自己的机智、技巧和灵活性，开始舍弃自己妩媚、玩耍、排忧、减压、举重若轻的智慧和技巧，开始舍弃自己在面对令人愉悦的欲念时的高度灵活性，那就有祸了！现在女人的声音已经变大了，引起了——看在神圣的阿里斯托芬的份上——恐慌；带着医学的明确性威胁说，女人首先和最终想要从男人那里得到什么。女人这样开始讲起科学来，这难道不是最糟糕的品味么？迄今为止，启蒙幸好一直是男人的事情，是男人的天赋——因而我们是"在自己人中间"；我们也应有权对女人写女人的所有东西抱有足够的怀疑，到底女人想不想进行有关自己的启蒙——而且能不能这样想……如果女人这样做不是为了给自己重新化妆的话——我却在想，给自己化妆不是永恒女性的特征么？——那么，她这样做就是为了让人生畏——也许就是为了争夺统治权。但她不想要真理：真理对女人来说算得了什么！对女人来说，从一开始起就没有任何东西比真理更陌生、反感、敌对的了，——她的拿手好戏就是谎言，她的头等大事就是表象和美丽。我们男人得承认：我们尊重和喜爱的就是女人的这种艺术和本能；我们生活艰难，为了放松减压，我们和这样的人聚到了一起：在她

---

① [Pütz版注]女人身上永恒而乏味的东西：对歌德《浮士德》第二部结尾诗句的戏拟。歌德原文（《浮士德》12104—12111行）："一切无常者，／不过是虚幻；／力不胜任者，／在此处实现；／一切不可名，／在此处完成；／永恒的女性，／领我们飞升。"[译注]歌德译文从钱春绮译《浮士德》，《歌德文集》，上海译文出版社1999年版，页665—666。

们的纤手、美目以及温柔的愚蠢的环绕之下,我们觉得自己的严肃、沉重、深刻几乎也是一种愚蠢。[172]最后我还要问一句:有哪个女人承认女人思想深刻,又有哪个女人承认女人心怀公正?迄今为止,最轻视"女人"的就是女人自己,这难道不是大致的事实吗?——我们男人希望,女人不要越走越远,不要通过启蒙使自己名誉扫地:教会下令"女人莫谈神学"①,这是男人对女人的照顾和呵护。拿破仑让那位巧舌如簧的斯塔尔夫人②明白,"女人莫谈政治"③是对女人有利的。——我认为,如果真是女人的朋友,那么在今天就应当对她大声疾呼:女人莫谈女人④!

233

如果一个女人想把罗兰夫人⑤、斯塔尔夫人或者乔治桑"先生"⑥搬来当救兵,以为如此就能为"女人本身"提供有利证据的话,那么这就暴露了本能的堕落,且不说也暴露了品味的低下。在

---

① [Pütz版注]女人莫谈神学: mulier taceat in ecclesia!(拉丁文),参见《新约·哥林多前书》14章34节,尼采对这句话加以变化,更加具有挑衅性:如果女人不仅应在教会和政治问题上,而且在关于自己的问题上也保持沉默,那么这些要求就等于是全面禁止女人发表言论和进行思考。
② [Pütz版注]斯塔尔夫人:参见第六章209节注释"男性化的女人"。
③ [Pütz版注]女人莫谈政治: mulier taceat in politicis!
④ [Pütz版注]女人莫谈女人: mulier taceat de muliere!
⑤ [Pütz版注]罗兰夫人: Jeanne Marie Roland de la Platière (1754-1793),热情的共和主义者,其沙龙从1791年起为吉伦特派要人聚会的场所,因此极大地影响了这一革命党的政策。吉伦特派垮台后被送上了断头台。
⑥ [Pütz版注]乔治桑"先生": Monsieur George Sand,本名Amandine Aurore-Lucie Baronne Dudevant (1804-1875),法国女作家,主要创作长篇小说(《安蒂亚娜》1832,《莱莉亚》1833)。在小说中,她抨击资产阶级道德观念,要求妇女婚外情的权利,主张解决社会问题。1850年后,她居住的诺安镇庄园成了作家和艺术家聚会的场所。

男人看来,以上这三位不过是可笑的女人罢了——仅此而已!——虽非本意,却正是对女性解放和女性自主的最佳反证。

234①

厨房里的愚蠢,就是女人当厨师,一家老小包括一家之主的饭菜就是在不动脑筋的可怕状况中烹饪完成的!女人不懂菜肴意味着什么,却偏要当厨师!假如女人是个有思想的造物,那么她在几千年的女厨经历中就该发现了生理学最重要的事实,[173]同时掌握了医疗的技术!由于这些糟糕的厨娘们——在厨房里完全缺乏理性,致使人类的进步遭到了极长久的阻碍和最严重的损害,今天情况也好不到哪儿去。——说给名门闺秀听的一席话。

235

精神妙句,掷地有声。寥寥数语,却突然间成了整个文化和整个社会的结晶。这其中就包括朗贝尔夫人②偶然间对她儿子说的一句话:"亲爱的,只去做能给你们带来莫大快乐的蠢事!"③——顺便说一下,这是迄今为止对儿子的寄语中最具母性、也最富智慧

---

① [KSA版注]Rs(WI1):厨房里的愚蠢:有没有一所大学关心过学生的优良饮食?关心过健康的性生活?[在"厨房"后插入了以下文字:]不可能将女人的智力想得过低,如果考虑到,一家老小包括一家之主的饭菜一直和到处是女人不动脑筋地烹饪完成的!女人不懂菜肴意味着什么,却偏要当厨师!假如女人是个有思想的造物,那么她在几千年的女厨经历中就该发现了生理学最重要的事实!由于这些糟糕的厨娘们,即由于女人,人类的进步迄今为止遭到了极大的阻碍!
② [Pütz版注]朗贝尔夫人: Anne Thérèse Marquise de Lambert (1647-1733),于1710年创办了18世纪首家文学沙龙,当时文坛巨子每周二都来此聚会。她写有儿童教育方面的著作和道德论文,其中富于才智的格言占有重要地位。
③ [Pütz版注]亲爱的,只去做能给你们带来莫大快乐的蠢事!:mon ami, ne vous permettez jamais que de folies, qui vous feront grand plaisir!,出处不详。

的话。

236

但丁和歌德对女人的看法——前者唱道,"她望着上天,我望着她"①,后者把这句话译成了"永恒的女性,领我们飞升。"②——我毫不怀疑,每位高贵的女性都会抵制这种信念,因为她相信只有永恒的男性能如此……

237

女子格言七则

漫长的时辰悄然划过,一个男人向我们匍匐而来!

[174]年龄,唉!还有科学,将力量赋予了衰弱的美德。

黑袍和沉默,乃是每个女人最聪明的打扮。

我觉得幸福时会感谢谁?上帝——和我的裁缝。

年轻:洞穴里鲜花盛开;年老:一条龙盘旋而出。

高贵的名字,美丽的腿,还有男人:啊,他要是我的该多好!③

只言片语,意味深长——对母驴而言,这是光滑的冰面!

女人至今被男人像鸟儿一样把玩着,她们在高空某处迷了路,落到他们手中的,被他们视为一种更精致、更纤弱、更野性、更奇

---

① [Pütz版注]她望着上天,我望着她: ella guardava suso, ed io in lei,引自但丁《神曲》,《天堂》II, 22。贝雅特丽奇的双眸直接在神性之光中闪亮,而但丁获得神性恩典则完全归功于女人这面反映神爱和神恩的镜子。

② [Pütz版注]永恒的女性,领我们飞升:参见本章232节注释"女人身上永恒而乏味的东西"。

③ [KSA版注]你要小心,金小鸟! Dm

特、更甜美、更深情的东西，——但是这东西必须关在笼子里，以防飞走。

238

［175］在"男人和女人"这个基本问题上犯错误，否认两者之间存在犹如万丈深渊的对立，否认两者始终为敌的紧张关系的必然性，幻想两者也许有同等权利、同等教育、同等诉求和责任：这就是思想平庸的典型标志。一个思想者如果①在这一险要处表现平庸——本性的平庸！——，那他就完全应受到质疑，而且应被看作是露出了真面目，被揭了老底：很有可能，他对所有关于生活包括未来生活的基本问题的想法都"失之浅薄"，无力深入。相反，一个深沉的男人，其精神和欲望都有深度，连在慈善方面也有深度，它具有严厉和强硬的特点，因而也常与这两者相混淆；这样的男人，在女人问题上始终只会采用东方的思维方式：他必定把女人当作占有物，当作可封存在家里，当作注定要伺候人并在伺候人的过程中得以圆满的角色，——在这方面，他必须向亚洲的非凡理性和优异本能看齐，就像过去希腊人做的那样，他们是亚洲最好的传人和弟子——众所周知，从荷马到伯里克利②的时代，随着文化和势力范围的日益增长，他们对女人越来越严厉，简言之，变得越来越东方化了。这是多么必要，多么合乎逻辑，甚至是多么顺应人性啊：但愿人们能好好思量一下！

---

① ［KSA版注］一个思想者如像约翰·斯图亚特·穆勒或者欧根·杜林那样 Vs（W I 7）
② ［Pütz版注］伯里克利：著名雅典政治家，阿提卡民主的创始人（约前495－前429）。对比尼采对伯里克利的高度评价："世上最强大和最可敬的人。"（《希腊悲剧时代的哲学》，19节，载：尼采《全集》，Kritische Studienausgabe in 15 Bänden, herausgegeben von Giorgio Colli und Mazzino Montinari, München 1980, 卷1，页870）

239①

在我们这个时代,女人从男人那里获得的尊重超过以往任何一个时代——这是民主的爱好倾向和基本趣味,就像对老年人的不敬一样——:[176]如果这种尊重转眼即被滥用,又有什么好奇怪的呢?想要更多,学会了提要求,最后发现那种尊重几近伤人,于是更愿意为权利互相竞赛,确切地说是互相斗争:总之,女人就这么失去了羞耻感。我们马上还可以补上一句,她也失去了高尚的趣味。她忘却了对男人的畏惧,而"忘却敬畏"的女人也会舍弃自己最具女性特点的本能。当男人身上令人畏惧的东西,说得更确切些,当男人身上的那种男子汉气概不再被需要因而不再被栽培时,女人阔步向前就是理所当然的,也是可以理解的了;但让人难以理解的是——正是因为如此,女人蜕化了,变得不像女人了。这在今天确实发生了,我们何必自欺欺人!在工业精神战胜尚武精神和贵族精神的地方,女人今天就要追求一个小职员②在经济上和法律上的独立:"女人作为小职员"这句口号,悬挂在正在成型的现代社会的入口处。女人如此夺取新的权利,力图成为"老爷"当家作主,把女人的"进步"写在大大小小的旗帜上,但显而易

---

① [KSA版注] Vs(W I 4)说到德国女人,我极不愿意对她们继续进行"教化"。首先,她们不应该弹钢琴,这会摧残她们的神经(而且这作为女人的装饰打扮和卖弄风情,会使任何真正的音乐之友感到恼火),使她们丧失生育健康孩子的能力。她们应该受到虔诚的教育:不虔诚的女人在所有深刻的、不信上帝的男人眼中都十分可笑——是的,他们会愤怒,如果好苗子的暖棚和护栏被拆除了的话,本来它们可以自己在那儿变得仪态万方。指望女人要有的东西中,最艰难的莫过于粗暴的力量和自我的改善,这种指望实在是太可怕了,她们很快就又会把这变为"头饰"或者"闲言"。

② [Pütz版注]小职员:源自法语commis。

见的是,这一来适得其反:女人退步了。在法国大革命①以降的欧洲大地上,女人的影响力降低的程度与女人的权利和诉求增加的程度,恰成反比;"妇女解放"只要是女人自己(而并非仅仅是平庸的男人)要求和推动的,就会呈现出一种奇怪的症状,即最具女性特点的本能不断衰退,逐渐迟钝。在这场运动中有一种愚蠢,一种几近男性的愚蠢,为此一个有教养的女人——有教养的女人总是聪明的女人——会从心底感到羞愧。丧失了灵敏的嗅觉,不再知道自己在何处最有取胜的把握;忽视了自己原来的武艺;让自己[177]走到男人前面,或许还要"一直钻到书里"——而过去在这方面,她们总是显得很顺从,文雅而巧妙地作谦卑状;以一种道德的放肆态度,抵制男人的信仰,抵制男人对一种隐藏在女性身上的截然不同的理想,对某种永恒女性的或必然女性的东西的信仰;在男人耳边不断地大声唠叨,劝他们不要再认为女人就得像温柔的、会任性发脾气的、但经常讨人喜欢的宠物那样被供养和呵护;笨拙而愤慨地搜罗所有奴性的证据,以指明女人直至今日在社会秩序中未变的奴隶地位(似乎对每种高等文化、每次文化提升而言,奴隶制是其反证,而不是其条件):——这一切假如不是意味着女性本能的瓦解,不是意味着非女性化,那么还能意味着什么?当然了,在有学问的男人那些蠢驴当中,对女性友好和使妇人堕落的傻瓜比比皆是,他们劝告女人要去除身上的女人味儿,去模仿那些使欧洲"男人"、欧洲"男子汉气概"得病的愚蠢举动,——他们想让女人降至"普通教育"甚至读报、议政的水平。他们有时甚至想把女人变成自由的精神和文人:似乎一个思想深刻、不信上帝的男人

---

① [Pütz版注]法国大革命:革命女性的政治倡议,即在法国大革命时期致力于修改对女性的法律和政治限制,受到了却来越多的抵制,理由是女性的"自然"定义是妻子、主妇和母亲。督政府为《法国民法典》(1804)奠定了基础,其中从法律角度确定了女性在法律和政治上的附庸地位。这样一来,女性就被从公众生活中排挤出去了。

不会觉得缺乏虔诚的女人极其讨厌或者十分可笑——；人们到处都在用一切音乐（我们德国最新的音乐①）中最病态、最危险的旋律摧残女人的神经，让她日益歇斯底里起来，直到她丧失生命中最初的也是最终的的职业能力，即生育健康的孩子。人们还要进一步使她"开化"，即所谓通过文化的滋养让"软弱的性别"强大起来；似乎历史不曾声嘶力竭地教导过，人的"教化"总是与衰退——即意志力的衰退、分裂、染疾——[178]并肩前进、相伴而来的，而世界上最强大、最具影响的女人（离现在最近的一位是拿破仑的母亲②）之所以能驾驭和超越男人，应该归功于她们的意志力——而不是归功于那些学校的老师！为女人赢得尊重和敬畏的是她的自然天性，比男人更为"自然"的天性，她真实的、猛兽般的、诡计多端的灵活，她手套里藏着的利爪，她利己主义中的天真，她的不可教化以及内心的狂野；她的渴求和美德不可捉摸、广袤无垠……尽管让人生畏，但"女人"这只危险而漂亮的猫却让人生怜，因为她似乎比任何其他动物更受苦、更脆弱、更需要爱、更是注定要大失所望。恐惧和同情③：迄今为止男人就是带着这些情感面对女人，总是一脚已陷入悲剧，陷入了在使人狂喜的同时撕碎一切的悲剧。——怎么？现在一切就这么结束了？女人的去魅化就这么开始了？女人开始慢慢地变得乏味起来！哦，欧罗巴！欧罗

---

① [Pütz版注]我们德国最新的音乐：指理查德·瓦格纳的音乐。尼采在《瓦格纳事件》一书中对瓦格纳被认为是"病态"的音乐作了详细评述："瓦格纳是一种神经疾病。"
② [Pütz版注]拿破仑的母亲：Maria Letizia（Laetitia）Bonaparte，娘家姓 Ramolino（1750-1836），1804年起人称 Madame mère。
③ [Pütz版注]恐惧和同情：指作为悲剧情感的恐惧和同情。亚里士多德《诗学》将恐惧和同情（phóbos und éleos）以及其净化效果视为展现悲剧的严肃情节而达到的、与悲剧相应的效果。从莱辛的《汉堡剧评》起，悲剧情感 phóbos 和 éleos（本义为"战栗和悲叹"）被译成"恐惧和同情"。

巴!我们知道那只长角的动物①一直对你最具魅力,而你也因此一直受其威胁!你那古老的寓言有可能再次成为"历史"——那无与伦比的愚蠢将再度成为你的主人,把你驮走!而在它身下没有藏着什么上帝,没有!只不过是一种"理念",一种"现代理念"!——

---

① [Pütz 版注]欧罗巴……那只长角的动物:欧罗巴,腓尼基国王阿革诺的女儿。在希腊传说中,宙斯变形为一头温顺的白公牛劫走了欧罗巴,经海路把她从腓尼基带到了克里特岛。在那儿,她为宙斯生下了米诺斯(参见第二章 29 节注释"迷宫……洞穴里的米诺陶诺斯")、拉达曼托斯和萨耳珀冬。欧洲因她而得名。

第八章　民族与祖国

240[①]

[179]我又一次破天荒地听了——瓦格纳《纽伦堡的名歌手》的序曲[②];这是一部华丽堂皇、厚实沉重的近世艺术作品,它骄傲地认为,人们只有假定两个世纪以来的音乐依然生气勃勃,才有理解它的可能:——这种骄傲并没有失算,真是太看得起德国人了!这里交汇了多少鲜活的汁液和力量,多少变幻的时空!它让我们

---

① [KSA版注]Rs(Mp XVI 1)初稿:我听了《纽伦堡的名歌手》的序曲:这是一部华丽堂皇、厚实沉重的近世艺术作品,它骄傲地认为,人们只有假定两个世纪以来的音乐依然生气勃勃,才有理解它的可能:——这种骄傲并没有失算,真是太看得起德国人了! 这种合金里融合了多少东西! 它让我们觉得时而古老陈旧,时而如同朝霞,时而博学,时而意外,时而耍性子,时而摆排场,时而好心肠,严厉又阳刚——它即无辜又堕落,四季糅合在一起,既有各种萌芽的喜悦,又有各种虫咬和晚秋。莫名地停滞片刻,仿佛在因果之间陡生一缕空白,也不缺少小小的梦魇,以及我们梦中遭遇的类似现象——但很快,一条惬意的河流又蔓延开去,包括艺术家对自己手法高明的自得,对此他毫不掩饰。总而言之,它不是美,不是南方,不是天空和心田的晶莹澄澈,不是舞姿,甚至不是逻辑,甚至有点儿笨拙,而且对此还故意声张,好像艺术家要告诉我们:"这属于我的意图";一身笨重的衣着,透出学问来的稀世珍品光怪陆离。

时而觉得古老陈旧,时而又感到陌生、苦涩、过于年青;它既由着性子行事,又大摆传统排场,时不时地调皮捣蛋,狂暴和粗俗更是常态;——它承载着火一般的激情和勇猛,同时又包裹着成熟过晚的水果皮,松弛而泛黄。它如大江奔涌,浩浩汤汤,却忽然莫名地停滞片刻,仿佛在因果之间陡生一缕空白,产生一种让我们身处梦境的压力,而且近乎置人于梦魇,但很快,原来那条惬意的河流又蔓延开去,携带着五彩斑斓的愉悦,夹裹着往昔今日的幸福,尤其包括艺术家自身的幸福,这一点他绝不想加以掩饰,他喜出望外地发现自己在这儿运用了高超手段,他似乎在向我们透露,这是一些新的、新学会的、尚未获得检验的艺术手段。总而言之,它谈不上美,与南方也了不相涉,没有一点儿南方天空的晶莹澄澈,[180]不见优雅①,不见舞姿,鲜有逻辑的意志;甚至有点儿笨拙,而且对此还故意声张,好像艺术家要告诉我们:"这属于我的意图";一身笨重的衣着,有点儿任性、野蛮、兴高采烈,透出学问来令人敬畏的稀世珍品光怪陆离;一些德国味,在最好和最坏意义上

(接上页,注②)[Pütz 版注]名歌手……序曲:瓦格纳歌剧《纽伦堡的名歌手》(1868)的序曲在1862年就在莱比锡首演。有一类歌剧的主导理念是将传统的形式严谨和天才的即兴创作合结合起来,《纽伦堡的名歌手》的序曲就是这类歌剧的音乐胚细胞。其突出特征,是主导动机在音乐结构上的密度,这些主导动机可以多次作为古典的动机分化和特征变体相互推导出来;是半音阶和声和复古全音阶变化的紧密联系,这种变化和半音阶相反,可以赋予作品一种使人伤感的历史氛围的地方色彩。序曲中体现出来的这种新旧对立,是尼采下文要探讨的。这种对立也是《纽伦堡的名歌手》情节的要素,标志着贝克梅塞和瓦尔特两人的对立。

① [Pütz 版注]优雅:源自拉丁文 gratia。在古典神话里被拟人化,成了所谓优雅三女神;在德国古典文学时期,成为美学和艺术理论的核心术语。在席勒(参见第八章245节注释"席勒")《论优雅与尊严》一文中,与完全依赖自然的"结构美"不同,优雅指的一种"运动美",只有在自由的影响下才会产生,体现为感性世界的运动。优雅的运动"是(至少是似乎)无意识的,主体本身……从不显得知道自己的优雅"(参见弗里德里希·席勒:Über die Anmut und Würde, herausgegeben von Klaus Berghahn, Stuttgart 1971, 页 90),关于这一点,海因里希·克莱斯特(参见第九章269节注释"克莱斯特")的《论木偶戏》一文尤其强调,他认为,若是意识到自己的思想通过木偶的动作而得以表现,那么便意味着丧失了优雅和纯洁。

的德意志风格,即德国式的多样、无拘束和取之不竭;一种德国心灵的强大与充溢,它不怕躲在堕落的精美长袍底下——也许心灵在那儿才觉得最舒坦;一种名副其实的德国心灵的标志,既年轻又衰老,既千疮百孔又前程似锦。这种音乐绝佳地表达了我对德国人的看法:他们活在过去和未来,——他们尚未拥有今天。

241

我们这些"好的欧洲人":连我们也有这样几个时辰,怀着一腔爱国热血,扑通一下滑到老套的恋情和狭隘中去——我刚才就举出了一个例证——,民族之心、爱国之忧以及别的什么老掉牙的激情高涨,汹涌澎湃。① 这在我们这儿仅仅延续几个时辰就会曲终人散,而比我们迟钝者可能得费不少时间方能了结,有些人需要对付半年功夫,另一些人则要搭上半辈子的光阴,根据各人消化吸收和"新陈代谢"的速度和力量而有所不同。是的,我可以想像,那些麻木、迟疑的种族即便在我们风云变幻的欧洲还要花上半个世纪,去克服祖国情和故乡恋这种返祖现象的发作,重归理性,也就是重新成为"好的欧洲人"。[181] 就在对这种可能性浮想联翩的时候,我听到了两位老"爱国分子"之间的谈话——他们显然都有点儿耳背,所以声音越说越大。"他对哲学的态度和认识跟个农民或者军校学生差不多",其中一位说,"他还无知得很呢。可是今天这又有什么关系!这是一个大众的时代:他们面对大众化的巨无霸时都会趴在地上。在政事上②亦是如此。一个政治家,如能给大众造起一座新的巴比塔,

---

① [KSA 版注]激情高涨,汹涌澎湃。这其实是一种我们的祖先就表现出的礼貌。Vs (N VII 2)
② [Pütz 版注]在政事上: in politicis (拉丁文),参见第七章 232 节注释"女人莫谈政治!"。

或随便什么权力帝国,他在大众眼中就是'伟大的'①:——我们这些谨慎行事、矜持内敛的人目前还没有脱离旧观念,又有什么关系呢?按照旧观念,重要的是伟大的思想赋予某种行动和事业以伟大。假定,一个政治家迫使他的人民今后从事'大政治',而人民却没什么从政的天赋和准备,以至于不得不牺牲他们古老而稳固的美德,只为了达到一种新的值得怀疑的平庸;——假定,一个政治家决定让他的人民全部'政治化',而人民迄今为止有更好的东西要去做去想,从内心深处厌恶②那些真正政治化的民族的动荡、空虚和吵闹,难以摆脱这种谨慎的厌恶。——假定,这么一个政治家,煽起他的人民沉睡的激情和渴望,使他们觉得自己至今畏缩不前、袖手旁观乃是污点,使他们对自己崇洋迷外和暗中追求无限的做法感到内疚,贬低他们最心爱的喜好,扭转他们的良心,让他们的思想狭隘化,让他们的品味'民族化',——怎么样!一个政治家,如果做了这一切,他的人民要在将来,如果他们还有将来的话,替他赎罪,这样的政治家称得上'伟大'?""毫无疑问!"另一位老爱国分子言辞激烈地答道,"不然的话他不可能做到这一点!想要这样做,也许很了不起吧?[182]不过,或许一切伟大的事情在开始时都很了不起!"——"你别滥用词语!"对方冲着他喊道,"——是强大!强大!是强大和了不起!不是伟大!"——两个老人看上去面红耳赤,就这样冲着对方大声喊出各自的真理;我却幸福地置身度外,思量着过多久更强者就会成为强者的主宰:对一个民族的精神浅薄化

---

① [Pütz版注]一个政治家……'伟大的':影射俾斯麦(Otto Fürst von Bismarck,1815-1898),德意志第二帝国(1871)创始人。
② [KSA版注]此后删去了:——这些民族到处注目到处担忧,不再也不能再固守自己的"家园"——Rs

有一种补偿,那就是另一个民族的精神深刻化。①

242

　　无论是称之以"文明"、"人性化"或"进步",试图以这些字眼褒扬欧洲人,还是不作臧否,用政治套语称之为欧洲民主运动,在此类表达方式指向的一切道德现象和政治现象的背后,都有一种惊人的生理过程正在进行,越来越顺利地进行着,——这是一个欧洲人趋同的过程,他们日益脱离与气候、阶层相联系的种族赖以产生的条件,逐渐地不再受制于某个特定的、数百年来想在心灵和肉体上镌刻上同样要求的环境,——即一种在本质上是超越民族的、以游牧方式生活的人缓慢地出现了,从生理学角度来说,这种人集适应术和适应力之大成,以这种最大化为自己的典型特征。欧洲人正在形成,这一过程的进展速度可能由于发生巨大倒退而受到影响,但其强度和深度或许正因此而得以增大——现在仍在咆哮着的"民族情感"的狂飙突进就属于这类现象,正在兴起的无政府主义亦是如此——:这个过程[183]很有可能导致的结果,是那些天真地对它极力推崇、赞不绝口的人,那些"现代观念"的信徒们始料未及的。一般情况下会促成人的均衡化和庸常化——使人成为有用的、勤劳的、用途广泛的、伶俐听话的群居动物——的新条件,在此却极其适合于孕育与众不同的,最有危险也最具魅力的特殊人物。这是因为,虽说上述适应力把不断变化的条件全都试遍了,每隔一代人,几乎是每隔十年就开始新的工作,使得强有力者难以产生;虽说上述未来的欧洲人可能留下这样的总体印象,他

---

① [KSA 版注]我却幸福地置身一隅,思量着,[一种幸福]智慧在多大程度上意味着在[一个]一切个人问题上都不会被引诱去说"是"或者说"不";对[此]这种问题,或许只有遥远的、被漠然视之的未来才能多少公正地作出定论。Dm

们就是那些到处可见、废话连篇、意志薄弱、极其伶俐听话的工人,需要主子和发号施令者如同需要面包;虽说欧洲的民主化旨在培育一种准备好在最美好的意义上为奴的人;但是,在极个别情况下,强大的人会变得比迄今为止更强大和更富有,——这要归功于他受到的毫无先入之见的教育,归功于练习、技艺和面具方面的极为突出的多样性。我想的是说:欧洲的民主化同时也是一种不自觉地培养暴君的活动,——这个词可从任何方面理解,当然也包括在最具精神性的方面。

243

我很高兴,听说我们的太阳正朝着大力神赫拉克勒斯的武仙座①急速运动;我也希望,这个地球上的人也能和太阳并驾齐驱?我们走在前面,我们这些好欧洲人!

244②

[184]有一段时间,人们习惯地称赞德国人"深沉";而现在,

---

① [Pütz版注]大力神赫拉克勒斯的武仙座:赫拉克勒斯是最著名的希腊英雄,在神话中代表着意志力和体力。今仍有效的天道十二宫通过"星化"得以扩展时,他成了星座。所谓"星化"指宗教和神话中的人物形象映射到星和星座上。

② [KSA版注]参见第11卷,34 [114];34 [97]
Vs(W I 5):人们称赞德国人"深沉"。我们不要这么奉承,而是来看看到底有多少是事实,也许还能对此作出解释。——德国灵魂首先是异彩纷呈,来源各异,与其说是真正建造而成,毋宁说是凑合和叠加起来的。一个德国人若是宣称"啊,有两个灵魂住在我的胸中",那么他就错过真相了。作为一个由各种族杂合交错而成的民族,也许雅利安人之前的诸成分还占了主流,作为欧洲的"居中民族",德国人比任何其它民族更难解,更宽泛,更矛盾,对自己更陌生,更难以预料,更令人惊讶,甚至令人恐惧:德国人的标志就是:"什么是德国人?"这个问题在他们那里永不绝迹。德国人可谓曲径通幽,遍布各式洞穴、藏身处、城堡地牢;德国人的灵魂分布凌乱,德国人熟悉通往迷宫的条条小道。正如世间万有都对自身　(转下页)

德意志最成功的那类人正在眼红其他完全不同的荣耀,或许在怀念所有深沉的东西中缺失的"锋芒",既如此,怀疑就几乎是符合时宜且是爱国的表现,也就是怀疑过去的那些赞扬是否都是自欺欺人,总之,怀疑德国人的所谓深度是否其实另有所指,是否所指更为糟糕,是否是某种谢天谢地终于开始摆脱的东西。让我们尝试重新了解一下德国人的深度:不必大动干戈,只需对德国灵魂稍加解剖即可。——德国灵魂首先是异彩纷呈,来源各异,与其说是真正建造而成,毋宁说是凑合和叠加起来的,原因即在于出身。一个德国人若是狂妄地说宣称"啊,有两个灵魂住在我的胸中"①,那么他就会大错特错,错过真相,确切的说,错过有多种灵魂这一真相。作为一个由各种族杂合交错而成的民族,也许雅利安人之前的诸成分还占了主流,作为任何意义上的"居中民族",德国人比任何其他民族更难解,更宽泛,更矛盾,更陌生,更难以预料,更令

(接上页注②)比喻乐此不疲,德国人喜欢云朵,喜欢一切不清晰的、演变中的、明暗相间的、潮湿的和云雾般的东西。外国人惊讶地站在那儿,面对着德国人"反思的"天真,天才和"德国愚昧"的结合(我们最伟大的诗人就有此特点)使他们不安[参见第 11 卷,26[420],梅里美(Mérimée)]歌德自己也曾将著名的"德国性情"定义为"对自己和他人弱点的宽容",好像作为外国人说的,他不耐烦地否定了这种对他自己造成了极大困惑的东西。好心肠却又阴险狡诈——这种谓语并列,对所有其他民族来说都不合乎情理,可是你生活在施瓦本地区!德国人外在的笨拙迟钝,在社交场上木讷乏味——你快速想象一个巴伐利亚人,他比任何其他欧洲人能够想象的都更危险,更大胆,更无畏,更隐秘,更广博,更可怕,更狡猾(因此也就更"坦诚"——)。歌德本可以从德国灵魂里不仅拉出靡菲斯特来,而是拉出要危险得多、或许也有趣得多的"魔鬼"来。我认为,比起忧郁的大学教授浮士德的那位邪恶程度一般的朋友来,普鲁士的弗里德里希二世就是一位更有趣的靡菲斯特,遑论另一位更伟大的弗里德里希二世,即那位神秘莫测的霍亨斯陶芬人了。——所有深沉的德国人,迄今为止无论在肉体上还是在精神上都越过了阿尔卑斯山:他们相信自己有权获得"南方"——他们只能觉得自己是欧洲之主。

① [Pütz 版注]啊,有两个灵魂住在我的胸中":引自歌德《浮士德》第一部,"城门外"场,1112—1117 句:"啊,有两个灵魂住在我的胸中,/ 它们总想互相分道扬镳;/ 一个怀着一种强烈的情欲,/ 以它的卷须紧紧攀附着现世;/ 另一个却拼命要脱离尘俗,/ 高飞到崇高的先辈的居地。"
[译注]译文从钱春绮《浮士德》,《歌德文集》上海译文出版社 1999 年版,61 页。

人惊讶,令人恐惧:——他们逃避界定,为此已经让法国人倍感绝望。德国人的标志就是:"什么是德国人?"这个问题在他们那里永不绝迹。科策布①对自己的德意志同胞确实了如指掌,于是他们朝着他欢呼雀跃:"我们被认出来了!"——而卡尔·路德维希·桑②也认为自己了解德国人。让·保尔对费希特③虚伪的、但充满爱国心的奉承献媚、夸夸其谈表示愤慨,这时他知道自己在干什么,——不过,歌德对德国人的看法很可能和让·保尔不同④,即便他也赞同让·保尔对费希特的态度⑤。那么,歌德到底是如何看待德国人的呢?——[185]他对身边很多事情总是语焉

---

① [Pütz版注]科策布:August von Kotzebue(1761-1819),德国戏剧家,主要生活在维也纳和俄罗斯,写有200多部剧本,多为伤感的家庭剧。这些舞台上的家庭画卷说明他对舞台效果的感觉极为敏锐,因而成为当时最成功的戏剧家。除了戏剧家的工作,他还担任了不少高级官职,为俄罗斯服务。他在自己1818年创办的《文学周刊》上嘲讽大学生社团的自由理想,因此遭到了卡尔·路德维希·桑的谋杀。

② [Pütz版注]桑:Karl Ludwig Sand(1795-1820),耶拿大学神学院学生,以福伦(Karl Follen,1796-1840,作家、政治家)为首的学生社团右翼成员。他认为科策布是反对派的主要代表,于1819年3月23日将其刺杀,自己也因此被判处死刑。他的这一行为导致了卡尔斯巴德决议和对煽动民众者的迫害。

③ [Pütz版注]让·保尔对费希特……:让·保尔(Jean Paul)是Johann Paul Friedrich Richter(1763-1825)的笔名,德国作家。他继承了劳伦斯·斯特恩(Laurence Sterne,1713-1768)和亨利·菲尔丁(Henry Fielding,1707-1754)的传统,其叙事作品一方面围绕着幻想和情感世界的张力场,另一方面也聚焦于客观现实(比如《黑斯佩罗斯》1795,《齐本克思》1796/1797,《巨神提坦》1800-1803,《少不更事的年岁》1804/1805)。由此,长篇小说逐渐成为德国文学中受欢迎的体裁。让·保尔对费希特哲学进行了批判,其长篇小说《巨神提坦》后的附录(Clavis Fichtiana seu Leibgeberiana)证明了这一点。他在文中认为,费希特将自我提升到创造性的、确立一切现实的世界原则的高度(参见《全部知识学的基础》1794),乃是一种毫无节制、趋于极端的主观主义,所以断然拒绝。同样,他也批判了费希特1807/1808年的《对德意志民族的演说》,费希特在那些讲话中以德国文化史和德国民族史的特点抵制拿破仑普遍主义的统治欧洲的诉求(参见让·保尔关于《对德意志民族的演说》的书评,载Heidelberger Jahrbücher,1810)。

④ [Pütz版注]歌德对德国人的看法……不同:指歌德在德国政治状况以及拿破仑战争给德国政治状况带来的改变这些问题上的难以确定的立场。

⑤ [Pütz版注]即便他也赞同让·保尔对费希特的态度:具体来源不详。

不详,终其一生都懂得如何保持妙不可言的缄默:——很有可能他这么做自有道理。有一点是肯定的,能让他高兴地抬头仰望的不是"自由战争"①,也不是法国大革命②,——促使他重新考虑浮士德③问题甚至"人"这全部问题的事件,是拿破仑的出现④。歌德的有些话好像是外国人说的,他以不耐烦的强硬口吻否认德国人引以为豪的东西:著名的德国性情曾被歌德形容为"对自己和他人弱点的宽容"⑤。他这么说毫无道理么?——德国人的特点就

---

① [Pütz 版注]自由战争:指 1813-1815 年使德国摆脱法国统治的战争。维也纳和会对领土和政治状况进行了重新规定。德国成了各邦联盟("德意志邦联"),该联盟于 1866 年解体。

② [Pütz 版注]法国大革命:歌德和法国大革命(参见第二章 38 节注释"法国大革命")的关系异常紧张,他觉得它是一场巨大的干扰,对残酷的革命手段表示断然拒绝。

③ [Pütz 版注]重新考虑浮士德……:拿破仑带来的动乱,反对拿破仑统治的解放战争,拿破仑的形象——这些都以各种方式进入了歌德的晚期作品。早在《大魔术师》和叙事诗《列那狐》中,歌德就涉及了政治时事。晚期作品的基本倾向是对狂飙突进时期的普罗米修斯理想进行修正。如果说在七十年代的未完成同名作中,普罗米修斯的形象体现了具有创造力的个体对暴政枷锁的反抗,对追求和创造的巨神精神的赞同,那么在《潘多拉》残篇中,普罗米修斯的形象就代表了"技术人"(Homo faber),代表了锻造不断扩张的劳作和技术世界的铁匠。技术傲慢地与缪斯为敌,使自然世界俯首称臣。与这一切形成鲜明反差的是潘多拉的天赋,是形式、艺术和科学的力量,这种力量要把无条件的行为冲动引导到温柔的、《浮士德》第二部中勾勒的教育之路上来。在此,("人造人"插曲中)造人的普罗米修斯神话带上了戏拟的特征。歌德敬而远之的还有那些百里挑一者的形象,那些行动者和统治者,他们不可遏止地追求绝对性,导致的却是暴力和毁灭。(关于这个问题,亦可参见《格言与反思》,尤其是按"汉堡版"编排的第 252 条和第 1081 条,第 12 卷,399 页和 517 页。)

④ [Pütz 版注]拿破仑的出现:1808 年 10 月 2 日、6 日和 10 日,歌德和拿破仑(参见88 页注 1,104 页注 5)在埃尔福特会面。《浮士德》也是在那年出版的。拿破仑给歌德留下了极深的印象,歌德尊敬拿破仑,认为是他建立的新秩序克服了法国大革命的弊端。

⑤ [Pütz 版注]对自己和他人弱点的宽容:尼采略加改动,引用了歌德的《格言与反思》:"德国人应该三十年不说'性情'这个词,那样或许性情会慢慢产生;现在只要对弱点的宽容,宽容自己的和他人的弱点。"(汉堡版,第 12 卷,第 165 条,386页)

是,人们对他们的看法很少是毫无道理的。德国灵魂可谓曲径通幽,其中遍布各式洞穴、藏身处、城堡地牢;分布凌乱,却散发出一种神秘的魅力;德国人最擅长在通往迷宫的小道上行走。正如世间万有都对自身比喻乐此不疲,德国人喜欢云朵,喜欢一切不清晰的、演变中的、昏暗的、潮湿的和遮蔽的东西:在德国人看来,凡是不确定的、未成形的、自我推延的、成长中的,都是"有深度的"。德国人本身并非静态存在,而是正在形成,正在"发展"。"发展"因此是哲学套话这一庞大帝国中真正德国的发现和成就:——这是个统领一切的概念,它与德国啤酒和德国音乐一起,致力于使整个欧洲德国化。外国人惊讶地站在那儿,被德国灵魂深处的矛盾性摆在他们面前的这些谜一样的东西吸引住了(这些东西在黑格尔①那里得以体系化,最终在理查德·瓦格纳那里流淌在音符里②)。"好心肠却又阴

---

① [Pütz 版注]黑格尔: Georg Wilhelm Friedrich Hegel (1770-1831)。黑格尔和费希特、谢林、荷尔德林(1770-1843)同为"德国唯心主义"哲学的创始人。他的影响远远地超出了哲学的学术研究之外,尤其通过黑格尔派左翼以及马克思(1818-83)对他的接受。在《精神现象学》(1807)中,黑格尔开创了西方哲学最重要的体系之一,推出了一种关于绝对性作为源于自然意识的精神在历史中自我形成的教育小说。这部著作的百科全书特征预示了后来的《哲学科学百科全书》(1817,1827,1830)。在《哲学科学百科全书》中,黑格尔描述了作为世界基础的理性(逻辑学)、理性成为物质世界的外化(自然哲学)以及理性指向自身的回归(精神哲学)。这是一种大胆的、同时从历史角度看最终的尝试:使全部人类文化的基础,直至自然科学的新发现或者近来的历史意识,统统纳入一种理性知识的体系。尼采对黑格尔的态度不无矛盾:他一方面嘲讽只能在老脑筋中盛行的黑格尔哲学,另一方面又毫不隐瞒自己对他的认可:"在德国名人中,也许没有谁比黑格尔更有才智",但马上又补上一句:"然而他又怀有如此巨大的德国式恐惧,这种对才智的恐惧造就了他特有的蹩脚文体."(《朝霞》,3,193)

② [Pütz 版注]······理查德·瓦格纳······: 指瓦格纳最后的剧作即"舞台神圣节日剧"《帕西法尔》(1882,参见第八章 256 节注释"通往罗马之路······《帕西法尔》的音乐"),该剧以对立的音乐手段表现了善(圣杯世界)与恶(克林莎巫术世界)的道德原则。在此,瓦格纳成功地在音乐上整合了人物形象作为个性特征的和作为理念代表的戏剧功能之间的持续矛盾。除此之外,尼采所说的矛盾还表现在基督教和非基督教世界观的思想要素的紧密联系上,表现在人物形象尤其是孔德丽的分裂性和双关性上。瓦格纳通过紧扣主题使得这种分裂性和双关性暴露无遗。

险狡诈"——这种并列,对所有其他民族来说都不合乎情理,可惜在德国却经常得以自圆其说:你只要和施瓦本人待上一段时间就知道了!这是一种令人诧异的默契:德国学者笨拙迟钝,在社交场上木讷乏味,却能在[186]内心走钢丝,如此轻盈,如此大胆,连众神看了也不由得害怕起来。若要亲眼目睹①"德国灵魂",那么就去看一看德国品位,看一看德国艺术和德国习俗吧:这是一种怎样的冷漠啊,像农夫一样对"品位"毫不在乎!最高贵的和最低贱的就是这样比肩而立!这种灵魂的宅邸里是多么凌乱,又是多么丰富啊!德国人拖拽自己的灵魂走:他拖拽着自己经历的一切。他对所发生的事件消化不良,永远无法和它们"了结";德国人的深沉往往只是一种沉重拖沓的"消化过程"。正如所有老病号和消化不良者②都贪图安逸,德国人也喜欢"坦率"和"老实":做人坦率而老实,这是多么舒服安逸的事啊!——这在今天兴许是最危险也最出色的一件伪装,是德国人擅长的伎俩,这种热忱以待、笑脸相迎、公开摊牌的德国式诚实,正是德国人真正的靡菲斯特艺术③,借助这种艺术,他还能"获得成功"!④ 德国人自由散漫,而且总以真诚、湛蓝、空虚的目光看着周围——于是外国人马上把他同他的睡衣混淆起来!——我想说的是:无论"德国的深度"意味着什么,——也许关起门来,我们私下里可以允许自己去嘲笑它么?——我们最好还是一如既往地维护它的外表和美名,维护我

---

① [Pütz版注]亲眼目睹:ad oculos(拉丁文)。
② [Pütz版注]消化不良者:Dyspeptiker(希腊文)。
③ [Pütz版注]靡菲斯特艺术:为了使学者浮士德不再追求全部知识,而是陷入世故,周游世界,追求感官享受,靡菲斯特多次以其"艺术"为引诱。所谓"艺术"指的是魔术和骗术。参见《浮士德》第一部,1432句:"以我的艺术不失尊严地打发时间";第1673句:"看见我的艺术";第1787句:"时间短暂,艺术悠久"。以靡菲斯特魔术和骗术惑人耳目,这一主题在《浮士德》第二部"皇帝的宫城"中再次出现。
④ [Pütz版注]获得成功:瓦格纳天真地相信《浮士德》(第一部,570句起)中人类的进步:"原谅……取得成功。"

们作为深沉的民族的古老声誉,而不是把它廉价出卖,换取普鲁士的"锋芒"以及柏林的幽默和沙石。使自己、让别人觉得自己深沉、笨拙、善良、诚实、不聪明,这对一个民族来说才是聪明之举:它甚至可能是——有深度的!毕竟要对得起自己的名字,——"德意志"民族也就是"欺骗的"民族①这个名字总不能白叫吧——

245

[187]"美好的旧时光"一去不复返了,它在莫扎特②作品中奏响了自己的终曲:——我们是多么幸福,他的洛可可③音乐还在向我们倾诉衷肠,他这个"好伙伴",他温柔的痴迷,他孩子般的对中文和花体的喜爱④,他的谦谦君子之心,他对纤细的、热恋的、舞动的、催人泪下的一切的渴求,他对南方的信仰,还在召唤着我们心中残存的某些东西!哦,总有一天这一切将成为过去;——但谁又会怀

---

① [Pütz版注]"德意志"民族也就是"欺骗的"民族:das "tiusche" Volk, das Täusche-Volk,tiusch 是 deutsch(德意志的,德国的)一词的中古高地德语形式。尼采对该词可能的来源的影射并不确切,大概意在讽刺。中古高地德语中 tiuschen 一词的意思是"欺骗"、"嘲弄",词根来源于 Tausch 及 tauschen。但不能因此认为 deutsch 由 tiusch 引申而来,因为它意为"属于民族的"。

② [Pütz版注]莫扎特:Wolfgang Amadeus Mozart(1756-1791),奥地利作曲家,维也纳古典派的主要代表。尼采对传统的爱好可以从他对瓦格纳歌剧的抵制来解释。

③ [Pütz版注]洛可可:音乐中的"华丽风格"相应于洛可可的立场,一方面可以理解为转向短小精悍的形式、情感丰富的旋律、雅致、简单的和声以及纤巧的装饰,另一方面也包括精美和高度风格化的艺术。"华丽风格"系18世纪后期流行现象,只是众多风格可能性中的一种;因此,"洛可可"概念用在古典派之前的音乐上,并不能涵盖当时丰富多彩的音乐形式和表达方式。约翰·克里斯蒂安·巴赫(1735-1782)纤巧典雅的音乐可以视为纯粹的"华丽风格"。巴赫是当时善于交际、时髦雅致者的原型,对年青的莫扎特影响极大。

④ [Pütz版注]孩子般的对中文……的喜爱:在莫扎特的时代,非常流行玩弄中国主题即所谓"汉风"(源自法语 chinois):瓷器图案依据中国瓷器的样式和装饰,室内装潢模仿中国厅堂和镜室的风格,园林建筑中也有按中国式样封顶的宝塔和亭子。

疑,对贝多芬①的理解和品味会逝去得更早呢!他只是一种风格过渡和风格断裂的终结者,却不是像莫扎特那样,标志着伟大的、延续数百年之久的欧洲趣味的尾声。贝多芬处于一个风烛残年、不断衰老的灵魂与一个面向未来、朝气蓬勃、不断成长的灵魂之间;他的音乐上笼罩着永恒逝去的暮色与永恒希望的曙光,——当时整个欧洲正是沐浴在这种若明若暗的光线之下,随着卢梭做着美梦,围绕革命的自由之树翩翩起舞,最后几乎拜倒在拿破仑脚下。而如今,这种情感顷刻间变得如此苍白,对这种情感的认识变得如此困难,——卢梭②、席勒③、雪莱④、拜伦⑤的语言在我们耳畔是那么陌生,欧洲的命运在所有这些人的作品中找到了发言途径,正如它在贝多芬的音乐中学会了一展歌喉!——德国音乐的后来者属于浪漫派,即从历史角度上看属于这样一场运动,它比那场宏伟的幕间戏即欧洲从卢梭到拿破仑乃至民主兴起的过渡期更短暂,更须臾即

---

① [Pütz 版注]贝多芬:Ludwig van Beethoven(1770-1827),维也纳古典派作曲家,创作钢琴奏鸣曲、弦乐四重奏和交响乐,通过对奏鸣曲主题和动机的加工,最终实现了器乐的解放。
② [Pütz 版注]卢梭:Jean-Jacques Rousseau(1712-1778),法国哲人、作家。1750 年,他参加了第戎科学院的有奖征文活动,回答了颇能体现他本身特点的问题:"科学和艺术的重建是否能促进道德的完善?"他极有特色的回答是否定,征文获奖,卢梭登上了法国社会的舞台。1751 年起,卢梭反对迄今为止的启蒙主义立场,主张感情高于理性,自然高于文明。他不再乐观地认为历史向着理性迈进,而是推出了历史衰亡的诊断。在他看来,这种衰亡虽然有必要阻止,但却不可能扭转。这种观点既反映在他的教育论著(《爱弥儿》1762;《新爱洛绮丝》1761)中,也反映在他探讨国家理论的文字(《社会契约论》1762)中。《社会契约论》使他成了对法国大革命(参见第二章 38 节注释"法国大革命")而言举足轻重的哲人(参见 1793 年 6 月 24 日制定的法国宪法)。
③ [Pütz 版注]席勒:Friedrich Schiller(1759-1805),与歌德同为德国古典主义文学的主要代表。他受康德和费希特哲学的影响,在其最著名的剧本《强盗》(1782)、《华伦斯坦》(1799)、《玛利亚·斯图亚特》(1800)、《威廉·退尔》(1804)中描述了个性自由和历史悲剧性进程之间的对立。
④ [Pütz 版注]雪莱:Percy Bysshe Shelley(1792-1822),英国诗人。
⑤ [Pütz 版注]拜伦:George Gordon Noel(1788-1824),Lord Byron,英国浪漫派作家。

逝，更流于表面。韦伯①的《自由射手》和《奥伯龙》，对今天的我们又算得了什么！同样如此的还有马斯纳②的《汉斯·海林》和《吸血鬼》！甚至还有瓦格纳的《唐豪瑟》③！这是一种消逝了的、尽管尚未被人遗忘的音乐。[188]此外，浪漫派的全部音乐都不够高贵，不够韵味，以至于出了剧院或离开大众就难以立足；它从一开始起就是二流音乐，不入真正音乐家的法眼。费利克斯·门德尔松④的境遇则不同，这位翠鸟般宁静平和⑤的大师，由于其灵魂较为轻快、纯净、愉悦，很快就赢得了大家的尊崇，但同样很快被人遗忘了：他是德国音乐的一段美妙的插曲。至于罗伯特·舒曼⑥，他对事物非常

---

① [Pütz 版注] 韦伯：Carl Maria Friedrich Ernst von Weber (1786-1826)，德国浪漫派作曲家。通过当时深受欢迎、至今在音乐史上仍很重要的歌剧《自由射手》(1828)，韦伯使德国浪漫派歌剧获得了突破。他的《奥伯龙》则无法在舞台上站稳脚跟，主要因为这部歌剧脚本从音乐和戏剧角度来看说服力不够。

② [Pütz 版注] 马斯纳：Heinrich August Marschner (1795-1861)，德国浪漫派作曲家。他完全依靠歌剧奠定了自己在音乐史上的地位。其歌剧中的佼佼者是《吸血鬼》(1828)和《汉斯·海林》(1833)，后者是瓦格纳之前德国浪漫派的主要作品，是真正意义上的"浪漫派歌剧"的收官之作。在这些歌剧中，马斯纳不再采用迄今通行的反差情节，而是开始塑造一个充满矛盾的核心人物形象，以音乐手段描绘其心理状态。马斯纳以此证明了自己乃是卡尔·玛利亚·韦伯和理查德·瓦格纳之间的中介人，是后者的直接先驱。

③ [Pütz 版注]《唐豪瑟》：《唐豪瑟与瓦特堡歌赛》(1845)，理查德·瓦格纳的歌剧。对历史素材的音乐处理大体上相应于浪漫派歌剧传统（在舞台上高调和外向地营造情感氛围，咏叹调和合唱的相对完整性形成节目特征），瓦格纳后期歌剧的主导动机技术尚未成熟。

④ [Pütz 版注] 费利克斯·门德尔松：Jakob Ludwig Felix Mendelssohn-Bartholdy (1809-1847)，犹太裔德国作曲家和钢琴家，哲人摩西·门德尔松(1720-1786)之孙。在美国演奏更多的是门德尔松的作品，而不是贝多芬的作品，门德尔松在那儿是成功音乐家的化身。终其一生，他的作品在德国和英国也享有盛誉。但后来由于反犹主义的怨恨，德国不常演奏他的作品了。

⑤ [Pütz 版注] 翠鸟般宁静平和：参见第七章 224 节注释"海尔塞尼般自足"。

⑥ [Pütz 版注] 罗伯特·舒曼：德国浪漫派作曲家(1810-1856)。他鄙视音乐厅里日益严重的浅薄，崇拜以前的大师、尤其是维也纳古典派大师的杰作。舒曼是自学成才的音乐家，通过其音乐创作为钢琴音乐的革新做出了贡献，作为交响曲作曲家，他也享有盛名，1841 年至 1853 年期间有四部交响乐作品问世。

看重,从一开始也就被人看重——他是最后一位自成一派的大师——:今天对我们来说,超越了舒曼的浪漫派不正是一种幸福,能让人长吁一口气而获得解脱么?舒曼的灵魂循入"萨克森的瑞士",①其风格一半像维特②,一半像让·保尔③,但肯定不像贝多芬!肯定不像拜伦!——他的《曼弗里德》音乐④是一种近乎无理的失策和误解——,舒曼的趣味其实是一种小家子气的趣味(即一种危险的、对德国人来说加倍危险的对诗情画意和意乱情迷的偏爱),他总是往边上站,害羞地溜走、退让,这个娇贵人儿沉湎于莫名的幸福和忧伤,像个姑娘似的,从一开始就是三个字"别碰我"⑤:这个舒曼已经只能算是德国音乐界的事件了,而不再像贝多芬那样,或者在更大范围内像莫扎特那样,是欧洲音乐界的事件,——随舒曼而来的是德国音乐面临的最大危险,即丧失了为欧洲灵魂歌唱的声音,而沦为纯粹是本乡本土的玩意儿了。

246

[189]——对有第三只耳朵的人来说,阅读用德语写的书是多大的折磨啊!他是多么不情愿地站在这片缓慢旋转着的泥潭

---

① [Pütz版注]舒曼的灵魂循入"萨克森的瑞士":画家将易北砂岩山脉的萨克森部分称为"萨克森的瑞士",其特点是奇异的岩层。尼采在此影射舒曼日益加剧的孤独。自己的作品受到冷遇,而妻子克拉拉(1816-1896,钢琴家)获得了巨大的成功,舒曼因此非常痛苦,再加上病情日重,于是越来越与世隔绝。舒曼对让·保尔极为赞赏。
② [Pütz版注]像维特:指歌德书信体小说《少年维特的烦恼》(1774,新版1784)中主人公以自我为中心的放纵情绪。
③ [Pütz版注]让·保尔:参见本章244节注释"让·保尔对费希特……"。
④ [Pütz版注]《曼弗里德》音乐:《曼弗里德》舞台音乐,《曼弗里德》系为合唱团和交响乐团创作,根据拜伦的同名剧本改编。
⑤ [Pütz版注]别碰我:noli me tangere(拉丁文),基于《约翰福音》20章17节的习语。
　　[KSA版注]像被罚立墙角的学生,胆怯腼腆 Dm;参见《约翰福音》20章17节

旁,有声音而无韵味,有节奏而无舞步,这玩意儿在德国人那里竟然被称为"书"! 更别提读书的德国人了! 读得那么无精打采,那么勉强而差劲! 有多少德国人懂得并要求自己懂得,艺术就蕴含在每一佳句之中,——只要想去理解句子,就得觉察这种艺术! 例如,误解了句子的语速,那么也就误解了句子本身! 不要对那些关乎韵律的音节产生怀疑,要觉得打破过于严格的对称乃是有意和迷人的举动,对任何断奏①和自由速度②都要用细腻而耐心的耳朵去聆听,从元音和双元音的排列顺序去猜测含义,发现这种排列顺序是多么柔和而丰富地给它们染上色彩和改变色彩:在读书的德国人当中,有谁那么乐意去认可这些义务和要求,去聆听语言中如此众多的艺术和意图呢? 说到底,是"没长聆听这些的耳朵"罢了:这样一来,最鲜明的风格反差也会听不出来,最精湛的艺术技巧也是对牛弹琴。——这就是我的感想,是我发现人们笨手笨脚、木知木觉地混淆了两位散文大师时产生的感想:前一位的话语犹豫不决,冷冰冰的,好似从潮湿洞穴的顶上滴落下来的水珠——他指望的是那沉闷的声响和回音——,另一位则把自己的语言当作一把柔韧的宝刀,从手臂到脚趾感受着战栗不止、锐利无比的刀锋,它要啃噬、挥舞、切割……

247

[190]德语文体与音韵、听觉关系不大。恰恰我们优秀的音乐家不擅写作,这一事实便是明证。德国人读书不出声,不给耳朵

---

① [Pütz版注]断奏: staccato [断开的、分离的],在音乐中指以音符上下的一点标示的、与该词义相应的演奏说明。
② [Pütz版注]自由速度: rubato,意大利语 tempo rubato [偷得的时间]的缩写;指这样一种演奏方式:演奏者在保持基本速度和速度框架的情况下,根据自己的斟酌,在节奏分配上加以变化,从而影响表达效果。

以享受,而只是用眼睛看,这时他把耳朵束之高阁,放到抽屉里去了。古代人如果读书——这在当时颇为罕见——的话,那么他们就是读给自己听,而且是大声朗读;如果有人声音很轻,人们会很奇怪,会私下里追问原因。大声朗读:这就是说,通过音调的起承转合,通过速度的快慢徐疾,古代公共世界注重这一切,乐此不疲。那时书面文体的规则和口语表达的规则是一致的;这种规则部分取决于耳朵和喉咙惊人的发育和细腻的需求,另一方面取决于古人强大、坚韧、有力的肺部。在古人看来,圆周句,套叠的长句,只要能一口气说完,那它首先就是一个生理意义上的整体。比如在德摩斯忒涅①那儿,在西塞罗②那儿,这样的圆周句都是一口气完成的,其中包括升降各两次:这就是古人的享受,他们基于自身教养,懂得欣赏这种本事,知道要说出这样的周周句是殊非易事,成者寥寥。——我们其实没有资格说这种气势宏大的圆周句,我们这些现代人,我们这些在任何方面都是气短的人有何资格!那些古人其实在演讲方面都是爱好者,所以都懂行,所以能批评——这样他们就把演说家推向极致;同样在上个世纪的意大利,男女老少在歌唱方面都是行家里手,声乐技巧(随之还有旋律艺术)也就达到了顶峰。然而在德国(除了最近,一种看台上的雄辩术羞怯而苯拙地开始了其处女秀),却只有过一种[191]还有那么点艺术性的公开演讲:这就是从布道坛上发出的声音。在德国,只有布道者知道一个音节、一个单词有什么份量,一个句子如何跌宕起伏,在摸爬滚打中收尾,唯独他的耳朵里藏有颗良心,通常是颗不安的良心:这是因为有种种原因使得德国人很少能练就嘴上的功夫,即便练成了也大多为时已晚。因此,德国散文的杰作当出自其最伟大

---

① [Pütz 版注]德摩斯忒涅:雅典演说家和政治家(前 384-前 322)。
② [Pütz 版注]西塞罗:Marcus Tullius Cicero(前 106-前 43),著名演说家、作家、政治家,被视为拉丁语文学散文的集大成者和拉丁语古典文学形式的创始者。

的布道者之手：圣经是迄今为止最好的一本德文著作。与路德的圣经①相比，几乎所有其他的东西都只能称为"文学"——这种东西不是在德国土生土长，因而也不曾和不会像深入德国人的心田，达到像圣经那样的境界。

248

世上有两种天才：一种主要在生产，愿意生产，另一种则乐意受精和孕生。同样，在那些天才的民族中，有一些要解决女人怀孕的问题，承担起塑造、成熟、完善的秘密任务——比如希腊人就是这么一种民族，法国人也是——；另一些民族则要播种授精，成为生活新秩序的开创者，——就像犹太人、罗马人，再斗胆问一句，德国人？——，这些民族受到莫名狂热的折磨和鼓舞，势不可挡地要从自身挣脱出来，情绵绵、色迷迷地向往异族（也就是那些愿意"受精怀孕"的异族），充满了主宰对方的欲望，就像所有知道自己创造力旺盛、因而有"神授"特权的东西一样。这两种天才，宛如男女寻觅追求着对方，但又互相误解——和男女之间一样。

249

[192]每一个民族有它自己塔尔丢夫式伪善②的一面，并称之自己的美德。——人身上最好的一面不为人所知，——也不可能

---

① [Pütz版注]路德的圣经：路德（参见第三章46节注释"路德"）的德语圣经翻译（始于1521年，1534年全集出版）不仅对宗教改革运动具有决定性的意义，而且也对德语书面语的形成和跨地区标准德语的奠基产生了深远的影响。在此之前，还没有哪部著作在德语区的所有城市里如此广泛地流传。路德使德语获得了与迄今为止被认为享有神圣特权的三门语言即希伯来语、希腊语和拉丁语平等的地位。最后一版由他主持翻译的《圣经》于1544年问世。

② [Pütz版注]塔尔丢夫式伪善：参见第一章5节注释"塔尔丢夫式"。

为人所知。

250

欧洲要感激犹太人什么呢？——有很多东西,好的,坏的,尤其是一种既是最好也是最坏的东西:道德的浩然之风,无尽要求和无尽意义中的可怕气度和王者威严,道德可疑性中的全部浪漫和崇高——从而就还有生活的彩虹里和生活的诱惑中最有魅力、最为迷人、最是精美的部分,在今日我们欧洲文化的天际留下一道余光,点燃了这一夜幕——也许会燃尽熄灭。因而,我们这些艺人,在观众和哲人之中,对犹太人——心存感激。①

251

你对此也只得包涵一二了:患了民族伤寒和和政治野心的毛病,并且愿意接受这样的煎熬——,这样的民族,其精神家园上会飘过朵朵乌云,形成种种干扰,简言之,就是时不时会有一些愚蠢的小举动,比如今天的德国人就不断犯傻,一会儿反法,一会儿反犹,一会儿和波兰作对,一会儿又鼓吹基督教和浪漫派,一会儿标榜瓦格纳,一会儿以条顿血统为荣,一会儿又宣扬普鲁士精神(不妨看看那些可怜的历史学家,看看西贝尔②、特赖奇克③和他们缠

---

① [KSA 版注] 此后删去了:覆盖在深沉的叔本华思想之上的,是一种犹太背景的感情;他当时向我们这些非道德主义者投掷过来的,是一种彻头彻尾犹太人的诅咒——叔本华这样做没有道理,但我们因此对他心存感激 Rs(W I 8)
② [Pütz 版注] 西贝尔: Heinrich von Sybel (1817-1895),著名历史学家和政治历史编纂者,1856 年在慕尼黑建立首家历史学所,1859 年创办《历史学报》,1875 年成为普鲁士国家档案馆馆长。作为普鲁士议员(1862-1864)和"小德意志统一方案"的代表(这一方案决定了他对中世纪德意志皇家政治的态度,从而决定了他对俾斯麦建立第二帝国的态度),西贝尔激烈地反对俾斯麦。

满绷带的脑瓜吧),五花八门,不一而足,总之是德意志精神和良知受到了轻微的屏蔽。请你原谅,我大胆地在传染病高发区稍作逗留,因而也难免要和病毒打个照面,[193]像所有人那样也开始关心起本来和我无关的事情来;这便是政治传染的初兆。比如关于犹太人:时有耳闻。——我还没碰到一个对犹太人友好的德国人;即便所有谨慎者和政治家都断然拒绝反犹主义,但这种谨慎和政策并不是指向反犹情绪本身,而只不过是针对其危险的无节制性,尤其是针对这种情绪无聊有害的肆意宣泄,——这一点不可搞混了。在德国的犹太人够多了,德国的胃和血有困难(而且这一困难将长期存在),消化不了"犹太人"这一巨量,——无法学意大利人、法国人、英国人,他们是在经历了更有力的消化过程之后才解决了犹太人问题——;这是一种普遍本能发出的明确宣言,人们得听它的,照它说的去做。"不许再让新的犹太人进来!首先要把通往东方(包括去奥地利)的大门锁上!"这是一个本性虚弱无力摇摆不定的民族的肺腑之言。如此本性就很容易消失,被一个更强大的种族消灭。犹太人却毫无疑问是今日欧洲最强大、最坚韧、最纯正的种族;他们懂得如何在最艰苦的条件下贯彻自己的主张(甚至比在有利条件下做得更好),依靠的是一些今天的人想要称为恶习的美德,——首先要归功于一种坚定的信念,它无需在"现代理念"面前汗颜;如果他们改变自己,那么总是像俄罗斯帝国——一个有的是时间、不愁成过去的帝国——攻城略地那样改变自己,依据的原则是:"越慢越好!"一个牵挂欧洲未来的思想家,[194]无论对这个未来做出怎样的构想,都会像对待俄国人那样把犹太人考虑在内,认为他们是这场大博弈和大角力中暂且最

(接上页,注③)[Pütz 版注]特赖奇克:Heinrich von Treitschke(1834-1896),普鲁士王国历史编纂学家,俾斯麦以普鲁士为主导统一德国政策的先锋。作为德国议员(1871-1884),他反对普遍选举权、联邦制度、自由主义、社会主义和犹太教。

为确定、最有可能的因素。今天欧洲所谓的"民族",事实上与其说是自然新生的不如说是有意制造的东西①(是的,有时酷似虚构的和描绘的东西②,难以辨别——),无论如何尚在形成之中,还很幼嫩,易于推迟,连种族都不是,更谈不上像犹太人那样比青铜更持久③了。这些"民族"自己要留神,对任何头脑发热的竞争和敌对都要加以提防! 犹太人,倘若他们愿意的话,或者说倘若人们逼他们这样——反犹主义者似乎就在逼他们这样——的话,他们现在就已可能占上风,确切地说,已可能获得对欧洲的统治权;这点是确凿无疑的。然而,他们并未为此而努力,并未为此而谋划,这点同样也是确凿无疑的。暂且他们有别的打算和愿望,他们甚至有点纠缠不休,硬要融入欧洲,力争欧洲的收容和吸纳,渴望终于能在某地安身和扎根,获得准许和尊重,为流离失所的生活和"永远的犹太人"④状态画上一个句号。对他们的这种趋势和渴望(这本身也许就是犹太本能弱化的表现),人们应当重视和迎合,为此也许有益和合理的举动是,把那些声嘶力竭的反犹分子驱逐出境。应当百般小心地迎合,有选择地迎合,大致就像英国贵族所做的那样。⑤ 显

---

① [Pütz版注]与其说是……不如说是……: mehr eine res facta als nata (拉丁文);转义:与其说是自然,不如说是人为。
② [Pütz版注]虚构的和描绘的东西: res ficta et picta (拉丁文)。
③ [Pütz版注]比青铜更持久: aere perennius (拉丁文),参见贺拉斯(古罗马作家,前65-前8)《颂歌》III, 30, 1: Exegi monumentum aere perennius [我建起了一座纪念碑,它比青铜更持久]。
④ [Pütz版注]永恒的犹太人:永世漂泊的犹太人这一传说中的形象首见于一部1602年在莱顿、鲍岑、石益苏勒格、但泽、日瓦尔同时出版的民间话本。根据该话本的描述,1543年,主教保卢斯·封·艾岑在汉堡的一次礼拜上看见一个穿着忏悔服的男子,男子说自己是犹太人亚哈随鲁(这名字借自《旧约·以斯帖记上》1章1节起),在耶路撒冷要求将耶稣钉上十字架,耶稣在通往各各他的受难之路上想倚在他家门前,他恶言恶语地赶耶稣走。这时耶稣回答他说:"我要站在这儿休息,你却会到处走动,直到末日审判。"从此以后,他就在不停地在世界各地游荡。
⑤ [KSA版注]原为:而不是:"张开双臂"! 不是像狂热者那样今天"为兄弟情谊干杯",明天就相互抓挠得鲜血淋漓! Rs(W I 5)

然,比较强大、特征已比较明确的那类新德国人可以毫不迟疑地和犹太人打交道,比如来自普鲁士边区的贵族军官:让人感到在多方面饶有兴致的是,去看看除了遗传下来的命令艺术和服从艺术——如今该地区在这两方面都做得堪称经典——之外,是否还能添加上和培养出挣钱和忍耐的才华(还有最主要的,在该地区极为缺少的精神智慧——)。[195]不过在此最好打断我的亲德高调和欢庆致辞吧,因为我已涉及到我的严肃主题了,涉及到我所理解的"欧洲问题"即培养一个统治欧洲的新阶层的问题了。

252①

这不是一个哲学的种族——这些英国人:培根②简直意味着对哲学精神的攻击,霍布斯③、休谟④和洛克践踏和贬低了"哲人"

---

① [KSA版注] Vs(N VII 1)初稿:英国人比德国人更忧郁,更感性,意志更坚强,更"卑鄙"——因此也更虔诚!英国人更需要基督教。他们的基督教即使在其卡莱尔的文学余音中,也伴有一种怪癖和醺酒的气味,可以被理直气壮地用来以毒攻毒,治疗怪癖和醺酒。

② [Pütz版注]培根:Francis Bacon(1561-1626),英国政治家、哲人,英国经验主义的创始人。他宣布观察自然乃是科学至高无上的使命,从而为自然科学思维的统治铺平了道路。主要著作有与亚里士多德(参见第五章188节注释"亚里士多德的前提")《工具论》对立的《新工具论》。

③ [Pütz版注]霍布斯:Thomas Hobbes(1588-1679),英国政治家、哲人,反对思辨的形而上学,主张严格的、以人的自然天性解释人意志的决定论。在霍布斯看来,人的自然天性本来是由保存自我、获取享受的利己主义决定的,所以人的自然状态是一种"所有人反对所有人的战争"。只有通过契约而取得统一,归顺一位统治者,才会有人道生活的可能性。主要著作有《哲学基础》(1642)、《利维坦》(1651)。

④ [Pütz版注]休谟:David Hume(1711-1776),英国最重要的启蒙主义哲人。其学说以经验主义而闻名,将认识的可能性简约为一种对感性的观察材料和经验材料进行整理的能力。基本概念,如因果性概念,并认为不是客观的,而是完全主观的,完全基于习惯(参见休谟的主要著作《人类理性研究》1748)。休谟与唯理论针锋相对,否定了纯粹的、即不依赖经验的理性认识的可能性。

这个概念,时间长达一个多世纪。康德①挺身而出,反对休谟;至于洛克,谢林认为不妨直言:"我鄙视洛克"②;英国机械论者使世界愚蠢化,在与他们的斗争中,黑格尔和叔本华(还有歌德)③同仇敌忾,哲学界里这两个势不两立的天才兄弟,追求的分别是德意志精神的两个对立的极端,并做出兄弟间才有的不公道的事儿。——在英国一直以来缺少的是什么,那位一半是演员的雄辩家心里很明白,但没有品味的糊涂蛋卡莱尔④却试图用激情洋溢的鬼脸来掩盖他最清楚的东西:即他自己身上缺乏的东西——真正的精神智慧的力量,真正的精神眼光的深度,简而言之就是哲学。——这么一个不通哲学的种族,其标志就是恪守基督教:他们需要基督教戒律来推行"道德化"和人性化。英国人比德国人更忧郁,更感性,意志更坚强,也更残忍,——因而比后者更卑鄙,也更虔诚,更需要基督教。对嗅觉敏锐的鼻子来说,即使这种英国基

---

① [Pütz 版注]康德:参见第一章 5 节注释"康德"。按康德自己的说法,除了理性的二律背反、自相矛盾之外,主要是休谟哲学使他走上了批判哲学的道路(参见第六章 209 节注释"教条的沉睡")。尽管如此,在康德看来,休谟只是给哲学带来了"火花",而不是带来了"明灯",因为他错误地将认识简约为检验判断,从而忽视了综合判断以及先验判断的(即使是有限的)可能性(参见康德《未来形而上学导论》1783, Akademie-Ausgabe, 页 257)。
② [Pütz 版注]我鄙视洛克:je méprise Locke (法文),引文出处不详。
③ [Pütz 版注]叔本华(还有歌德)":关于叔本华,参见第一章 16 节注释"叔本华"。如同谢林一样,歌德(参见第二章 28 节注释"歌德的散文……玩意儿")也阐发了自己的自然形而上学。他的自然哲学观察和研究(尤其是在《植物的变形》1790 和晚年诗作《原道,神秘》、《遗嘱》、《单一与万有》中)代表了一种创造性的自然学说,与经验论、机械论的自然观针锋相对。所以歌德断然拒绝牛顿(1643-1727,英国物理学家、数学家)的颜色学。
④ [Pütz 版注]卡莱尔:Thomas Carlyle (1795-1881),英国文化哲人,植根于苏格兰纯粹派(参见 78 页注 5),受德国唯心主义影响,坚决反对 19 世纪的唯物主义。在其著作《法国大革命》(1837)、《论英雄与英雄崇拜》(1841)中,世界历史似乎成了上帝控制的伟人的作品。

督教也伴有一种纯正的英国气味,气味来自怪癖①和[196]醺酒,于是英国基督教被理直气壮地用来治疗怪癖和醺酒,——也就是用精制的毒药来对付粗制的毒药:确实,对那些粗俗的民族来说,精致的中毒方式已经是一种进步,在精神化方面上了一个台阶。通过基督教的手势语、祷告词和赞美诗,英国人的粗俗和农夫般的耿直披上了让人最能忍受的外衣,确切地说,获得了最能让人忍受的阐释和新解;而对那些烂醉如泥、荒淫无度的畜牲,他们起先在卫斯理宗②的压力下,最近又作为"救世军",叽里咕噜地学起了道德叫唤,这种忏悔的抽搐很可能真可升级为"人性"有史以来取得的最高的成就:这些人们当然应该承认。但让英国人以最人性的方式倍受羞辱的是,他们在音乐上鲜有建树,打个比方(也可不打比方)来说:他们的身心活动缺乏节奏和舞蹈,甚至没有对节奏和舞蹈的渴望,没有对"音乐"的追求。人们听到他说话;人们看到最漂亮的英国美人们走过——试问天底下哪儿还有更美的白鸽和天鹅,——最终:人们听到他们唱歌了!不过这样我就是在苛求了!③——

---

① [Pütz版注]怪癖:spleen,与希腊文 splen[脾脏]相应的英语词,其基本词义在英语中也是"脾脏"。但因为过去认为脾脏病影响情绪,所以这词也有"坏脾气"、"怪癖"、"忧郁"的意思。在18世纪的英国,尤其是忧郁症被描绘成脾脏的形式。

② [Pütz版注]卫斯理宗:约翰·卫斯理和查理·卫斯理(John und Charles Wesley,1703-1791, 1707-1788)兄弟二人创立的、由英国圣公会分裂出来的顿悟运动,在英国成了大众运动,在美国也有很大规模。卫斯理派反对英国圣公会的唯理论和僵硬的教条主义,但却认可宗教改革运动的原则,强调罪孽和神恩具有普遍性,强调在忏悔中接受救赎,强调个人的救赎确定性和对神圣化的严肃追求。

③ [KSA版注]在这个意义上荒腔走板不得体——在这点上,今天英国最好的作家和议会演说者都一样。比如上面提到的卡莱尔,说起灵魂的富有,他是这批人中最富有者之一,行为举止却像个农夫和傻瓜,即便他满怀激情、声嘶力竭地演说时也是如此。至于那些毫无乐感或者铁皮管似的灵魂就更别提了,比如约翰·斯图亚特·穆勒和赫伯特·斯宾塞,他们举手投足确实就像铁皮人。最后人们看到最漂亮的英国美人们走过:我不想要求,为的是不苛求人们听到她们唱歌! Rs(W I 6)初稿

253①

有一些真理,平庸的人理解得最深刻,因为用在他们身上最合适;有些真理则只有对平庸的头脑才具有吸引力和魅惑力:——这句也许不中听的话恰恰是现在让人碰上了,自从可受人尊敬、但资质平平的英国人——我举几个例子:达尔文、穆勒②、赫伯特·斯宾塞③——崛起为欧洲品味中段的主流。确实,有谁会怀疑这些人的精神暂时占据主导地位的益处呢?[197]如果你认为恰恰超凡脱俗、卓尔不群的精神特别适合去确定、搜集大量琐碎的事实并据此推导结论,那么你就大错特错了:——其实倒不如说,他们作为例外的人,处境从一开始就并不优于那些"中规中矩"的常人。说到底,他们不仅要认识,而且要成为新的东西,意味着新的事物,体

---

① [KSA 版注]Vs(W I 1)初稿:有一些真理只有平庸的人能理解;比如我们现在受到资质平平的英国人(达尔文、穆勒、斯宾塞)的影响,不愿去怀疑这些人暂时占据主导地位的益处。如果你认为恰恰至高无上者适合去发现真理,那么你就大错特错了:他们要是什么,体现着什么,却偏偏任何真理都不在考虑之列。这是能力和知识之间的巨大鸿沟——!尤其是现在,科学的发现者在某种意义上必定是贫乏和片面的人。

② [Pütz 版注]约翰·斯图亚特·穆勒: John Stuart Mill(1806-1873),英国哲人、国民经济学家,在 19 世纪与孔德(参见第三章 48 节注释"孔德的社会学")同为实证主义(参见第一章 10 节注释"实证主义")的主要代表人物。在其著作《演绎与归纳逻辑学体系》中,穆勒提出了一种普遍的科学方法论:传统逻辑应该能使社会科学也像自然科学那样精确地预言。为这一目标服务的是所谓归纳逻辑的发展,从精密的具体分析得出正确的一般化结论。在伦理学上,穆勒是功利主义的信徒:他不接受绝对的道德价值。著有《政治经济学原理》的穆勒被认为是古典国民经济学最后的代表人物。

③ [Pütz 版注]斯宾塞: Herbert Spencer(1820-1903),英国哲人、社会学家。他在达尔文之前就认为,应由进化法则决定物理的、伦理的、社会的和宗教的宇宙观。道德只是生存竞争的适应现象。人的意志以自我存续和物种存续为目的,首先以前者的存续为目的(快乐原则先于同情原则)。所谓善,就是在社会和谐状态中,既在利己主义的,也在利他主义的意义上促进生命。斯宾塞将进化论和功利主义结合在一起。

现着新的价值！知识和能力之间的鸿沟也许比人们所想象的更大，更可怕：一个伟大的能人，即创造者，或许必定是一个无知者；而另一方面，对达尔文那样的科学发现而言，狭隘、呆板、勤勉、细致这些品质，简而言之就是英国人的品质，或许并无大碍。——最后别忘了，那些英国人已经一度因其平庸的资质导致了欧洲精神的全面衰退：这就是人们称为"现代理念"①或者"18世纪的理念"或者"法国人的理念"的东西——即德国精神深恶痛绝并奋起反击的东西——，其根源在英国，这一点毋需置疑。那些法国人只不过是模仿这些理念的猢狲，表演这些理念的戏子，此外还是捍卫这些理念的战士，可惜同时也是这些理念的第一个和最彻底的牺牲品：这是因为。"现代理念"极为亲英，法国灵魂②便变得如此瘦弱，以至于人们今天回忆起属于它的16、17世纪③，回忆起它充满激情的深沉力度，回忆起它充满创造力的高贵品质时，几乎都不敢相信这些都是真的。但是人们得抵制住表面现象，抵制住过眼烟云，咬紧牙关坚持这句具有历史合理性的话：欧洲的高贵——无论在情感上，还是在品味和礼仪方面，总之在该词的所有崇高意义上——乃是法国的杰作和发明，[198]而欧洲的卑劣，现代理念的粗俗——则是英国的杰作和发明。——

---

① [Pütz版注]现代理念：在此涉及哲学上的经验论(参见第一章20节注释"洛克")和功利主义(参见第四章格言174注释"功利主义者")，这些学说主要以盎格鲁撒克逊的思想家为代表。
② [Pütz版注]法国灵魂：âme française（法语）。
③ [Pütz版注]它的16、17世纪：法国哲学和文学的全盛期。哲学有笛卡尔(参见第三章54节注释"笛卡尔")，拉罗什福科(François de La Rochefoucauld, 1613-1680)，拉布吕耶尔(Jean de La Bruyère, 1645-1696)，帕斯卡(参见第三章45节注释"帕斯卡")，培尔(Pierre Bayle, 参见第二章28节注释"培尔")。文学有高乃依(Pierre Corneille, 1606-1684)、拉辛(Jean Bapiste Racine, 1639-1699)、莫里哀(参见第一章11节注释"莫里哀")、拉封丹(Jean de La Fontaine, 1621-1695)。

254①

即使现在,法国仍然是欧洲最富精神和最为精致的文化的所在地,仍然是培养有品位者的高等学府;但问题是,你得知道如何找到这个"有品味的法国"。凡是其中的一分子,都把自己藏得好好的:可能少数人真有品味,其他的则可能是些底气不足的人,部分是宿命论者、忧郁者、病人,部分是娇生惯养、矫揉造作的人,都有隐身的野心,想让自己深藏不露。这些人有一个共性;他们捂住耳朵,对民主资产阶级的胡言乱语和高谈阔论置若罔闻。事实上,今天在历史的前台上翻筋斗的是,一个变得愚蠢和粗野了的法国,——最近在雨果②的葬礼上,它就上演了一场真正的狂欢,不但毫无品味,还要自我欣赏。在另一点上,这些人也有共通之处,即抵制精神日耳曼化的善意以及——在这方面更突出的无能!也许比起在德国的时候,叔本华如今在这个精神与悲观并存的法国

---

① [KSA版注]审美激情和为文〈学〉形式献身,致使三百年来不断形成旨趣不一的宗派和各自的追随者,任何时候而且出于对"少数"的嫉妒,还形成了一种文学的室内乐,这在德国至今没有:——你想想,德国学者有多大的耳朵——如果他们真有耳朵的话![比如有人指责我……]因为我听说,他们没有时间去拥有耳朵,而且去接触音乐和有节奏的格言纯属苛求 □□□Vs(N Ⅶ 2)200 页 6-8 行:使他们得以避开北国……受贫血之苦]长久以往不能忍受那种可怕的德国的万里阴霾,不能忍受不见天日的概念幽灵和贫血;尽管在这个世纪,北国的暝晦和德国"诸神的黄昏"已经有力地跨过了、正在跨过莱茵河 Vs

② [Pütz版注]雨果:Victor Marie Hugo(1802-1885),法国作家,以其诗集《颂歌和杂咏》(1826)、《东方诗集》(1829)和故意违背古典主义的剧本《欧那尼》(1830)成为法国浪漫派全盛期的主要代表。由于观念左倾,在第二帝国(1851-1870)时间不得不流亡海外。此时问世的除了诗集之外,还有用侦探小说扣人心弦的手段写成的《悲惨世界》(1862)。雨果在世时就已是一部传奇,去世的那天成了全国哀悼日(下葬于先贤祠)。

过得更加怡然自得,更有归属感;遑论海因里希·海涅①,他早就脱胎换骨,跻身于巴黎更高雅、更讲究的抒情诗人之列了;遑论黑格尔,他今天化身为泰纳②——也就是在世的首席历史学家——,正施展出近乎暴君的影响力。至于说到理查德·瓦格纳③,法国音乐越是学着演绎现代灵魂④的真正需求,它就越是会"瓦格纳化",这点我们可以打保票——现在它的这种例子已经比比皆是了!然而,还是有三样东西,即便今天的[199]法国人也可引以为豪,视为自己的祖传遗产和无可磨灭的丰碑,它标志着旧时法国相对于欧洲诸国的文化优越性,尽管这个民族经历了自觉或不自觉的日耳曼化以及品味的粗暴化。一是燃起艺术激情、为"形式"献身的能力。为此人们发明了成千上百句诸如"为艺术而艺术"的话,——三百年来,法国从来就不缺这种能力,而且出于对"少数"的敬意,还创造了一种文学的室内乐,这在别的欧洲国家还没有,

---

① [Pütz版注]海因里希·海涅:原名 Harry Heine (1797-1856),德国作家,犹太裔,1825年受洗。1831年作为《奥格斯堡汇报》记者前往巴黎,其创作活动的主要目的是在德国和法国之间进行沟通。他对德国政治和文化状况冷嘲热讽,无情批判,因此德国议会在1835年将其著作列为禁书。其他作品有《诗歌集》(1827)、《德国,一个冬天的神话》(1844)、《游记》(1826-1831)。

② [Pütz版注]泰纳: Hippolyte Taine (1828-1893),法国历史学家和历史哲人,受孔德(参见第三章48节注释"孔德的社会学")影响,试图以一种环境理论解释思想史和政治史。这种环境理论以自然科学为指向,认为心理、精神、社会、文化等环境因素比人们迄今认为的重要。

③ [Pütz版注]理查德·瓦格纳:瓦格纳极大地影响了法国音乐的发展。他的交响乐思想,他基于主导动机的结构原则,他的半音阶写作方式,他高尚的抒情表达,他的理想性以及他以合为上的精神,都对许多法国作曲家产生了影响,比如肖松(Ernest Amédée Chausson, 1855-1899)、杜巴克(Henri Duparc, 1848-1933)、丹第(Vincent d'Indy, 1851-1931)等,在一定程度上也影响了夏布里埃(Alexis Emmanuel Chabrier, 1841-1894)。80年代后出现了一种具有法国特色的瓦格纳热,席卷了音乐界甚至文学界。1884年由爱德华·杜夏丹(Edouard Dujardin)创办的《瓦格纳派期刊》说明了法国颓废派作家对瓦格纳的狂热接受。关于这点可参见 Erwin Koppen: *Dekadenter Wagnerismus. Studien zur europäischen Literatur des Fin de Siècle.* Berlin und New York 1973.

④ [Pütz版注]现代灵魂: âme moderne (法语)。

无处可寻——。二是法国人古老而丰富的道德主义文化①。这使得法国人傲视全欧,以此证明自己的优越性;这使得人们甚至在那些报章写手②身上,在那些在巴黎街头偶遇的闲逛者③身上,也往往都能发现一种心理上的敏感和好奇,而这在别处,比如在德国,是不可设想的(更不要说有这么回事)。在这方面,德国人已经几个世纪没有道德主义活动了,而在法国这项工作却得到不余遗力的推进;谁要是因此说德国人"幼稚",谁就是把他们的缺陷说成了一种可圈可点的长处。(德国人在心理乐趣方面④缺乏经验、天真无知,这一点也和德国人交往的乏味不无关联;而在这个温柔颤栗的领域,法国人却有真正的好奇心和独创力;作为德国情况的对立面,这种好奇心和独创力的最佳代言人要数亨利·贝尔⑤,他是奇特的先知先行者,以拿破仑的速度⑥驶过他的欧洲,横穿欧洲灵魂的数个世纪,成了这个灵魂的考察者和发现者:——整整两代人之后才将就着赶上了他,解开了令他备受煎熬又神魂颠倒的谜,这

---

① [Pütz版注]道德主义文化:尼采在早期的《悲剧的诞生》(1872)就认为法国的教养和文化优于德国。"道德主义"在此并不是僵硬的、教条主义的道德代言人的贬称,而是指观察人类生活方式、分析心理活动、批判社会现状的道德主义者。法国道德主义最重要代表是拉罗什福科(François de La Rochefoucauld, 1613–1680)、拉布吕耶尔(Jean de La Bruyère, 1645–1696)和沃夫纳格侯爵(Luc de Vauvenargues, 1715–1747)。
② [Pütz版注]报章写手:在此指给报纸写连载小说的人,一般指粗制滥造的副刊小品的作者。尤其在19世纪的法国报纸上,形形色色的副刊小品非常流行:短篇小说、评论、报道、论文。这类文字也以轻松的、闲聊的、文学的口吻讨论日常生活现象,感觉灵敏、妙趣横生地观察日常生活现象。
③ [Pütz版注]巴黎街头……闲逛者: boulevardiers de Paris(法语)。
④ [Pütz版注]在心理乐趣方面: in voluptate psychologica(法语)。
⑤ [Pütz版注]亨利·贝尔:法国作家,笔名"司汤达"。参见第二章39节注释"司汤达"。
⑥ [Pütz版注]拿破仑的速度:暗指拿破仑闪电般地飞黄腾达,又接二连三地在战场上取得胜利(参见第五章199节注释"拿破仑")。

个伊壁鸠鲁门下①的奇人和问题先生,是法国最后一位伟大的心理学家。——)最后还有第三点优势:法国人骨子里[200]是南北交融,是两者勉强的综合,这就使得他们明白了许多事,并去做另一些事,这些事是英国人永远弄不懂的;他们的气质与南方若即若离、时远时近,间或涌动的普罗旺斯人和利古里亚的人血液②,使他们得以避开北国可怕的万里阴霾,摆脱不见天日的概念幽灵,免受贫血之苦,——这是我们德国人在品味方面的毛病,为了阻止它过分肆虐,人们目前下定决心,开出了铁血③政策即所谓"大政治"药方(依据的是一种危险的疗法,它教我等待再等待,却至今不教我希望——)。即使如今,对那些比较难得的人和难得满足的人——后者胃口太大,任何爱国情结都填不饱,在北方时爱南方,在南方时爱北方——,对天生的中原人,对"善良的欧洲人",法国还是表示出超前理解,并且笑脸相迎。——比才④的音乐就是为他们谱写的,这位最后的天才看到了一种新的美丽和诱惑,——

---

① [Pütz 版注]伊壁鸠鲁门下:伊壁鸠鲁的信徒和弟子,参见第一章 7 节注释"伊壁鸠鲁"、"花园之神伊壁鸠鲁"。
② [Pütz 版注]普罗旺斯人和利古里亚的人血液:普罗旺斯位于法国南部,中世纪的宫廷文学和宫廷文学在那里首次兴盛起来。利古里亚是与普罗旺斯相邻、位于热那亚湾的地区。两者在此意为"南方的"、"地中海的"。
③ [Pütz 版注]铁血:可以上溯到古希腊古罗马时期的说法,由于俾斯麦才流传开来。俾斯麦在 1862 年的一次议院会议上声称,当下的重大问题不能通过讨论和多数决议,只能通过"铁与血"来解决。另参见本章 241 节。
④ [Pütz 版注]比才:Alexandre César Léopold,人称 Georges Bizet(1838-1875)。所作歌剧有《采珠人》(1863)、《卡门》(1875)。尼采在《瓦格纳事件》中几乎是狂热地宣称比才的音乐是能与瓦格纳分庭抗礼的杰作:"这种音乐在我看来美轮美奂。它轻盈、柔韧、彬彬有礼地飘将过来,它和蔼可亲,不会大汗淋漓……。它建造着,组织着,会大功告成:这样他就对立于那些音乐中的息肉,对立于那'无尽无休的旋律'。"(《瓦格纳事件》,第 1 节)但尼采的这一说法纯粹出于策略上的考虑。在 1888 年 12 月 27 日从都灵写给福克斯(Carl Fuchs,参见第二章 32 节注释"非道德主义者")的信中,尼采修改了自己对比才的观点:"我关于比才的那些话,您都不必当真;对我而言,比才一点儿也不值得考虑。不过,作为瓦格纳的讽刺性的对立面,比才还是很派用处的……"

发现了一片音乐的南国。

255

我觉得,对德国音乐的态度以谨慎为上。假定,一个人像我那样爱南方,把它当作一座康复的大学堂,从最理性的和最感性疾患中康复,把它当作一片肆意挥洒的金色阳光,美轮美奂的光晕笼罩在这个专横自大的存在之上;是的,这样一个人会懂得在德国音乐面前小心谨慎,因为它在糟蹋他的品味的同时,也蹂躏了他的健康。这样一个南方人——说他是"南方人"不是根据他的出身,而是根据他的信仰——,他如果梦想着音乐的未来,[201]就必定也会梦想着音乐从北方解脱出来,耳朵里回荡着一种更为深沉而有力、或许更为阴险而神秘的音乐;一种超越德国的音乐,面对蓝色的欲望之海和中原明亮的苍穹,它不会像别的德国音乐那样逐渐消失,变得枯黄和苍白;一种超越欧洲的音乐,面对大漠落日的苍黄景色仍能神情自若,它的灵魂与棕榈树交好,懂得如何在那些高大壮美孤独的猛兽中间闲庭散步——我可以想象一种音乐,它的独有魅力在于消除了善与恶的界限,也许只有某种船夫的乡愁①,若干金色的影子和温柔的癖好,不时地在它上面掠过:这种艺术会从远方看到一个江河日下、变得几乎不可理喻的道德世界的色彩,色彩正朝着它逃来,而它有足够友好宽广的胸襟去接纳这迟到的难民。——

---

① [Pütz版注]船夫的乡愁:指瓦格纳的歌剧《漂泊的荷兰人》(1840/1842),标题中的荷兰人注定要不断地航海,每七天才能上岸一次,去寻找一位忠诚的女子的爱。由于这位女子,他最终获得了拯救。

256

　　民族主义的狂潮,过去和现在都导致了欧洲各国之间的病态的异化;目光短浅、行为轻率的政客如今也借着这股狂潮青云直上,却丝毫没有感觉到,他们推行的这种分裂政策必定只是一段插曲而已;——由于以上原因,还有别的暂且还难以说出的原因,欧洲要统一①这个最明确的征兆如今被忽视了,或者被曲解和篡改了。对本世纪所有思想深刻、胸怀博大者而言,其内心神秘活动的真正大方向就是为实现新的综合铺平道路,[202]并尝试去预言未来欧洲人的形象:只有在外表上或者在相对虚弱时,比如到了垂老之年,他们才属于"各自的祖国",——他们成为"爱国者"时,才自己开始稍事休息。我想到的人有拿破仑、歌德②、贝多芬、司汤达、海因里希·海涅、叔本华;如果我还要加上理查德·瓦格纳,那么请诸君万勿见怪。我们不可因为瓦格纳对自己的某些误解——他那种类型的天才很少能理解自己——而上当受骗,当然,更不可因为法国人无礼的喧闹声而上当受骗。如今法国人吵吵嚷嚷,他们是在封锁和抵制瓦格纳;但事实却并未因此而改变:四十年代法国晚期浪漫派③和理查

---

① [KSA 版注] 原为:欧洲是一体,直至其需求的深处和高处 Dm
② [Pütz 版注] 歌德:参见第二章 28 节注释"歌德的散文……玩意儿",本章 244 节注释"歌德对德国人的看法……不同"。
③ [Pütz 版注] 法国晚期浪漫派:巴黎在 30 和 40 年代成为欧洲浪漫派音乐中心之一。这一时期在文学、美术和音乐方面的特点是百花齐放,流派纷呈。人们既为雨果(参见)、拉马丁(Alphonse de Lamartine, 1790-1869)和缪塞(Alfred de Musset, 1810-1857)的诗歌兴奋不已,也对德拉维涅(Casimir Delavigne, 1793-1843)和贝朗瑞(Pierre Jean de Béranger, 1780-1857)的佳句大加赞赏。风格不一的画家如德拉克洛瓦(Eugène Delacroix,参见下注)、热拉尔(François Gérard, 1770-1837)、德拉罗什(Paul Delaroche, 1797-1867)、安格尔(Jean Auguste Dominique Ingres, 1780-1867)、法兰特连(Hippolyte Flandrin, 1809-　　(转下页)

德·瓦格纳是最亲密的一对儿,在需求的跌宕起伏中如此相似,亲如兄弟:是欧洲的灵魂,是大一统的欧洲的灵魂,贯穿于他们丰富多样而热情四射的艺术,往外突破,向上奋进,渴望着——什么呢？沐浴一片新的光亮么？拥抱新的一轮红日么？但谁会想说清楚连这些新语言的大师们自己也不知如何表达的东西呢？可以肯定的是,折磨他们的是同样的狂飙突进式的激情与渴求,他们以同样的方式寻觅着,这些最后的伟大的寻觅者！他们都是周身上下充满了文学气息——是第一批具有世界文学教养的艺术家——,很多情况下甚至本身也是作家、诗人,也是艺术和感官的中介人和调色师(瓦格纳就是画家中的音乐家,音乐家中的诗人,就整体而言则是演员中的艺术家);他们都是酷爱"不惜一切代价"这一表述的狂热分子——在此我特别要提到瓦格纳的同类德拉克洛瓦①——,他们都是伟大的发现者,发现了崇高的王国,也发现了丑陋的王国和可怕的王国,至于说到演出效果、舞台表演以及橱窗展示艺术的发掘,他们就更是了不起的发现者,统统都是超越天赋的能人——,[203]他们是地地道道的艺术高手,神秘莫测地与所有诱惑、吸引、强迫、征服人的东西一脉相通,他们天生就是逻辑和直线的敌人,对陌生的、异域的、可怖的、扭曲的、自相矛盾的东西充满渴望;作为人,他们是意志

(接上页注③)1864)相互竞争。音乐爱好者围绕在凯鲁比尼(Luigi Cherubini, 1760-1842)、奥柏(Daniel François Esprit Auber, 1782-1871)、埃罗尔德(Louis-Joseph-Ferdinand Herold, 1791-1833)和迈耶贝尔(Giacomo Meyerbeer, 1760-1864)的周围。柏辽兹(Hector Berlioz, 1803-1869)、李斯特(Franz von Liszt, 1811-1886)和肖邦(Fryderyk Chopin, 1818-1849)以其迥异的浪漫主义特点影响了法国音乐。他们在音乐艺术上的共同点是对新技巧的追求,在形式上有意识的努力,对合适的表达手段的高度重视。

① [Pütz版注]德拉克洛瓦:Eugène Delacroix(1798-1863),法国画家、版画家,主要作品有《但丁之舟》(1822),以此被视为法国浪漫派美术的开创者。

上的坦塔罗斯①,崛起中的平民俗人,自知不会在生活与创造中保持一种优雅的速度,不会演奏慢板②——比如巴尔扎克——,他们是毫无节制的工作狂,工作起来近乎自我毁灭;在习俗上,他们是二律背反者③和揭竿而起者,雄心勃勃,永不满足,不知道什么是平衡和享受;最后,他们这些人全都在基督十字架前轰然跪倒(这合乎情理,因为他们中有谁足够深刻,直达本原,从而提出一种敌基督者的哲学④呢?)。总体上说,这是一种骁勇大胆、强健硕美、天马行空、直入云霄的高等人⑤,他们先得使自

---

① [Pütz版注]坦塔罗斯:古希腊神话人物,宙斯之子,珀罗普斯和尼俄伯之父,地狱中最著名的忏悔者。这位富有的小亚细亚王参加众神的盛宴,却偷走了主人的琼浆玉液和长生食品,在人间透露了众神的秘密。为了考验众神的全知,他杀了自己的儿子珀罗普斯,做成菜让众神品尝。因此他被打入地狱,忍受永无尽头的饥渴;水一直满到下巴,头上不远处就是果实累累的树枝,但只要他伸手去取,美食佳酿就会向后退去。"坦塔罗斯之苦"后来成了人尽皆知的谚语,指需要的东西伸手可及,却永远也得不到。

② [Pütz版注]慢板:lento(意大利语),音乐中指放缓速度。暗指尼采的生活和写作方式。参见《瞧这个人》前言("这些演讲的速度如此柔和,如此缓慢。")以及《朝霞》前言("此外,我俩都是慢板之友,我是,我的书也是。语文学家可不是白做的,或许我还不止是语文学家,换句话说,我还是慢读的老师:——最终写作的速度也慢了。")中的类似观点。

③ [Pütz版注]二律背反者:源自希腊文。"二律背反"在哲学和逻辑学中指若干有效定律之间的矛盾,在此为带有批判和拒斥意味的统称,指唯矛盾和对立是从的思想方式。虽然尼采的思想也是矛盾和对立的思想,但他并不是简单地停留在某些概念和价值的对立性上,而是要求对矛盾律本身也提出质疑(参见第九章257节注释"人的自我克服",《前言》"化解对立")。

④ [Pütz版注]敌基督者的哲学:尼采1888年问世的《敌基督者:对基督教的诅咒》一书就推出了这样一种哲学。在此尼采再一次重复和进一步强调了自己从《扎拉图斯特拉如是说》(1883/85)和《道德的谱系》(1887)起就广为人知的东西:价值的重估,刺耳的话语。以前尼采喜欢攻击在哲学、道德和政治中占统治地位的价值观念,现在则将火力集中在基督教上了。尼采反对基督教并非因为它不能满足现代理智的精确性要求,而是因为它是贫乏化的体现,是在不断摧毁人类的生存条件。因此在尼采看来,基督教不再是理性论证和反驳的对象,而是心理分析的对象。他把基督教看成是一个病人,认为必须对其几千年来的衰退过程作出诊断。

⑤ [KSA版注]一种硕美的、有才智而病态的、天马行空的、暴力的 Dm

己所处的世纪——这是一个大众的世纪！——学会"高等人"①这个概念呢……。但愿理查德·瓦格纳的德国朋友们能聚首商量，看看瓦格纳的艺术里究竟是否包含显然是德意志的元素，还是说他的作品闪光之处正是来自超越德意志的源泉和动机；在此不可低估的是，恰恰是巴黎对他这类人的形成而言不可或缺，他内心深处的本能使他在最关键的时刻向往巴黎，他粉墨登场、自我宣扬②的全部架势在借鉴法国社会主义者的榜样③后才得以实现。也许，人们通过更精细的比较会对理查德·瓦格纳的德意志本性肃然起敬，发现他在所有方面都比19世纪任何一个法国人更强壮，更勇猛，更严厉，更到位——这是由于我们德国人比法国人更接近野蛮——；也许，[204]对整个如此晚熟的拉丁种族来说，理查德·瓦格纳的创作中最奇特者不仅今天是、而且永远是难以企及、体味与模仿的：西

---

① ［KSA 版注］"艺术家"Dm
② ［Pütz 版注］自我宣扬：希腊文。
③ ［Pütz 版注］法国社会主义者的榜样：参见第一章 25 节注释"社会主义的同情"，第五章 202 节注释"兄弟情幻想家……'社会主义者'"。瓦格纳早年在莱比锡时，曾在德累斯顿革命（1849）的范围内接受了哲人路德维希·费尔巴哈（1804-1872）的论述以及法国哲人皮埃尔—约瑟夫·蒲鲁东无政府主义的、对资产阶级所有制提出质疑的论述。瓦格纳间接地参与了德累斯顿革命起义，后来被迫流亡瑞士。在其后期作品中，重点从政治革命转移到了审美革命，开始反对艺术家社会的传统规范。在其四部曲《尼伯龙根的指环》中，瓦格纳对结尾的初次处理表明他受到法国无政府主义和社会主义乌托邦观念的影响。因为西格弗里德（参见下注）反对占统治地位的旧世界的斗争被视为旨在进入一个黄金时代的拯救。这种乐观主义的特征后来却被抹去了，代之而起的是一种由叔本华哲学决定的悲观主义，它主张否定生命意志，全面拯救世界。在尼采看来，叔本华关于意志的观点不啻为颓废的表现。法国颓废作家狂热地接受了瓦格纳（参见第八章 254 节注释"理查德·瓦格纳"）。

格弗里德①的形象,那个极自由的人的形象,事实上对那些衰老迂腐的文化民族的品味来说可能太自由,太强硬,太无虑,太健康,太反天主教了。他这个反罗马民族的西格弗里德甚至可能曾是反浪漫主义的罪人,瓦格纳在他暗淡的晚年充分地赎了罪,他——提前预支了一种如今已成为政治的品味——开始带着他特有的宗教热情②宣传通往罗马之路,即使不曾亲自登程。——为了使诸位不误会我最后这几句话,我想借助几行有力的韵文,让不太灵敏的耳朵也能听出我的用意,知道——我反对"最后的瓦格纳"及其《帕西法尔》的音乐③:

　　——这还是德意志么?——
　　德国的心灵怎会迸出这样不安的尖叫?
　　难道是德国的肉体在自我撕咬?
　　德意志就是这种牧师两手一摊的架势,
　　这种感官刺激,犹如香烟缭绕?
　　难道德意志就是这种停滞、蹒跚、踉跄?
　　这种隐隐约约的丁零当啷?

---

① [Pütz版注]西格弗里德:理查德·瓦格纳《尼伯龙根的指环》(1848-1874,《舞台神圣节日剧,三日及前夕》)"第二日"部分的标题人物。四部曲由《莱茵的黄金》、《女武神》、《西格弗里德》和《诸神的黄昏》组成。年青的西格弗里德是一个让人想起童话《傻大胆学害怕》的愚人。对自己接触的充满悲剧和神秘的世界,愚人既没有感觉,也不能理解,更无力保护自己。他是典型的童话主人公:理解的反思,制约的联系,他都没有,也没有记忆,没有拘束。他是一个自然人,天生就能经受住危险,但不会衡量危险大小,因为不知道何为恐惧;他经历神奇事物,却见了神奇事物也辨认不出来。
② [KSA版注]原为:带着他的帕西法尔以一种甜蜜的、模棱两可的方式Dm
③ [Pütz版注]通往罗马之路……《帕西法尔》的音乐:尼采对瓦格纳的"舞台神圣节日剧"《帕西法尔》的指责主要针对剧中狂热捍卫的贞洁理想,针对据称在基督教面前俯首称臣的态度。尼采关于《帕西法尔》的观点在《尼采反驳瓦格纳》中,尤其是在该书题为《瓦格纳是贞洁的信徒》和《我是如何摆脱瓦格纳的》的章节中表述得特别激烈。

这种修女的秋波,万福的钟声荡漾,
这全套虚伪的天堂狂喜,仰望上苍?
——这还是德意志么?——
请你们三思! 你们还站在门旁:——
因为你们听到的是**罗马,——无言的罗马信仰!**①

---

① [Pütz 版注]——这还是德意志么? ……无言的罗马信仰!:影射瓦格纳《帕西法尔》的音乐主题,或许还影射费利克斯·门德尔松·巴托尔迪(参见第八章 245 节注释"费利克斯·门德尔松")的"无言歌"。在尼采看来,瓦格纳音乐的内容是天主教—基督教信仰,被谱成曲子、没有语句的天主教-基督教信仰。

第九章　何为高贵？

257①

［205］迄今为止，"人"这一种类的每次提升，都是贵族社会的

---

① ［KSA版注］参见第12卷，1［7.10］；2［13］
　　Dm中这节被删除的后续部分：这类野蛮者的"人性化"——一部分是并非有意的过程，在大致确定权力关系后自然而然地产生——，本质上是一种弱化和温和化的过程，恰恰以他们的胜利和财富基于的那些欲望为代价。他们这样夺取了"较为人性的"美德，甚至还带着极大狂热，出于其"掠夺嗜好"，在最具精神性的领域成为古老的文化、艺术、宗教的征服者，而在被压迫者和被奴役者一边，一种反向的过程也在逐渐进行着。他们在多大程度上变得更温和、更有人性，因而在肉体上也变得更加富足，在他们身上也就在多大程度上会发展出野蛮者来，就是那些变的强大了的人，带着野性欲求的半人半兽：——野蛮者有朝一日会觉得自己足够强大，可以反抗自己身上的那个人性化了的、也就是软弱化了的主子了。这种游戏周而复始：一种高等文化又再度开始了。我想说：每次在统治的、高尚的等级和文化的压力下，都会由下而上形成一种缓慢的反压力，一种巨大的、（本能的、）未曾相约定的整体密谋，它有利于所有被统治者、被榨取者、境遇不佳者、平庸者、不太成器者，使他们得以存活和上升；它是一种奴隶的不满情绪和奴隶的揭竿而起，旷日持久，开始时隐而不发，然后变得越来越有自我意识；它是一种反对任何主子的本能，到最后甚至反对"主子"这个概念；它是一场生死之战，反对任何源自上等统治者怀腹和意识的道德，这些统治者需要某种形式和某种称谓的奴隶制度作为自己的基础和条件。这一切总是延续到一个时间点，即此类奴　（转下页）

杰作——这种情况将一直延续下去:这个社会相信人与人之间存在巨大的等级差异和价值差异,并认为奴隶制在某种意义上是必要的。阶层差异根深蒂固,统治阶层不断地远观和俯视其臣民和工具,同样不断地练习服从与命令、压制与回避,一种保持距离的激情由此而生;若是没有这种保持距离的激情①,那么另外一种更为神秘的激情就可能无从谈起,也就是不会渴望灵魂本身范围内的距离不断扩大,不会形成越来越高级、稀有、遥远、辽阔而博大的状态,简言之,"人"这一种类就不会获得提升,"人的自我克服"②——这句道德套话在此用在超道德意义上——就难以为继。当然:对于一个贵族社会(即"人"这一种类得以提升的前提)产生的历史,人们不可耽于仁慈博爱的幻想:现实是严酷的。让我们直

(接上页注①)隶种族变得足够强大——足够"野蛮"!——能自己当主子;这时马上就有相反的原则和道德产生了。因为"当主子"和"当奴隶"都有其本能:"天性"在两者中都有,——而"道德"也是一份天性。——

① [Pütz版注]保持距离的激情:在《道德的谱系》(1887)中,这一概念获得了对尼采的贵族统治思想而言的核心意义。保持距离的激情对立于尼采否定的追求平等的伦理。保持距离的激情是高贵者、强势者的一种冲动:提升自己地位,与卑贱者划清界限,从丰富多彩的生命中确定生命的价值。因此尼采要以忍受痛苦的能力替代基督教的同情,以忍受痛苦能力的大小来衡量人的高贵程度(参见《道德的谱系》,第一部分2节)。

② [Pütz版注]人的自我克服:这一表述指向尼采关于超人的"学说",他在《扎拉图斯特拉如是说》前言中颠倒神学思维模式时提出了这一学说。人是创造性的力量,本质上可以创造出超越自身的东西,是"桥梁,不是目的",是"一种往上过渡和一种往下没落"(《前言》,4节)。迄今为止他从超越尘世的希望出发,确定"往上过渡"和"往下没落"的意义以及"牺牲品"存在的意义;而现在扎拉图斯特拉则教导说,人的克服乃是超人的独创。但如果我们重又认为超人"在人之上"、"在人彼岸"的话,那么反神学的突击方向也可能倒转过来。超人之"超"不能按照拉丁文 supra 的意义("在上"),而应按照拉丁文 trans-的意义("过去")来理解。要借助神学"自我克服"的思维模式来克服神学,最终就还必须针对克服模式本身。对此尼采运用了一些运动隐喻,其中有跳舞隐喻:在对立事物之间和之上跳舞。一切意义设定,一切有可能在思维习惯中凝固起来的意义设定,都会被卷入这种舞蹈而颠簸起来,不可能永远对立,也不可能永远克服对立。

言不讳地说出,迄今为止世界上任何一种高等文化都是如何开始的吧! 自然本性尚存的人,无论说是多么可怕都不为过的野蛮人,[206]拥有坚不可摧的意志力和权力欲的掠食者,他们扑向较为软弱的、较为文明的、较为温和的、也许以经商或畜牧为生的种族,或者扑向江河日下的古老文化——在那里,精神与腐朽的焰火燃烧着最后的生命力。高贵的阶层在开始时总是野蛮的阶层:他们的优势首先并不在于体格,而是在于心灵,——他们是更完整的人(这在每个阶段上也有"更完整的野兽"的含义——)。

258①

腐败表明各种本能受到了内部无政府状态的威胁,表明被称作"生命"(Leben)②的情感基石开始动摇。根据其赖以自我体现的生活图景的不同,腐败可以是截然不同的现象。比如大革命初期的法国贵族,他们怀着一种高雅的厌恶心情抛弃了自己的特权,把自己葬送在一种汪洋恣肆的道德感中,这就是一种腐败——其实只不过是那个长达数个世纪的腐败过程的终场,在这过程中,法国贵族一步步地将统治特权拱手相让,沦为王权的功能(最后甚至沦为王权的点缀和华饰)。然而,良好和健康的贵族阶层的本质特征却是,它并不将自己视为功能(既不是王权的也不是国家

---

① [KSA版注]Vs(WⅠ3):占统治地位的等级的腐败不同于效劳的、臣服的阶层的腐败。比如,过分温和和意志弱化就是前一种腐败。后一种腐败是独立性增加,比如在欧根·杜林那里。法国大革命的享有特权者就是一个腐败的例子。
② [Pütz版注]生命:尼采笔下的"生命"一词,与其说是概念、理念或者对象,毋宁说是策略,使硬化的事物松开的策略。最可能被理解为概念隐喻的"生命"具有典型特征,这些特征虽然如同主导动机贯穿尼采著作始终,但是由于其多种多样的互相联系,所以难以确定。"生命"既有"权力意志"("生命"是自我克服和提升,但也是制服它者)的特征,也有"永恒轮回"(自我重复中的肯定,比如可参见《快乐的科学》341节;另参见《前言》"生命"和"权力意志")的特征。

的功能),而是将自己视为其意义所在和最高理据——因此它会心安理得地接受无数人的牺牲,由于它的缘故,必须将这无数人贬为残缺不全者,降为奴隶和工具。它的基本信念必定是,社会不能因为社会本身的缘故而存在,[207]而只能作为一种基础和支架而存在,百里挑一的精英凭借这样的基础和支架青云直上,承担更高级的任务,实现更高等的存在:与爪哇岛上向阳的——人称"斗士藤"①——的攀缘植物颇为类似,它经常伸出手臂久久地缠绕着橡树,最终凌驾于橡树之上,但也依托于橡树之上,在无际的阳光中尽情舒展其顶冠,炫耀其幸福。——

259

互相之间放弃伤害、暴力和剥削,己所不欲、勿施于人:这在某种程度上可成为个体间交往的公德良俗,如果条件(这里的条件是指个体在力量和价值方面具有事实上的相似性,都有在同一机体内的归属感)能够满足的话。但是,人们一旦想把这一原则推而广之,甚至作为社会的基本原则,那么它很快立刻露出真相:否定生命的意志,解体原则和衰败原则。在此必须彻底地思索一下原因,并抵制一切多愁善感的软弱:就其本质而言,生命本身就是占有、伤害、征服异类和弱者,是压制、磨砺、强迫自身的各种形式,是侵吞,至少是、以最温和的措辞来表达也是剥削,——但人们为什么总要使用这些字眼,尽管它们自古以来就带有恶意诬蔑的烙印?即便在那个机体中,就像之前假设的那样,个体之间平等相待——所有健康的贵族阶层均是如此——,但如果它是一个生机勃勃而不是濒临死亡的机体的话,那它本身也必须尽全力去反对其他机体,去做那些自身机体内的个体

---

① [译注]原文为 Sipo Metador,实为亚马逊森林中的一种可怕的藤本植物。

放弃了的事情：它[208]必须成为权力意志的化身，必须具备成长壮大、扩展吞并、占据上风的意志，——不是出于某种道德或不道德的想法，而是因为他生活着，因为生命就是权力意志①。这比任何其他说教更容易在欧洲人的共同意识中激起反感；如今人们甚至到处披着科学的外衣，侈谈未来的社会状况，说到了那时"剥削特征"就不复存在了；——这在我耳中仿佛是，人们许诺要发明一种生命，它不具备任何有机体的功能。"剥削"不属于一个腐朽的或不完美的、原始的社会，而是属于有活力者的本质，是有机体的基本功能，它是真正的权力意志即生命意志的结果。——假定，这在理论上说是一种创新，——那么，在现实中却是全部历史的根本事实：我们对自己至少要有这点诚实吧！——

260

漫步在那些良莠不齐的道德之间，它们曾经或依然主宰着这个世界，我发现有些特征会定期携手相伴，卷土重来。最终我发现了两种基本类型，彼此间的本质区别呼之欲出：世界上存在主人道德和奴隶道德；——在此我必须补充说明，在所有较为高级的、混合度较大的文化中，也会出现调和这两种道德的尝试，在更多情况下则是两者扭成一团，互不信任，是的，有时两者并列，处于冷战僵持状态——甚至在同一个人身上，在同一个灵魂内部。道德的价值区分或者出于统治阶层，这些人[209]对自己与被统治者之间的差别甚为满意，——或者出于被统治者，出于奴隶和各种等级的仰人鼻息者。在第一种情况下，即在由统治者来界定"好"这个概念的情况下，优雅高傲的心灵状态被视为卓尔不群的特征和确立

---

① ［Pütz版注］生命就是权力意志：参见《前言》，"生命"和"权力意志"及以下。

等级的标准。高贵者将自己同其他人划清界限,后者身上体现出与这种优雅高傲正好相反的状态:他鄙视这些人。人们立刻发现,在第一种道德中,"好"与"坏"这对反义词实际上等同于"高贵"和"可鄙":——"善"与"恶"则另有渊源。被鄙视的是懦夫,是胆小鬼和吝啬鬼,是鼠目寸光的势利眼,同样还有那些眼神不自在的多疑者、自我贬低者、像狗一样任人宰割者,须臾拍马者,尤其是那些说谎者:——所有贵族的基本信条是:平民大众都在说谎。"我们这些诚实的人"——古希腊贵族自诩道。很显然,无论在何处,道德价值标签总是先贴在人身上,后来才引申开去,贴在行为上的;因此,道德历史学家以"为什么同情的行为受赞扬"的问题为出发点,是一种大谬不然的做法。高贵的人认为自己就是价值准绳,他无需别人认可,他可以断言"什么对我有害,就是有害的",他认为自己是荣誉的授予方,是创造价值的人。他对在自己身上发现的一切都表示尊崇:这样的一种道德无异于自我美化。赫然眼前的,是丰足感、充实感,是喷薄而出的权力感,是高度紧张的幸福感,是有意给予和分享的财富感:——高贵的人也会帮助不幸的人,但不是或几乎不是出于[210]同情,而更多地是出于一种冲动,权力过剩而导致的冲动。高贵的人尊重自己,认为自己是强者,拥有自控力,懂得适时说话和沉默,乐于对自己严酷无情,并向一切严酷无情的人与事致敬。"奥丁在我胸膛里放了一颗无情的心",这取自一个古老的斯堪的纳维亚传说①:是骄傲的维京人言之有理、发自肺腑的诗句。这种人为自己不会同情而感到骄傲;因而传说中的英雄以警告的口吻补充道:"谁要是年轻时候就没有

---

① [Pütz版注]奥丁……传说:尼采在此引用产生于13世纪后期古老传说《哈尔夫和他的英雄们》中的武士战歌:eg hefi hiartta / hartt j briosti / sizt mer j äskú / Odin framdi. (Hálfs Saga ok Hálfsrekka, herausgegeben von Hubert Seelow, Reykjavik 1981)

无情的心,那么他将永远不会无情。"①有如此想法的高贵者和勇猛者,在最大程度上远离了这样一种道德:对他人的同情、帮助或无私行为②,这才是有德之人的徽章。对自我的信任,对自身的骄傲,对"无私"的彻底仇视和讽刺,这些确实属于高贵的道德;对同情心、"热心肠"表现出几分鄙视,保持谨慎态度,这些同样无疑地属于高贵的道德。——强者懂得尊重,这是他们的艺术,他们创造发明的王国。对古代和传统的无上敬畏——所有法律都建立在这种双重的敬畏之上——,对先辈有利、对后人不利的信仰和偏见,乃是典型的强者道德;与之相反,抱有"现代理念"的人几乎本能地相信"进步"和"未来",对古代越来越不尊重,如此一来,这些"理念"不怎么高贵的出身就充分暴露了。对时下的品味来说,统治者的道德最让人感到陌生和难堪之处就是恪守原则:人只对同等的人承担义务。而对地位较低者,对所有外来者,可以任意或"随心"对待,总之,可以在"善恶的彼岸"对待他们——[211]在这方面,同情和类似同情的东西或许不无用武之地。长久报恩和长久报仇的能力与义务——两者都是仅仅适用于同等的人——,报偿行为的巧妙,友谊定义的微妙,某种树敌的必要性(仿佛作为嫉妒、好斗、狂妄这些情感的泄洪渠,——其实是为了成为好的朋友):所有这些是高尚道德的典型标志,如上所述,这些不是"现代理念"的道德,因此如今很难体悟,也很难挖掘和揭示。——第二种道德即奴隶道德的情况就不同了。假定被强暴的、被压迫的、受苦难的、不自由的、无自知之明的、疲倦不堪的人也来谈论道德,那么他们的道德价值观的共同点会是什么呢? 很有可能会悲观地对人类整体境遇表示怀疑,也许会对人类及其境遇表示谴责。奴隶的眼神充满了对强者道德的厌恶:他怀疑,他不信任,他具备一种

---

① [Pütz版注]谁要是……无情:补充的这一句无从核实(参见上注)。
② [Pütz版注]无私行为: désintéressement(法语)。

完美的怀疑精神,对所有在强者道德中受到尊重的"善"表示怀疑,——他想说服自己,使自己相信即便在强者道德中的幸福也不是真正的幸福。另一方面,那些意在减轻受苦者生活负担的品质获得突出地位,被置于聚光灯之下;在此受到尊重的是同情、援手、热心、忍耐、勤奋、谦恭、友谊——,因为要顶住生存的压力,这些是最有用的品质,也几乎是唯一的手段。奴隶道德本质上说是功用道德。正是在此,诞生了那两个天下闻名的对头"善"与"恶"——被感知为恶的是权力和危险,是不容蔑视的某种恐怖、精巧、强大。根据奴隶道德,是"恶"人引发了畏惧;而在主人[212]道德看来,引发了或试图引发畏惧的恰恰是"善"人,而"坏"人则受到了鄙视。这种对立会达到登峰造极的程度,也就是说,如果按照奴隶道德的因果关系,这一道德的"善"人身上也沾上了一丝轻蔑——它可能是轻微和好意的——,因为按照奴隶思维方式,好人一定是不危险的人:他心肠好,易上当,也许有点儿傻,是个"老好人"①。凡是奴隶道德占据上风的地方,语言中都会出现一种倾向,即"好"与"傻"的词义相互靠拢。——最后一个本质区别:对自由的追求,幸福的本能,自由情感的细腻,这些必然属于奴隶的道德和道德观,正如巧妙和狂热的敬畏和奉献是一种贵族思维方式和价值判断的常见症状一样。——由此人们立刻可以明白,为什么爱作为一种激情——它是我们欧洲的特产——必定出身高贵:众所周知,它的发明权属于普罗旺斯的骑士诗人②,属于那些光彩夺目、

---

① [Pütz 版注] 老好人:un bonhomme(法语)。
② [Pütz 版注] 普罗旺斯的骑士诗人:12 和 13 世纪法国南部的行吟诗人,其诗歌构成了中世纪世俗音乐的重要分支。他们吟唱自己创作的歌词和曲调,以乐器伴奏。诗歌由阿拉伯和中古拉丁文诗歌发展而来,其核心是爱情崇拜,以某种特有风格对一位遥不可及的宫廷贵妇表示崇拜,歌颂她们的诗歌饰以大量的自然意象。这种宫廷情歌作为贵族社交艺术有其固定的基本模式,但在此范围内,性爱升华的主题也在不断地变化更新。最早的行吟诗人是阿基坦公爵(Wilhelm IV., Herzog von Aquitanien, 1071-1127),其他重要的行吟诗人有旺塔杜尔 (转下页)

富于创造精神、拥有"快乐知识"①的人,欧洲的许多事情甚至欧洲本身都应当归功于他们。

261

虚荣是高贵的人也许最难理解的东西之一。另一种人认为能以双手拥抱虚荣,而高贵的人却死不承认虚荣的存在。他的问题在于,没法想象有这样一些人:他们力图唤起别人对自己的好评,尽管他们本身没有对自己的好评——也"不配"获得好评——,但却也跟着相信别人对自己的这种好评。这对于高贵的人来说一方面是[213]如此没品味,如此不自重,另一方面又是如此巴洛克似地缺乏理性,以至于他乐于把虚荣看成是一个特例,在人们议论虚荣时大都持怀疑态度。比如他会说:"我可能误解了自己的价值,但另一方面却要求,我的价值恰如我所设定的那样得到人们的认可,——但这不是虚荣(而是自负,在更多的情况下是被称作"谦卑"或及"谦虚"的东西)。或者他还会说:"我可能有足够理由为别人的好评感到高兴,这也许是因为我尊重和热爱他们,为他们的高兴而高兴,也许还因为他们的好评证实和强化了我对自己的好评,也许因为别人的好评,即使在某些情况下我不敢苟同,对我也是有益处或会有益处的,——不过这一切都不是虚荣。"高贵的人必须强迫自己,首先是借助历史强迫自己想象一下,从远古以来,在所有寄人篱下的社会阶层中,卑微的人始终只是其被视为是:

(接上页注②)(Bernart de Ventadour,约1125-1200)、维达尔(Peire Vidal,约1175-约1210)和卡迪纳尔(Peire Cardenal,约1174-约1272)。

① [Pütz版注]快乐知识:gai saber(古普罗旺斯语)。尼采暗指"快乐的科学"(la gaya scienza,古普罗旺斯语 gaia sciensa 的意大利语写法)。这种科学之所以快乐,是因为它以对所有生活力量、包括残酷的生活力量的绝对肯定为前提。1882年,尼采的《快乐的科学》出版。

——完全不习惯自己设定价值,除了主人赋予自己的价值之外,不会自己赋予自己任何别的价值(创造价值是真正的主人权利)。或许可以认为这是一种骇人的返祖现象的后果,即普通人即使现在仍在等待别人对自己的评价,然后本能地屈从这些评价:但绝对不只是"好"评,而是也包括恶评和偏见(以虔诚的女人从忏悔神甫以及虔诚的基督徒从教会那里学到的自我评价和自我贬低为例,其中绝大部分就是这样的恶评和偏见)。确实,如今随着事物的民主秩序的缓慢崛起(及其起因,即主奴混血①),原本[214]高贵而稀有的欲求,即自设价值、"自评良好"的欲求,愈发受到鼓舞,并蔓延开去;然而,这种欲求在任何时刻都有一种更古老、更宽广、更彻底的内在倾向在起反作用,——在"虚荣"现象中,这种古老的倾向会使新近的倾向俯首称臣。虚荣者对别人说他的任何好话都感到高兴(全不考虑这些话有用与否,同样也不鉴真伪),正如他听到每句关于自己的坏话都痛苦不堪一样:因为他受制于两者②,他感到自己受制于两者,这是他身上爆发出的一种最古老的屈从本能。——这是虚荣者血液里的"奴隶",奴隶身上残余的一点狡猾——比如在现在女人身上,"奴隶"气味不知几何!——,这个奴隶想引诱别人说自己好话,而也是这个奴隶,在别人说出好话之后立刻跪倒在地,好像这些好话不是他呼唤出来似的。——重申一遍:虚荣是一种返祖现象。

262

一个物种产生了,一种类型在与基本相同的不利条件作长期斗争的过程中变得坚定和强大起来了。与此相反,从栽培者的经

---

① [KSA版注] 此后删去了:——历史上经常发生类似的事情,——Dm
② [KSA版注] 想引诱别人说自己好话,然后引诱自己也去对此深信不疑:——如此行事真是高雅。Vs(N V II 2)

验可以得知,营养过剩、获得更多保护与照料的物种,很快会以最剧烈的方式产生畸变,充斥着离奇和怪异(包括那些怪异的恶习)。姑且将一个贵族共同体,比如古希腊城邦①或者威尼斯,视为一种旨在栽培的——自愿的或非自愿的——活动:人们群居于此,依赖自身,力图使自己的种类占得优势,大多数情况下是因为他们必须占得优势,否则就会面临可怕的[215]灭种危险。在此没有那种促进变种的青睐有加,悉心呵护;他们必须保有自己的种类,恰恰只有借助其强硬、统一和简单的形式,才能在与邻居、与揭竿而起或威胁要揭竿而起的受压迫者的不断斗争中占据优势,得以存活。各种各样的经历教育了他们,他们明白了:尽管处于诸神和众人的包围之中,自己仍能幸存并总能取胜,这主要应该归功于哪些品质。他们把这些品质称为美德,唯独这些品质他们才加以培育,使之成长。在这样做的时候,他们态度非常强硬,是的,他们要的就是这种强硬;贵族道德都是不宽容的,在教育后生、管束女人、婚姻习俗、老幼关系、刑法(刑法仅仅注意蜕变者)等方面无不如此:——他们把不宽容也归入美德之中,归在"公正"的名义之下。一类特征虽少却异常突出的人,一种严厉、好战、沉默精明、内向封闭的人(作为这样的人,他们对群体生活的神奇魔力与微妙之处也有无比细腻的感觉),将以这种方式超越世代更替而岿然不动;诚如上述,与永远相同的不利条件不断斗争,是一个种类变得稳定和坚强的原因。最终还是出现了一种幸福的局面,剑拔弩张的气氛消退了;在邻居中也许不再有敌人,而对付生活甚至享受生活的资本也十分阔绰。转瞬间,老式栽培的缰绳断裂了,老式栽

---

① [Pütz 版注]城邦:Polis(希腊文),古希腊最普遍的国体,兴盛于前6-4世纪,尤其在雅典。城邦以城市为中心,包括周边地区,后来又加上了殖民地,是政治和文化共同体。城邦理念主要由柏拉图(参见序言注释"柏拉图主义")及其弟子亚里士多德(参见第五章188节注释"亚里士多德的前提")的国家学说提出,其影响一直绵延至近代。

培的压力消失了:这种栽培变得不再必要,不再是生存的先决条件,——如果它想继续存在,那只能以一种奢侈的形式,作为一种过时的趣味。那个变种,无论是嬗变(成为更高、更美、更稀有的品种)还是变得堕落和怪异,突然间以盛装华服闪亮登场,[216]个体敢于单独存在,敢于突出自身了。在历史的这些转折点上,并列存在、而且经常交织在一起的是一种壮观、多彩、原始森林一般蓬勃生长的态势,一种你追我赶、万木争荣的热带速度,一种走向毁灭与自我毁灭的骇人景象——这是因为各种自我中心主义爆炸一般迅速膨胀,相互间针锋相对,势不两立,拼命争夺"太阳和光亮",不再懂得什么是基于迄今道德的界限、分寸和顾忌。正是这种道德本身集聚了无穷力量,形成了千钧一发之势:——现在这种道德已经"过时",正在"过时"。危险可怕的临界点已经到达,更宏大、更丰富、更广博的生活超越了古老的道德;"个体"必须要有自己的立法,要有自我保存、自我提升以及自我解脱的独门艺术和策略。只有新的目的、新的手段,不再有共同的口径,误解和蔑视结成了联盟,堕落、腐化以及最高欲求狰狞地缠绕在一起,种族的天才从各种善恶交织的丰饶角中漫溢出来,春与秋不祥地同步出现,全是新魅力和新面纱,为年轻、尚有活力、尚不疲倦的腐败所特有的魅力和面纱。危险再度来临,道德之母再度来临,她是个巨大的危险,这次转向了个体,转向了邻人和朋友,潜入街巷,潜入自己的孩子体内,潜入自己的心中,潜入最私密的愿望和意志:在这样的时代出现的道德哲人,他们此刻会宣讲些什么呢?① 他们这些目光敏锐的看客和闲立街头的旁观者发现:这个过程转瞬即逝,他们周围的一切都在腐烂或造成腐烂,没有东西能延续到后天,除了一种人,那些无可救药的[217]平庸者。只有这些平庸者有望继续存在,继续繁衍,——他们是面向未来的人,是独有的幸存者;

---

① [KSA 版注] 此后删去了:——这是时机,对苏格拉底和苏格拉底式 Dm

"像他们那样！变得平庸吧！"成了现在唯一还有意义、尚有听众的道德。——但要为此布道，要宣讲这种平庸的道德可不容易！① ——这种道德绝不能承认自己是什么，想要什么！它不得不谈论节制、尊严、义务和博爱，——也将不得不竭力掩盖这其中的讽刺意味！

263

对等级有一种天生的本能，这本身就是等级高的标志，比其他一切更能说明问题；对敬畏方面的细微差别有一种乐趣，从这点可以猜出此人高贵的出身和习性。一个灵魂的高贵、美好、神圣会受到危险的检验，即在这样的时候：某种东西从旁经过，这东西上流一等，却尚无权威的震慑力能使它避免强行触摸和笨拙举动，这东西未露头角、未被发现，带着试探，也许有意遮掩和伪装起来了，宛如一块活的试金石在走自己的路。那些以探究灵魂为己任并为此不断努力的人，恰恰会以若干形式运用这种艺术来确定一个灵魂最后的价值，也即它天生所属的不可逆转的等级：它会检验这个灵魂敬畏的本能。差异促成仇恨②。当神圣的器皿，密匣里的稀世珍宝，写有大命运符码的书赫然眼前时，某些本性的卑劣就会像污水一样突然间喷溅出来；但另一方面也可能会不自觉地陷入沉默，目光开始迟疑，全部手势戛然而止，这表明一个[218]灵魂感觉到最值得尊敬的东西近在咫尺。欧洲总体上至今保持着对圣经的敬畏，赖以做到这点的方式也许是习俗栽培和习俗改良的最佳作品，欧洲要把它归功于基督教：要保护有如此深度和终极意义的经书，必须要有一种外来的权威专制，从而赢得数千年的持续时间段，否

---

① ［KSA版注］此后删去了：（无论叔本华会说什么，他在这类事情上并不在行）Dm
② ［Pütz版注］差异促成仇恨：Différence engendre haine（法语）。

则就无法穷尽这些经书的道理。倘若终于在大众那里(在各种各样缺心眼和直肠子的人那里)培植起了这样一种情感,即不能什么都碰,在某些神圣体验之前必须脱掉鞋子和收起脏手,那么这已经是出色的成就了,这几乎是大众在人性化过程中获得的最大提升了。相反,所谓学者和"现代理念"信徒身上最让人恶心的,莫过于他们的寡廉鲜耻,他们随便和放肆地抬眼动手,抚摸、舔舐、触碰一切;有可能,在今天的民众中,在下层大众中,尤其是在农民中,还是能找到相对高贵的品味和敬畏的礼节,胜过那些断文识字会读报的半吊子精英和学者。

264

一个人的心灵上无法抹去他的先辈最爱做和最常做的事情:无论他们是勤俭节约的人,在书桌或钱箱旁终日辛劳,其欲望有限,如同市民,其美德也是如此;或者他们习惯于从早到晚发号施令,酷爱粗俗的消遣,也许还喜欢更粗俗的义务和责任;或者他们最终还是放弃了与出身和财产相关的古老特权,完全为[219]他们的信仰——他们的"神"——而生活,他们有一颗顽强而敏感的良心,任何调和妥协都会使之泛起红晕。一个人身上不可能没有继承父母和祖先的性格及偏好,即使乍一看并非如此。这是种族的问题。假定对父母有所了解,那就能推导出其子女的情况:某种违禁的不节制,某种小肚鸡肠的嫉妒,某种笨拙的强词夺理——这三者组合起来,在任何时代都是群氓典型——,这一品质必定会传给孩子,就像败坏的血那样;即使借助最好的教育和教养,充其量也只能掩盖这种遗传事实。——今天的教育和教养,其目的不就是造成这样的假象吗! 在我们这个极为大众化的,可谓群氓的时代里,"教育"和"教养"在本质上必定是一种欺骗的艺术,——使出身,使肉体和灵魂中遗传下来的群氓基因得以蒙混过关。一个教育者,在今天首先要宣传真诚,要向培养对象不停地呼吁"你们要为人真诚!你们要保持天性!是怎么样就怎么样!"——即便是这么个规矩正直的蠢驴,过了一段时间也会学着操起贺拉斯的叉子驱逐天性:结果如何呢?"群氓"总是驱而不散,去而复归。①

265

冒着惹恼无辜听众的危险,我要说:自我中心主义属于高贵灵魂的本质;我指的是那种坚定不移的信仰,即其他本质必须自然而然地服从于"我们这样"的本质,而且必须为后者做出牺牲。高贵的灵魂全盘接受了其自我中心主义这一事实,他没有打上问号,也没有感觉到其中的生硬、强迫和[220]专横,而是认为这是一种基于万物原始律令的东西:——要找一个名称的话,他会说"这是公正本身"。在某些情况下,他先是犹豫不决,继而承认世上有人和自己权利平等;一旦他弄清了这个等级问题,他在与这些同样的、具有同样权利的人相处时,就会同样胸有成竹地表达羞愧和温柔的敬畏,犹如他与自己打交道时那样,——根据一种凡是星辰全都谙熟的与生俱来的天体机制。这种与同类——每颗星星都是这么一位自我中心主义者——交往时的微妙和克己,是其自我中心主义的又一种表现:高贵的灵魂在同类身上、在他赋予同类的权利中尊重自己,他毫不怀疑,荣誉与权利的交换作为所有交往的本质同样也属于万物的自然状态。高贵的灵魂既给予也索取,两者均是

---

① [Pütz 版注]贺拉斯的叉子……驱逐天性……去而复归:furca ... naturam expellere ... usque recurret(拉丁文)。贺拉斯(Quintus Horatius Flaccus,前68—前8),古罗马著名作家,《诗艺》、《歌集》为其首要之作。"'群氓'总是驱而不散,去而复归"一语影射贺拉斯《书札》I 10, 24;naturam expellas furca, tamen usque recurret [尽管你用干草叉驱逐天性,但天性总是去而复归]。
[KSA 版注]原为:这却是现代教育的公式 Dm

出自其灵魂深处那狂热而敏感的报答本能。"恩典"这个概念在等级相同的人之间①没有任何意义和香味;也许存在这样一种高招妙术,坦然接受来自上方的馈赠,似乎在渴饮滴落的雨露;然而对这种艺术和姿态,高贵的灵魂却并不擅长:他的自我中心主义在这儿妨碍了他:他根本不愿意向"上"仰望——而是要么平视,缓慢地扫视前方,要么往下俯瞰:——他知道自己位于高处。——

266

"只有不去寻找自我,才能获得真诚的尊重。"——歌德致拉特·史洛瑟。②

267

中国人有句俗话,母亲甚至会[221]教给自己的孩子:小——心,"把你的心变小!"这是后来各种文明的基本趋势:我毫不怀疑,古希腊人首先会发现如今我们欧洲人在使自己变小,——仅此一点,我们就让他们"倒胃口"。

268

究竟什么是共同性呢?——词语是概念的音标;概念却是或多或少明确的图标,用来表达经常反复出现的和同时出现的感受,即感受组,感受的集合。要彼此理解,只是使用同样的词语是不够的;还必须使用同样的词语来表达同一种内在经历,归根结底必须

---

① [Pütz版注]在等级相同的人之间:inter pares(拉丁文),常见于 primus inter pares[等级相同者中的佼佼者]之中。
② [Pütz版注]'只有不去……'——歌德致拉特·史洛瑟:出处不详。

拥有共同的体验。因此,同一民族的人比起不同民族的人更容易互相理解,即便后者用的是同一种语言;或者更确切地说,人们在相似的条件(气候、土地、危险、欲求和工作)下长期共同生活后,就产生了某种"自我理解"的东西,也即一个民族。在所有灵魂中都有同等数量的经常反复出现的经历,相比那些较少出现的占了上风;基于这些经历,人们迅速地并越来越迅速地相互理解——语言的历史是一种缩写的进程史——;通过这种迅速的理解,人们紧密地并越来越紧密地相互联系。危险越大,迅速而顺利地就紧急事务达成一致的需求也就越大;在危急关头彼此无误会,这是交往中不可或缺的。在任何一种友谊和爱情中,人们都会进行这一试验:一旦发现,[222]两人中有一人在说同样的话时与另一人感觉不同,意见有异,预感、愿望和恐惧都不一致,那么任何友谊和爱情都难以持续了。(对"永久的误会"的恐惧:这是一位经常阻止异性依自己情意草率结合的好心守护神,——不是某种叔本华式的"类的守护神"①——!)在一个灵魂中,哪组感受最快觉醒,抢先发言,发号施令,这决定了各组感受在整个价值体系中的排序,并最终确定了其愿望的清单。一个人的价值观流露出其灵魂的构造以及对自身的生活条件和真正需求的看法。② 现在假定,需求历来只是拉近了能以相似符号表达相似需求和相似经历的那些人之间的距离,那么从总体上看就能得出这样的结论:在需求问题上的易沟通性,归根结底即对仅是平常和共同的经历的体验,在迄今为止掌控人类的一切力量中,必定是最强大的③。无论过去还是现

---

① [Pütz 版注]叔本华式的"类的守护神":叔本华在《作为意志和表象的世界》的《性爱形而上学》一章中描述了所有导致性交的求爱形式,这是物种生产尽可能纯种的个体的一种策略。人类所有的性爱之争,两个年轻人的性交的偶然性、考虑因素、不可预见性不是别的,正是"类的守护神的沉思,涉及他们所生的个体以及个体的特点组合"(《作为意志和表象的世界》II,4.,44)。
② [KSA 版注] 此后删去了:作为生命的条件和基础的危难,每次 Dm
③ [KSA 版注] 原为:有一种遴选和培育的力量 Dm

在,较为相似、较为普通的人始终处于优势,而百里挑一者,相对高贵、罕见和深奥者,则往往形单影只,在孤立状态中命运多舛,难以繁衍生息。务必唤醒巨大的反抗力,与这种自然的趋同进程①,与这种使人人变得相似、普通、平庸、随波逐流——变得具备共同性②!——的进程针锋相对。

269

一个心理学家——天生的、无可避免的心理学家和灵魂破译者——越是关注那些相对杰出的例证和人物,他因同情而窒息的危险也就越大:[223]他必须比其他任何人更加坚强和欢快。因为高等人及其异常的灵魂走向堕落和毁灭乃是规律,而始终目睹这样一条规律是可怕的事情。心理学家发现这种毁灭,发现高等人完全"无可救药"的内在状态,发现在任何意义上都是"为时已晚!",起先只是偶尔一次,后来几乎周而复始,贯穿历史始终——发现了这一切的心理学家经历了多重折磨,也许有朝一日会导致他愤而反抗自己的命运,去尝试自我毁灭——自我"堕落"。几乎从每个心理学家身上都可以观察到与安分守己的普通人交往的偏好和兴致,而这些偏好和兴致透露出,他一直需要治疗,需要一种逃避和忘却,需要摆脱他的见识和敏锐、他的"手艺"使他良心不安的东西。对于记忆的恐惧是他所独有的。他面对别人的论断往往陷入沉默:他面无表情地倾听着那些敬仰、赞赏、爱慕、美化之辞,尽管他已目睹真相,——或者他对某种浅薄的观点深表赞同,以此来掩饰自己的沉默。也许,他的这种自相矛盾的处境到了如此可怕的地步,以至于大众、学者和狂热吹捧者恰恰是在他学会大

---

① [Pütz版注]趋同进程: progressus in simile(拉丁文)。
② [译注]德语中 gemein 一词有"普通的"、"共同的"、"卑贱的"等义。

第九章　何为高贵？

轻蔑与大悲悯的地方,学会了大敬仰,——敬仰"伟人"和奇人,正是由于他们的缘故,人们才祝福和尊重祖国、地球、人类尊严乃至自己,教导青年人以他们为榜样,以他们为榜样教导青年人……而谁又知道,迄今为止的重大事件是否在重蹈覆辙:大众拜倒在一个神的面前,——而这个"神"只不过是个可怜的祭祀品!成功向来是最大的撒谎者——[224]而"作品"本身即是一种成功;这位伟大的政治家,征服者和发现者披上了自己的创作这件外衣,变得无从相认;是"作品",是艺术家、哲人的作品捏造了其创造者或者据说是其创造者的人;受到尊崇的"伟人"只是后来杜撰的蹩脚玩意儿而已;历史价值的世界中充斥着造假币的行径。比如这些伟大的诗人,拜伦、缪塞①、爱伦·坡②、莱奥帕尔迪③、克莱斯特④、果戈理⑤(我不敢提更伟大的名字,但我指的就是他们),——他们实际上是、或许必定就是:转瞬即逝的人物,亢奋,感性,幼稚,轻率而唐突地怀疑和相信;其灵魂通常有某种裂口需要掩盖起来;往往

---

① [Pütz 版注] 缪塞：Alfred de Musset (1810-1857),法国浪漫派作家,其作品包括诗歌、叙事诗和戏剧。
② [Pütz 版注] 爱伦·坡：Edgar Allan Poe (1809-1849),美国作家,美国浪漫派最重要的代表。爱伦·坡的幻想和神秘倾向主要在其中篇小说和侦探小说中表现出来。后者是注重逻辑演绎的现代侦探小说的典范。
③ [Pütz 版注] 莱奥帕尔迪：Giacomo Leopardi (1798-1837),意大利浪漫派诗人。
④ [Pütz 版注] 克莱斯特：Heinrich von Kleist (1777-1811),德国戏剧家、小说家。他的小说(比如在《O 侯爵夫人》、《智利地震》、《圣多明各的婚约》、《弃婴》)和剧本(《彭特西丽亚》、《安菲特里翁》、《海尔布隆德的小卡特琳娜》、《弗里德里希·封·霍姆堡亲王》)表现出对人类认识可能性的怀疑,塑造的形象在无法确定、令人恐惧和矛盾的极端情景中陷入了导致身份丧失的冲突。也许正由于这种多元性,解构主义的阐释时常援引卡夫卡和克莱斯特,视之为"后现代"作家。
⑤ [Pütz 版注] 果戈理：Nikolaj Wassiljewitsch Gogol (1809-1852),来自乌克兰的俄罗斯作家,主要因其短篇小说(《狂人日记》1835、《鼻子》1836、《外套》1840)、喜剧(《钦差大臣》1842)和未完成长篇小说《死魂灵》而闻名。果戈理充满幽默地对现实的描述提升到幻想怪异的地步,从而揭露了实在和表象之间的矛盾,对社会弊端和人类恶行提出了控诉。
[KSA 版注] He 中的相关叙述：我不敢提那些更伟大的名字,但我指的就是他们

通过自己的作品,为内心的玷污进行报复;往往一飞冲天,追求忘却,摆脱过于忠实的记忆;往往误入泥潭并几近痴迷其中,直至与沼泽地四周的鬼火一般无二,却自诩是天上的星辰——然后大众就会称他们为理想主义者——;往往和挥之不去的厌恶情绪作斗争,和去而复返的怀疑幽灵作斗争,这种怀疑让他们变得冷漠,逼他们渴望荣耀,从那些沉醉的阿谀奉承者手心里舔食"自我信仰":——这些伟大的艺术家乃至高等人对于参透他们的人来说是多大的折磨啊!一点儿不难理解,他们恰恰是从女人——这些苦难世界的先见者,可惜也怀着自不量力的助人救世之心——那里容易感受到无边无际的、极富献身精神的同情心爆发,大众、尤其顶礼膜拜的大众不理解此类爆发,却好奇地抛出无数自鸣得意的诠释来。这种同情时常会错估自己的力量;女人想要相信,爱无所不能,——这是她们真正的迷信。啊,心灵的破译者知道,即使是最了不起、最深沉的爱也是多么可怜、无助、非分、错位,与其说是在拯救,毋宁说是在毁灭啊!——[225]有可能,隐藏在耶稣生平的神圣寓言和伪装外衣之下的,是一种最痛苦的有关爱的知识的殉道:最无辜和最渴求的心灵的殉道,这颗心从未因任何人性的爱而满足,这颗心除了爱与被爱别无它求,这颗心坚定地、疯狂地、以可怕的爆发反击着不给它爱的东西;这是一个在爱河中不得满足、永不满足的可怜人的故事,他必须要发明一间地狱,把那些不想爱他者全送进去,——他了解了人性之爱,最终必须发明一位上帝,作为全部爱的化身,全部爱的能力的化身,——他对人性之爱充满怜悯,因为人性之爱是那么可怜,那么无知!① 谁有了这样的感受,谁对爱有了如此的了解,——谁就会去寻求死亡。——可为什么要在这类痛苦的事情②上纠缠不休?假如不是非得这样

---

① [KSA 版注]全部爱的化身,他也懂得爱那个大地上无人爱的人 Dm
② [KSA 版注] 原为:可能性 Dm 尼采在 He 中鉴于《尼采反瓦格纳》(心理学家发言)(第6卷,434,24-25;435,11-12) 作了改动

的话。

270

每个深受痛苦的人——人能受苦的程度几乎决定了人的等级高低——,在精神上都颇为高傲,不无憎恶;他浸润于、笼罩在一种可怕的确定性之中,他明白自己由于受苦能比最聪明、最睿智的人知道得更多,对许多令人生畏的偏远领域①都有所涉猎,"如数家珍",而"你们对此一无所知!"——这种受苦者精神上静默的傲气,这种在知识上出类拔萃者的自豪,这种"得真传"、几乎被献祭的人身上透出的自豪把一切伪装视为必须,以便保护自己,避开那些执意要表示同情的手,避开所有未经历同样痛苦的人。深沉的苦难使人高贵,区分你我。最精致的伪装之一[226]就是伊壁鸠鲁主义,以及某种会拿出来炫耀的大胆品味,它面对苦难态度轻率,对一切悲伤深沉的东西都加以抵制。有一种"欢乐的人"利用欢乐,因为他们因欢乐而被人误解:——而他们想要被人误解。有一种"科学的人"利用科学,因为科学提供欢乐的表象,因为由科学性得出人是肤浅的结论:——而他们想要诱导一种错误的结论。有一些狂放不羁的人想要掩饰和否认他们崩溃、傲慢、无可救药的心灵②(哈姆雷特的玩世不恭——加里亚尼③的例子);有时愚蠢本身就是一种罩在不祥的、过于确切的知识之上的面具。——由此可知,"对面具"表示敬畏,避免在错误的地方利用心理学和好奇心,这属于更高贵的人性。

---

① [KSA版注]此前删去了:的、苦难的因而是生活的领域 Dm
② [KSA版注]He 中的相关叙述:(哈姆雷特的玩世不恭——加里亚尼的例子);参见《尼采反瓦格纳》(心理学家发言),第6卷,436,8)
③ [Pütz版注]加里亚尼:参见第二章26节注释"加里尼亚神父"。

271

两个人分道扬镳,是因为洁净意识和洁净程度各不相同。一味顺从、互相得益,这又有什么用?双方都有善良的愿望,这又有什么用?到末了还是无济于事——他们"闻到对方的味儿就受不了!"最高的洁净本能将带有这种本能的人置于一种最奇特和最危险的孤立状态之中,成为一个圣人:因为这就是神圣性——上述本能的最高精神境界。无论怎样在沐浴的幸福中感受到无以名状的充实,洋溢的激情和渴望促使灵魂不断地从黑夜走向黎明,摆脱沮丧和哀伤的"阴霾",驶向光明灿烂、深邃雅致的境界——:这样一种倾向是褒奖——这是一种高贵的倾向——,同时也是区分人与人的屏障。——圣人的同情是对人性、太人性的污秽①的怜悯。[227]而在某些等级和高度上,即便圣人也觉得同情乃是一种亵渎,一种污秽……

272

高贵的标志是,永远不想把我们的义务降格成为所有人的义务;不愿把自己的责任转交他人或与他人分担;把自己的特权和特权的行使纳入自己的义务。

---

① [Pütz 版注]人性、太人性的污秽:暗指尼采的早期著作《人性的,太人性的》。该书第 1 卷出版于 1878 年,1880 年,《漫游者和他的影子》作为《人性的,太人性的》的第 2 卷出版。这部著作以"一本献给自由精神的书"为副标题,批判了启蒙主义传统,同时又使它极端化了。《人性的,太人性的》旨在撼动西方的全部形而上学,揭示其生命意志的升华功能。通过从生理学角度将所有理想简约化的方法,尼采构建(重构)了形而上学的生命利益,尤其是道德哲学的生命利益,认为这些生命利益乃是愿望。从这点上看,形而上学是"人性的",甚至是"太人性的"。

273

一个追求伟大者,在自己前进的路上遇见任何人,都会将其视作手段,或视作累赘和障碍——或视作暂时的休憩之地。只有在达到顶峰、统领一切时,他才会对别人表现出自己特有的高尚的善良。他急不可耐,自知在成功前总会被嘲笑为一出喜剧——因为即使战争也是一场喜剧,如同任何手段一样掩盖着目的——,这会破坏他的任何交往:这种人了解孤独,知道孤独带有何等剧毒。

274

等待者的问题。——要靠些许运气,还要有多种难以预料的因素,一个高等人方能在适当时机唤起胸中沉睡的解决难题的方案,并付诸行动——也许可以说,开始"爆发"。这种情况通常不会发生,世界上各个角落里坐着多少等待者,他们不太清楚自己要等多久,更不知道他们等也白等。间或会响起唤醒他们的号角,会出现"准许"他们行动的偶然机会,但也为时已晚——[228]最美好的青春年华和采取行动的力量已在无声的静坐中耗尽了;正如某些人"一跃而起"惊恐地发现的那样,自己的肢体已然麻木,自己的精神已然迟钝!"太晚了"——他自言自语道,丧失了自信,觉得自己从此百无一用了。——在天才的国度里,在最广义上理解的"无手拉斐尔"①也许不是例外,而是常态?——天才也许并

---

① [Pütz 版注]无手拉斐尔:拉斐尔原名 Rafaello Santi(1483-1520),意大利文艺复兴时期的画家和建筑师,1504 年起在佛罗伦萨生活和工作,1508 年起在罗马生活和工作,1515 年起在罗马拥有一个庞大工场,是圣彼得大教堂的首位建筑师,负责保护希腊罗马文物古迹。尤其是他的画作成为了古典艺术楷模:《雅典学院》(1501-11)、《西斯廷圣母》(1514)、《教皇利奥十世与二主教像》(约　　(转下页)

非如此罕见,但罕见的是那五百只手,天才需要五百只手来对καιρός,对"适当时机"——施暴,来抓住偶然机会!

275①

想要对一个人的高尚之处视而不见,就会对这个人的卑贱之处和浅薄之处明察秋毫——这样自己也就暴露无遗了。

276

经历各种伤害和损失时,低贱粗俗的灵魂要比高贵的灵魂日子好过:后者的危险必定更加严重,尽管他们的生活条件多种多样,他们遭遇不幸和走向毁灭的几率大得惊人。壁虎断肢之后可以再长出来:人却不能如此失而复得。

277②

——糟糕透了! 又是老掉牙的那一套! 盖完自家的房子之后,发现不经意间学到的一点东西,其实是——[229]在动工之前就必须知道的。一句永久的哀叹"太晚了!"——大凡木已成舟者,总免不了这样的抑郁!

(接上页注①)1518)。"无手拉斐尔"的说法直接来自莱辛(参见第二章28节注释"莱辛")的剧作《艾米莉雅·迦洛蒂》,该剧第1幕第4场有一段关于绘画的谈话,画家孔蒂向赫托勒公爵发问:"公爵,难道您认为,假如拉斐尔出生时不幸没有双手,他就不是最伟大的画坛天才了?"

① [KSA版注]参见《扎拉图斯特拉如是说》II,论高尚者;第10卷1[92];3[1]4;12[1]120
② [KSA版注]Vs(M III4):盖完房子之后,一般都学到了一点东西,而这东西是在动工之前就该知道的。

278①

——漫游者啊,你是谁?我看到你走着自己的路,没有嘲讽,没有爱,带着深不可测的双眸;湿润而忧伤,犹如垂直的铅锤,不知疲倦地从深处冒上来,迎接阳光——它在那下面找什么呢?——不知叹息的胸脯,隐藏着厌恶的双唇,还有那只缓慢摸索的手:你是谁?你在干什么?在此休息吧:这地方对任何人都热情款待,——休息吧!不管你是谁:现在什么会让你开心?什么能使你得以休息?但说不妨:只要我有,都会给你!——"得以休息?得以休息?啊,你这好奇的家伙,你在说什么呀!不过请给我吧——"给你什么?给你什么?说出来啊!——"再给我一副面具吧!第二副面具!"

279②

深陷于悲伤的人,会在高兴的时候暴露自己:他们把握幸福的方式,就如同出于妒忌要掐住幸福,使其窒息,——是啊,幸福会从他们手中溜走,他们对此太清楚不过了!

---

① [KSA 版注]Vs(N VII 2)初稿:没有嘲讽,没有爱,但作为诱惑者和心理专家走着自己的路,带着沉默的问题,向所有值得疑问者发问,带着缓慢的视线,注目于被赞赏的一切,带着垂直的铅锤,它不知疲倦地从所有深处重新冒上来,迎接阳光□□□漫游者啊,你是谁?我看到你走着自己的路,没有嘲讽,没有爱,尝试着诱惑。你深不可测地注视,你一言不发地提问:□□□我不知道。或许奥狄浦斯。或许斯芬克斯。让我走吧。

② [KSA 版注]Vs(N VII 2):以拥抱抓住幸福,掐死它,勒死它,使其窒息:这类经历的忧郁——不然幸福就会飞走,就会溜之大吉?

280

"坏了！坏了！怎么？他不——回来了？"——是的！但你们对此抱怨,就说明对他太不了解。他会回来的,就像每个想要大步跃进的人那样。——

281

[230]"人们会相信我吗？——但我要求别人相信我:我一直以来总是不满地想着自我和关于自我的事,只有在极少情况下,只有在迫不得已时,而且始终没有"言归正传"的兴趣,才准备离开"自我",始终不相信结果,因为忍不住要对认识自我的可能性表示怀疑。这种怀疑导致我觉得甚至理论家们提出的"直接认识"概念也体现出一种"修饰悖论"①:——这一全部事实,几乎是我对自己最有把握的认识。我内心必定有种反感,不愿相信自己身上任何确定无疑的东西。——或许这里隐藏着一个难解开的谜团？很有可能;不过值得庆幸的是,这无需我的牙齿去对付。——或许这就暴露了我所属的物种？——但这暴露不是对我而言的,就像我极为期待的那样。——"

282

"你遇到什么了？"——"我不知道",他犹豫地说道;"也许是

---

① [Pütz版注]修饰悖论:contradictio in adjecto,参见第一章16节注释"修饰悖论"。

些哈耳庇埃①从我餐桌上方飞过。"——如今时而会出现这样的情况,一个温和、有节制、谦恭内敛的人突然间暴跳如雷,摔盘子、掀桌子、大喊大叫、肆意谩骂,激起了众怒——到头来靠边站去,自感羞愧、懊恼不已,——上哪儿去?为了什么?为了到边上去挨饿?为了在回忆中窒息而死?——谁要是怀着一个高尚而挑剔的灵魂的各种欲求,却很少发现饭菜已然上桌,静候自己享用,谁就面临着在任何时代都是巨大的危险:今天这种危险尤其非同寻常。置身于这个喧嚣的群氓时代,他又不愿意和众人从同一个碗里吃饭,这样就很容易饿死、渴死,或者——如果他最后还是"动手去吃"了——会突然感到反胃,恶心死了。——我们或许大都有过[231]坐在不适合、不属于我们的饭桌上吃饭的经历;正是我们中最有头脑的人在饮食方面最难伺候,他们知道那种危险的消化不良,即对自己的饭菜和邻座突然了解、从而失望之后的餐后反胃②。

283③

这是一种既精致又高贵的自我克制:如果人们真的想要赞美的话,也只是赞美彼此不一致的地方;——不然的话就是在自我表扬,而自我表扬意味着品味低下,——当然,这种自我克制为持续地被误解提供了不错的理由和动机。为了使自己获得这种真正高尚的品位和道德,人们大可不必和精神迟钝者生活在一起,而是只

---

① [Pütz版注]哈耳庇埃:Harpyien(希腊文),古希腊神话中的恶魔,丑陋的鸟身女妖。在阿耳戈英雄传说中,她们抢走年迈的先知菲纽斯的部分食物,并将剩下的部分弄脏。
② [Pütz版注]餐后反胃:dyspepsia(希腊文)。
③ [KSA版注]Vs(N VII 2):一种不错的理由和动机,以便被人误解:我习惯了只在我的看法与人不一致的时候进行赞美。不然的话——我觉得——就是在自我表扬:某种东西,多么公平啊,只能在 □□□

要与这样的人为伍；他们的误会和错误也颇为精致，引人捧腹开怀，——否则，人们必定为之付出惨痛代价！——"他夸了我：也就是说他认为我是对的"——这种蠢驴般的推论，毁掉了我们这些隐居者一半的生活，因为它把蠢驴带进了我们的邻里友人中间。

284①

带着一种傲气凛然的平和心态生活；总是在彼岸——。情感或收或放，爱憎或显或隐，随心所欲；屈尊数小时，与情感为伍；置身其上，犹如骑马，常常也像骑驴：——人必须要懂得利用情感的愚蠢和情感的烈火。保留自己的三百副面具皮囊，还要保留有那副墨镜：因为有时候我们不允许别人直视我们的双眸，更不用说窥探我们内在的"动机"。选择调皮、欢乐的恶习——"礼貌"——作为社交伙伴。[232]坚持做自己四种美德的主人②：勇气、洞见、同情、孤独。因为孤独在我们这儿是一种美德，它高雅地拥戴纯洁，追求纯洁，③这也就显露出在人与人的交往中——"在社交中"——是多么不纯净而又无可避免。任何团体都会在某时某地以某种方式使人变得"庸常"。

---

① [KSA 版注]Vs（N VII 2）：带着一种傲气凛然的平和心态生活；情感随心所欲，在正确的时间，有用的面具皮囊，还有墨镜，以免别人看到我们的眼睛
② [Pütz 版注]自己四种美德的主人：列出美德目录的传统始于古典时期；柏拉图（参见序言注释"柏拉图主义"）就在其《王制》中列出了四项主要的美德：公正、智慧、适度、勇敢；其他美德均由于此。按照《哥林多前书》13 章 13 节，基督教的主要美德是信心、盼望、爱。尼采自己的美德目录由勇气、洞见、同情、孤独组成，更多地是依据古典传统，但也以独特方式有所变动。
③ [KSA 版注] 原为：是一种高雅的贞洁 Dm

285

最伟大的事件和思想——不过最伟大的思想就是最伟大的①事件——,最晚被人理解:那些与之同时代者未能亲身体验这些事件,——而是与这些事件插肩而过。这一切犹如发生在星辰的王国。最遥远的星辰射出的光芒,最晚被人察觉;在此之前,人就矢口否认它们的存在。"一种精神需要多少时间才能被人理解?"——这也是一种尺度,人们以此确立必不可少的等级和规格,无论对精神还是星辰都是必不可少的。——

286

"在这里前景无限,精神昂扬"②——但也有一种相反的人,他们身处高处,同样一览无余——然而目光向下。

287

——什么是高贵?今天"高贵"一词对我们还有什么意义?群氓统治③已然发端,抬眼望去乌云密布,天幕上的一切都无法穿透、重如铅块,从哪里显露出,从哪儿辨认出高贵的 [233] 人呢?——行动不能证明他的本质——行动总是多解的,总是高深

---

① [KSA 版注] 原为:不过思想就是 Dm
② [Pütz 版注] 在这里前景无限,精神昂扬:尼采在此引用歌德《浮士德》(第 2 部,第 5 幕,第 6 场"山峡、森林、岩石、荒凉之地",11989 行起)中崇拜玛利亚的博士说的话,当时升天童子正在迎接浮士德的不死灵魂。
③ [Pütz 版注]——什么是高贵?……群氓统治:尼采将会在《道德的谱系》中从高贵者、思想高尚者和强者创造价值和设立尺度的立场推导道德标准的来源。生命的富足和强大表现在对地位等级的本能上,导致上下、高低和贵贱之分。

莫测的——；那些"作品"同样不能。在今天的艺术家和学者中，有足够多的人通过作品透露出自己内心深处对高贵的渴望：但正是这种对高贵的需求完全不同于高贵的灵魂自身的需求，它简直是最有力地说明了和最危险地标志着高贵的缺席。在此起决定性作用并确立等级秩序的，不是作品，而是信仰，捡起一句宗教的老话并在全新和更深的意义上理解：是高贵的灵魂对自身的一种基本把握，是一种无处可寻、无处可得、或许也无从丢失的东西。——高贵的灵魂对自身的敬畏。——

288

有一些人无可避免地富于精神，无论他们如何扭转身和躲闪，如何用手遮住那双会泄密的眼睛（好像手不会泄密一样！——）：最终总会暴露出来：他们拥有一种刻意隐藏的东西，也即精神。为了至少能骗多久就骗多久，成功地装傻——这在日常生活中总是像把雨伞那样受青睐——，最佳方法之一就是热情，再加上属于热情的东西，比如美德。因为正如加里亚尼所说的那样，他也必定知道这一点——：美德即热情①。

289②

从隐居者的文字中，总能听出一丝[234]荒野上的回响，听出

---

① [Pütz版注]美德即热情：vertu est enthousiasme（法语）。这句话原来是 En effet la vertu est un enthousiasme [美德确实是热情]，出自加里亚尼1777年4月26日致德毕内夫人（Madame d'Épinay）的信，见 L'Abbé Ferdinand Galiani: Correspondance avec Madame d'Épinay (und anderen). Nouvelle Édition, herausgegeben von Lucien Perey et Gaston Maugras, Paris 1881, 卷2, 信函号 CLXXIII, 页 504.
② [KSA版注]Vs（N VII 2）：人们怎么可以相信，曾有一位哲人在其著作表达过自己真正的观点？我们写书的目的不正是为了掩饰心灵深处的东西么？

孤独在喃喃细语,在羞怯地四下张望;即便他最强硬的话语,他的呐喊,也还传递出一种新的、更危险的沉默和隐瞒。谁日复一日、年复一年与自己的灵魂亲密拌嘴,促膝交谈;谁在自己的洞穴里——可以是个谜宫,也可以是个金矿——成了洞熊、蛟龙、掘宝人或守财奴;谁的概念本身就会最终带上一种特有的明暗参半的色彩,透着一种深沉和霉烂的味道,既不可言传又勉为其难,使过路人不禁背脊冰凉。隐居者不相信会有哲人——假定哲人一开始总是隐居者——在其著作中表达自己真正的、最终的观点;难道写书的目的不正是为了掩饰心灵深处的东西么?——是的,他会怀疑,哲人到底能否拥有"最终的和真正的"见解,在哲人那里是否是以及是否一定是山外有山、洞后有洞——在表面之上的一个更博大、更陌生、更丰富的世界,在任何原因、任何"根据"之下的深渊。任何哲学都是表面哲学——隐居者如此判断:"他在此停下脚步,回头张望,环顾四周,这有些随意;他在此不再深挖下去,铁锹搁在一边①,这有些随意;——不过,这一切也有些可疑。"任何哲学中都掩盖着一种哲学;每一种观点都是藏身之处,每一句话都是一副面具。

290

任何有深度的思想者,都是害怕被理解甚于害怕被误解。被误解,受苦的是他的虚荣心;被理解,患难的却是他的同情心——同情心[235]总是在说:"哎,为什么你们想和我一样日子难过呢?"

---

① [KSA 版注] 原为:我在此停下脚步,环顾四周;我在此不再深挖下去,铁锹搁在一边 Dm

291

人是一种欺骗、虚伪、难以捉摸的复杂动物,人让别的动物望而生畏,与其说这是因为蛮力,不如说是因为计谋和智慧。人发明了良心,为的是把自己的灵魂当做简单的东西来享受;全部道德是一种肆无忌惮的长期造假,唯有如此,注视灵魂时才有享受的感觉。从这一观点来看,可能与人们一般认为的不同,有更多的东西属于"艺术"范畴。

292

哲人是这样的一个人:他不断地经历、目睹、耳闻、猜疑、期待、梦见非同寻常的东西;他被自己的思想击中,似乎这是从外、从上、从下而来,似乎被他特有的那种事件和闪电击中一样;也许他自身是一场暴风雨,孕育着新的闪电;是一个不祥者,在他周围总是雷声轰隆,霹雳骇人。哲人,哎,这家伙总是逃离自我,总是畏惧自我——但是又过于好奇,所以一再"回归自我"。

293

一个说"我喜欢这个,要占为己有,要保护它不受任何人侵犯"的男人,一个能经营事业、实施决定、坚持思想、守住女人、惩罚并打倒冒失鬼的男人,一个血气方刚、手持利剑、老弱病残[236]乃至飞禽走兽都来投奔并生来就归他的男人,总而言之,一个生来就是主宰者的男人,——如果这样一个男人有同情心,那么这种同情是有价值的。但那些自己在受苦的人的同情有什么用呢!或者那些宣扬同情的人!今天在欧洲,到处都有一种对痛苦的病态敏感和过激情绪,一种令人反感的毫无节制的唠叨抱怨,一种想借助宗教和哲学垃圾涂脂抹粉攀高枝的阴柔之气,——有一种不折不扣的苦难崇拜。在这些幻想家的圈子里被称为"同情"的东西毫无阳刚之气,我觉得这点总是最先跃入眼帘。——人们必须有力地、彻底地杜绝这种最新款式的低级趣味,最后我也希望人们能把"快乐的知识"这道灵验的护身符挂在胸前和脖子上——用德国人能明白的话来说就是:"快乐的科学"。①

294②

奥林匹克的恶习③。——有位哲人,是纯正的英国人,他试图在众多思考的头脑面前对笑进行恶意诽谤——"笑是人性的顽疾,是每个思考的头脑应竭力克服的顽疾"(霍布斯)④——,尽管如此,我却要斗胆为哲人们排个序,依据是他们笑的等级——一直排到那些能金子般开怀大笑的人。假如众神也搞哲学的话,有些推论已促使我产生了这样的想法——,那么我毫不怀疑,他们也懂得用一种超越凡人的全新方式去大笑——以所有正经事儿为代价!众神好开玩笑,看来他们甚至在做神圣的事情时也无法止住笑口。

---

① [Pütz版注]"快乐的知识"……"快乐的科学":暗指尼采1882年出版的《快乐的科学》(另参见本章260节注释"快乐知识")。
② [KSA版注]Rs(WⅠ8)初稿:有那么多笑的方式;这一切都奉献给了那些金子般开怀大笑的人
③ [Pütz版注]奥林匹克的恶习:暗指希腊众神响彻云霄的"奥林匹克的笑声"。荷马(参见第七章224节注释"荷马")曾提及"极乐众神令人难以忘怀的笑声"(《伊利亚特》Ⅰ,599 和《奥德赛》Ⅷ,326)
④ [Pütz版注]笑是……应竭力克服的顽疾(霍布斯):出处不详。

295

[237]心灵的天才,就如那位大隐者拥有的那样,那位善于诱惑的上帝,那位天生的良心猎手,他的声音会深入每个心灵的地狱,每句话里都有诱惑的思虑,每一瞥中都有诱惑的留痕,最绝的是,他懂得如何显像——显示的不是他自己,而是对追随者的额外压力,迫使他们步步向其靠拢,越来越心悦诚服、不打折扣地紧随其后:——心灵的天才,它教导所有大声喧哗和自鸣得意的人安静下来,侧耳细听,它磨平了粗糙的心灵,使其体验一种新的需求,——静静地躺下,如同一面明镜,反射出深邃的天空——;心灵的天才,它教导双手笨拙、惊慌失措的人在取物时要从容不迫,姿态优雅;它发掘深藏不露、已然被人遗忘的宝物,宣布厚厚的、污浊的冰层下是善良的滴泉和精神的甘露,它是一支探矿杖,能让长期埋没在无数烂泥黄沙里的每一粒金子脱离土牢,重见天日;心灵的天才,它抚摸过的每个人都会变得充实富有,没有蒙恩,没有受惊,没有像获得外人财物时的那种幸福感和压抑感,而是自身变得更加充实了,比起以前来焕然一新了,在春风的吹拂和倾听下绽开了,也许变得不那么自信,变得柔软、脆弱、破碎了,但却充满了暂且无名的希望,充满了新的意志和涌流,充满了不满和逆流——但是,朋友们,我在做什么呢?我在对你们谈论谁呢?难道我忘乎所以了,竟然没在你们面前提及他的名字?若非你们自己已经猜到了,谁是这个值得怀疑的、却要受到如此赞扬的精神和神灵。就如一个从小浪迹天涯、流落异乡的人所经历的那样,我也邂逅了几位不无危险的奇人,[238]但主要是我刚才谈到的那位,他不是别人,正是狄俄尼索斯①,那位模棱两可、

---

① [Pütz 版注]狄俄尼索斯:参见第一章 7 节注释"Dionysiokolakes……谄媚者"。对尼采来说,狄俄尼索斯和阿波罗共同组成了一种复杂的象征,代表艺术以及存在的整体性,体现了他 1872 年《悲剧出于音乐精神的诞生》这部早期著作的核心思想。

长于诱惑的神。正如你们所知,我曾以最隐蔽的方式,带着最深沉的敬畏,将我的处女作①献给了他——(我觉得我是最后一个向他供奉祭品的人:因为我还没有发现有谁理解了我当时的举动)。在之后一段时间里,我对关于此神的哲学又有了许多、太多的了解②,就如俗话所说的口口相传,——我,作为狄俄尼索斯神的关门弟子,也许总算可以给你们,朋友们,如果允许我这样做的话,介绍一下这种哲学了?我压低嗓音,这也是应该的:因为这涉及到一些隐秘的、全新的、陌生的、神奇的、惊人的的东西。狄俄尼索斯是个哲人,众神也搞哲学,这对我来说是件新鲜事,不能说不棘手,可能恰恰会在哲人中间引起怀疑,——在你们当中,朋友们,也许反对这件新鲜事的人会少一些,除非它来得太晚了,错过了适当时机:因为我听说,如今你们不怎么愿意相信上帝和众神。也许我不得不在直言方面走得更远,让一贯苛刻的你们听来觉得有点儿逆耳?当然上述提及的那位神在此类谈话中走得更远,远得多,总是赶在我前面,遥遥领先……是的,若蒙准许,我本想按照人类的习俗给他起几个动听、喜庆、歌功颂德的别名,好好地赞美他作为研究者和发现者的勇气,赞美他大无畏的正直和真诚以及对智慧的热爱。但是面对此类令人敬畏的虚衔和美名,这样的一位神肯定会不知所措。他会说:"这些还是留给你和你的同类,留给其他有此需求的人吧!至于我——我没有理由要这样遮羞!"[239]——人们会猜想:这类神和哲人也许不知羞耻?——他曾这样说:"有时候我喜欢人",开

---

① [Pütz版注]处女作:比如1872年《悲剧的诞生》。尼采在该书中认为,阿波罗精神和狄俄尼索斯精神除了是艺术原则之外,也是自然原则。
② [KSA版注]了解[——而且就如俗话所说的口口相传——:]或许我会有这么一天,极其安宁,充满海尔赛妮的幸福,[我][听到的]我知道的一切都必定从嘴里满溢出来——[总之],朋友们,我会给你们讲狄〈俄尼索斯〉的哲〈学〉Rs(W I 5)

始影射在场的阿里阿德涅①:"——人对我来说是个可爱、勇敢、会创造发明的动物,堪称举世无双,在任何迷宫中都能如鱼得水。我对他不错:我一直在想,怎么才能使他继续进步,使他变得比现在更强大、更凶恶、更深沉。"——"更强大、更凶恶、更深沉?"我吃惊地问道。"对",他再次重申,"更强大、更凶恶、更深沉;也更美丽"——说到这里,这位诱惑之神露出海尔赛妮般②的微笑,似乎他刚才是说了句动听的恭维话。由此我们立即看出:这个神不仅不知羞耻——;我们还有充分理由认为,在某些方面,众神都应该向我们求教。我们人类更——有人性……

296③

啊,你们究竟是什么,你们这些由我描述、状写的思想!不久之前,你们还是那么色彩斑斓、青春勃发、心怀恶意,长满了刺,到

---

① [Pütz版注]阿里阿德涅:古希腊神话中克里特国王米诺斯和帕西法厄的女儿,她用"阿里阿德涅的线"把忒修斯从米诺陶洛斯的迷宫里救了出来。忒修斯说自己要娶她作为感谢,却在返回雅典的途中将她遗弃在那克索斯岛。狄俄尼索斯救出了伤心的阿里阿德涅,并娶她为妻。一种说法是,狄俄尼索斯在忒修斯继续扬帆远航之前带走了阿里阿德涅,而根据另一种说法,阿蒂米斯将她杀死在岛上,因为狄俄尼索斯控告她犯下了罪孽。这些神话传说成了尼采诗集《狄俄尼索斯颂歌》中《阿里阿德涅的控诉》的素材。阿里阿德涅这一形象在尼采著作中常被提及,但意义不明,学界对此众说纷纭。有些学者推测,阿里阿德涅是尼采极为崇拜的柯西玛·瓦格纳(Cosima Wagner, 1837-1930)的假名。尼采在1889年曾在给她的信中写道:"阿里阿德涅,我爱你。"
② [Pütz版注]海尔赛妮般:参见第七章224节注释"海尔塞尼般自足"。
③ [KSA版注]Rs(W I 8, 209)中的标题:中国智慧。一点[坏]思想(W I 8, 210)前言与自白
Vs(N VII 2):我知之甚多、知之甚早的东西,完全是大势已去的暴风雨,变得枯萎和发臭的情感:——思想(——蝴蝶,壁虎),我猛扎它,因为它不太扎我,不太折磨我了;想要成为"真理"的东西,我的意思是,它不死,同时又无聊得要死 □□□还是奇特和色彩斑斓的东西,开始变得了无新意□□□在死者的大地上,小小的花圈、石块、丘陵,纯粹死寂的让人回忆起曾经活着的

处隐藏着香料,让我直打喷嚏,放声大笑——可是,现在呢?你们已经变得了无新意,你们中有些恐怕已成了真理:它们看上去那么长生不老,那么正直,正直得让人心碎,那么无聊!而从前不是这样吗?我们写下或画下些什么呢,我们这些握毛笔、说中文的满清官吏①,凡是让人写下的,我们都会使其不朽。单靠我们自己,又能画下些什么来呢?唉,始终只有即将凋零、开始发臭的东西!唉,始终只有大势已去的暴风雨和明日黄花的感伤!唉,始终只有精疲力竭、飞错方向[240]而落入人手——我们之手的鸟儿!我们只能使那些活不久、飞不动、疲惫不堪的东西不朽!只有你们的下午,你们这些我写下和画出的思想,只有为你们,我才有色彩,也许有很多色彩,丰富多彩的柔色,五十种黄、棕、绿、红:——但是,没人能猜出你们在清晨时的模样,从我的寂寞中突然擦出的火花和出现的奇观②;你们,我亲爱的、又老又——坏的思想!③

---

① [Pütz 版注]我们这些握毛笔、说中文的满清官吏:尼采"中国"成见(参见第六章210节注释"柯尼斯堡的那个伟大的中国人")的另一种变体。"握毛笔……满清官吏"系指所谓平庸无奇的、囿于陈规的芸芸众生。
② [KSA 版注] 原为:那时我第一次构想和体验了你们 Rs(W I 8)
③ [KSA 版注] 你们,我创造和体验的思想 Rs(W I 8)

高山之歌[1]·终曲

[241]哦,生命的晌午!欢庆的时光!
　　哦,夏日的花园!
伫立、窥探、期待中那悸动的幸福:——
我昼夜盼望朋友的到来,望眼欲穿,
你们在哪儿,朋友?快来吧!是时候了!是时候了!

岂非为了你们,冰川灰白的面容,
　　今日戴上了玫瑰的花环?
溪流寻找着你们,碧空中风起云涌
怀着热望争相腾飞,直入九霄,

---

[1] [Pütz版注]高山之歌:围绕《扎拉图斯特拉如是说》的隐喻群。《扎拉图斯特拉如是说》前言中说,扎拉图斯特拉三十岁时上山,十年后才下山。与这一景象相联系的是开阔的事业,自己选择的孤独,以及与追求平等的伦理针锋相对的"保持距离的激情"(参见第九章257节注释"保持距离的激情")。
[KSA版注]作于1884年秋,题为《隐居者的向往》。1884年11月底寄给海因里希·封·施泰因(Heinrich von Stein),纪念施泰因1884年8月26-28日拜访尼采的西尔斯-玛丽亚之行。参见《尼采年谱》(Chronik)。诗最后两节是尼采后来(1886年春)补上的。源自初稿的变体标为ES(=Einsiedlers Sehnsucht,《隐居者的向往》).参见第11卷,28[26.31]。另参见Karl Pestalozzi在Die Entstehung des lyrischen Ich(柏林1970版,198-246页)中的阐释。

从最远处俯瞰,眺望着你们的到来。

凌空蹈虚的高处,我为你们设宴:——
　　谁与群星比邻而居,
谁又面临灰暗无比的深渊?
我的王国——还有谁的疆土更为辽阔?
我的蜂蜜——谁曾有幸品尝这等美味?……①

——你们来了,朋友们!——哎,可我不是
　　你们要找的人?
你们犹豫,惊诧——啊,你们恨不得发怒!
我——不再是我?手足面容全都变样?
对你们而言,朋友,我——不复为我?

我成了另一个人?连自己都陌生?
　　我离开了自身,越狱而去?
一个角斗士,过于强迫自己
过于抑制自己的力量,
由于取胜而负伤、而受制?

[242] 我曾寻找,哪儿风吹得最为凛冽?
　　我学着栖居
在荒无人烟、白熊出没的冰原,

---

① [KSA 版注]凌空蹈虚的高处,我为你们设宴:/谁与群星比邻而居,/谁又面临光的无底深渊?/我的王国——我在这上面发现了它 —/我的这一切——不是也为了你们发现?//连灰白的冰川也以鲜嫩的玫瑰,/爱你们,引诱你们,/溪流寻找着你们,碧空中风起云涌/怀着热望争相腾飞,直入九霄/从最远处俯瞰,眺望着你们的到来□□□ES

遗忘了人和神,诅咒和祈祷?
我成了穿越冰川的幽灵?

——老朋友!看啊!现在你们目光惨淡,
　　满是爱怜和惊恐!
不,走吧!别发怒!在这里——你们无法安家:
处于最遥远的冰岩王国之间——
这里的人必须是猎手,还得像羚羊。

我成了**糟糕的猎手**!——看啊,
　　我的弓弦绷得多紧!
膂力无比的人,才能如此开弓——:
现在有祸了!这箭无比危险,
无箭可比,——走吧!去你们安全的福地!……

你们转身离去:——哦,心灵啊,你承受得太多,
　　希望的烈焰依旧燃烧:
为新朋友敞开大门吧!
那些老朋友就罢了!回忆也丢开!
你曾经年轻,现在——你更年轻![①]

曾维系我们的,那道希望的纽带,——
　　有谁还在读那些字迹,

---

① [KSA 版注]我成了糟糕的猎手!看啊,/我的弓弦绷得多紧!/膂力无比的人,才能如此开弓—/现在有祸了!一个孩子会搭上箭:/走吧!去你们安全的福地!—//老朋友!看啊!现在你们目光惨淡,/满是爱怜和惊恐!/不,走吧!别发怒!在这里——你们无法安家:/处于最遥远的冰岩王国之间—/这里的人必须是猎手,还得像羚羊。ES

曾经写入了爱,今日如此褪色?
我把它比作羊皮纸,一样枯黄,
一样焦脆,——手指**不敢**触碰。

不再是朋友,而是——如何称呼?——
　　是朋友的鬼魂!
它也许夜间还敲击着我的心扉和窗户,
凝视着我说:"我们难道不曾是朋友?"——
——哦,这凋零的词语,曾一度玫瑰般芬芳!

[243]哦,青春的渴望,实际是一场误会!
　　我曾经渴望的人,
我曾以为是亲密无间、变化无常者,
全都衰老了,随风消逝了:
唯有变化者,才能与我亲密如故。①

哦,生命的晌午!再度的青春!
　　哦,夏日的花园!
伫立、窥探、期待中那悸动的幸福:——
我盼望着朋友的到来,昼夜盼望
新朋友,快来呀!是时候了!是时候了!

此曲已终,——渴望的甜蜜呼唤

---

① [KSA 版注]不再是朋友,而是——如何称呼?／是朋友的鬼魂!／它也许夜间还敲击着我的心扉和窗户,∥凝视着我说:"我们难道不曾是朋友?"／——哦,这凋零的词语,曾一度玫瑰般芬芳!∥曾维系我们的,年青愿望的纽带,—／有谁还在读那些字迹,／曾经写入了爱,今日如此褪色?／我把它比作羊皮纸,一样枯黄,／一样焦脆,——手指不敢触碰!ES

在唇间渐渐消失:
一位魔术师使朋友出现,恰逢其时,
这正午的朋友——不,别问他是谁——
在正午时分,孤独者有人结伴……①

---

① [KSA 版注]无 ES;W I 8, 105-106, 103-104 有最后两节的草稿和终稿;以下为完整的草稿,为便于阅读进行了分节:W I 8, 105

白天[逝去]消退,幸福与光亮已开始发黄
晌午遥远
[不久前我在此坐等,— 现在我不再等待]
[除非][已经]很快到来的是清冷的夜晚,星辰的闪烁
‖ 疾风,将你从树上折下 ‖
宛如果实,被微风从树上摘下

[我]不久前[我]希望的东西,[现在]今天我还要吗?
我不久前期待的,啊,什么没来?
等啊等,我还在等什么?我不知道 —

此处可参见诗歌未完成稿,第 11 卷, 45 [7],后来弃用的这一节的 Vs; W I 8, 106:

此曲已终[;渴]。渴望的甜蜜呼唤
[在我]在唇间渐渐消失:
[来了一个合适的朋友]一位魔术师出现,恰逢魔术的时刻,
在正午时分,孤独者有人结伴,
——扎拉图斯特拉从我身边经过。

[朋友扎拉图斯特拉。来]
[朋友来了 — 不!]别问他是谁
他站在我面前 —
一位魔术师[使]朋友出现,恰逢其时,
这正午的朋友——不,别问他是谁——
在正午时分,孤独者有人结伴……

结尾两节中的第一节就此构思完毕;尼采曾采用诗歌断片,第 10 卷, 3 [3],《波托菲诺》(参见 FWP,1887 中的《西尔斯-玛丽亚》);现在他又部　　(转下页)

高山之歌·终曲

> 现在让我们,怀着团结必胜的信心,
> 　　欢庆这节日中的盛典:

(接上页注①)分地重新采用 W I 8,105 中的母题:

> 我在此坐等,等——但没有等什么
> 你,扎拉图斯特拉,你没有离开我,
> 朋友扎拉图斯特拉
>
> 不管我被夺走了什么
> 你依然是我的[朋友和上等良知],忠于我的上等良知
> 你是我的幸福和秋日
>
> 朋友扎留下,别离开我!
> ‖不管我被夺走了什么,你[—]我知道 ‖
> [你依然忠于我,我的上等良知!]
> 你不在,我怎能承受重负和义务?
> [朋友扎拉图斯特拉留下,别离开我]
> 白日将尽,幸福与光亮已开始发黄……
> ‖现在我安静而成熟地悬挂在秋光之中 ‖
> [现在我安静地悬挂在秋天的日光之中]
> 宛如果实,被微风从树上摘下

这一初稿后未采用;终稿在下页(W I 8,103)初露端倪:

> 我丢失的,是我自己愿意放弃:
> 现在我要知道
> [你要留在我这儿]留在我这儿吧,我的上等良知,
> 朋友扎拉图斯特拉 [你不离开我] — 是的,你不离开我!
> 　　□□□□□□□□□
> 　我能给你什么,扎拉图斯特拉? 当然,
> 　[朋友]你应该得到最好的!
> 　先是一场演出,宾客中最该优待的人!
> 　现在开始了——快看吧! 帷幕撕裂:
> 这是婚礼,光明和黑暗姻娅相连

W I 8,104 后终于是最后两节的终稿,与印刷本几无差异。

是朋友扎拉图斯特拉①来了,至尊的宾客!②
世界绽开了笑颜,阴沉的帷幕撕裂,
婚礼开始了,光明和黑暗姻娅相连……

---

① [Pütz版注]扎拉图斯特拉:伊朗古代先知、拜火教始祖琐罗亚斯德的通行德语名。扎拉图斯特拉生活在公元前630至550年左右。尼采虽然在其1883-1885年出版的《扎拉图斯特拉如是说》书名中采用了扎拉图斯特拉经书(《火教经》)的说法,实际上却代表了一种基本相反的立场:拜火教的扎拉图斯特拉讲授的是神性原则(Ahura Mazda)和到世界末日才会被制服的邪恶(Angra Mainyu)之间的二元对立,而尼采笔下的扎拉图斯特拉宣布的却是"善恶的彼岸",最后甚至是对任何一种"彼岸"——为了"彼岸",宗教的救赎说许诺扬弃善恶对立——的克服。
[KSA版注]未着重显示 W I 8, 104
② [KSA版注]宾客 W I 8, 104

图书在版编目(CIP)数据

善恶的彼岸/(德)尼采著;魏育青,黄一蕾,姚轶励译.
--上海:华东师范大学出版社,2016.9
(经典与解释·尼采注疏集)
ISBN 978-7-5675-5071-1

I.①善… II.①尼… ②魏… ③黄… ④姚… III.①善恶-哲学理论-研究②哲学理论-德国-近代 IV.①B82②B516.47

中国版本图书馆 CIP 数据核字(2016)第 081955 号

华东师范大学出版社六点分社
企划人 倪为国

本书著作权、版式和装帧设计受世界版权公约和中华人民共和国著作权法保护

尼采注疏集
善恶的彼岸

著　者	(德)尼采
译　者	魏育青　黄一蕾　姚轶励
审读编辑	温玉伟
责任编辑	彭文曼
封面设计	吴元瑛
出版发行	华东师范大学出版社
社　址	上海市中山北路3663号　邮编　200062
网　址	www.ecnupress.com.cn
电　话	021-60821666　　　行政传真　021-62572105
客服电话	021-62865537　　　门市(邮购)电话　021-62869887
地　址	上海市中山北路3663号华东师范大学校内先锋路口
网　店	http://hdsdcbs.tmall.com
印刷者	上海景条印刷有限公司
开　本	890×1240　1/32
插　页	2
印　张	10.25
字　数	238千字
版　次	2016年9月第1版
印　次	2025年3月第10次
书　号	ISBN 978-7-5675-5071-1/B·1011
定　价	48.00元
出版人	王焰

(如发现本版图书有印订质量问题,请寄回本社客服中心调换或电话021-62865537联系)